广州市宣传文化人才培养专项经费资助

| 文化产业智库丛书 |

CHUANGXIN YU RONGHE

GUANGZHOU WENHUACHANYE

FAZHANYANJIU

创新与融合

广州文化产业发展研究

赵冀韬 尹涛 /主编

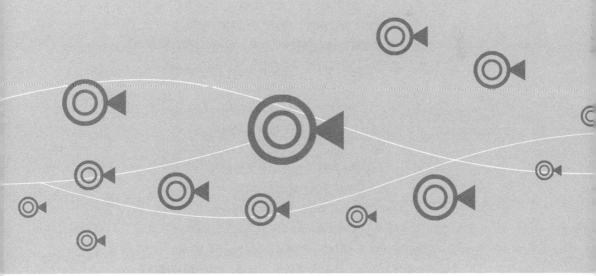

中国财经出版传媒集团

经济科学出版社

Economic Science Press

图书在版编目（CIP）数据

创新与融合：广州文化产业发展研究/赵冀韬，尹涛
主编．—北京：经济科学出版社，2016.12
（文化产业智库丛书）
ISBN 978 - 7 - 5141 - 7594 - 3

Ⅰ.①创⋯ Ⅱ.①赵⋯②尹⋯ Ⅲ.①文化产业
产业发展 – 研究 – 广州 Ⅳ.①G127.653

中国版本图书馆 CIP 数据核字（2016）第 319583 号

责任编辑：李 雪
责任校对：靳玉环
责任印制：邱 天

创新与融合：广州文化产业发展研究

赵冀韬 尹 涛 主编
经济科学出版社出版、发行 新华书店经销
社址：北京市海淀区阜成路甲 28 号 邮编：100142
总编部电话：010 – 88191217 发行部电话：010 – 88191522
网址：www. esp. com. cn
电子邮件：esp@ esp. com. cn
天猫网店：经济科学出版社旗舰店
网址：http://jjkxcbs. tmall. com
北京汉德鼎印刷有限公司印刷
三河市华玉装订厂装订
710×1000 16 开 21.25 印张 360000 字
2016 年 12 月第 1 版 2016 年 12 月第 1 次印刷
ISBN 978 - 7 - 5141 - 7594 - 3 定价：78.00 元
（图书出现印装问题，本社负责调换。电话：010 – 88191510）
（版权所有 侵权必究 举报电话：010 – 88191586
电子邮箱：dbts@ esp. com. cn）

丛书编委会名单

主　任　赵冀韬　尹　涛

副主任　皮　健　杨代友

编　委（按拼音排序）

蔡进兵　何　江　江晶涛　李伟滨
李明充　柳立子　皮圣雷　伍　庆

本书编写组

广东华南经济研究院：刘小勇、谢丽娟、曹科学、滕艳云

广州大学：黄　旭

广州日报社：文远竹

广州大学：刘　广

华南师范大学：曹宗平、吴　靖

广东技术师范学院：林　欣

华南师范大学：张　军

华南师范大学：李　鹏

广州市社会科学院：皮圣雷

广东金融学院：汪俊秀、丁春贵

广州市社会科学院：何　江

广州大学：陈孝明

广东工业大学：臧艳雨、马　源

广州市社会科学院：秦瑞英

暨南大学：付　勇

广州市社会科学院：伍　庆

目　　录

第一部分　文化产业的体制改革

目前，在全球经济增长缓慢和我国经济进入新常态的背景下，深化改革开放、加快转变经济发展方式成为适应和引领新常态，实现换挡转型和保持经济平稳增长的必然选择。作为具有知识含量较高、内涵丰富和跨界融合特征的文化产业，在转变发展方式、实现经济转型升级过程中具有不可替代的作用。一方面，文化产业的发展体现了一个国家、地区或者城市的文化内涵和文化影响力，在现代社会，文化内涵是民族凝聚力和创造力的重要源泉，是综合竞争力的重要决定因素和经济社会发展的重要支撑。另一方面，文化产业的发展满足人们对文化产品和服务不断提高的消费需求，提升经济发展的质量，促使经济向高端化发展。国家"十三五"规划建议提出，到2020年要让"文化产业成为国民经济支柱性产业"，这表明文化产业发展已上升到国家战略层面。广州的文化产业目前已接近千亿级规模，从占比来说已经居支柱地位，在"十三五"时期的发展是要进一步做大做强，使之成为更具实力的战略性支柱产业。而要大力促进文化产业发展，还必须通过坚定不移深化改革来落实和保障。尤其是，文化产业的体制改革是推动广州市文化产业大发展和促进产业转型升级的重要引擎。本部分从深化文化体制改革与制度创新（第一章）、文化政策视角下的政府文化职能提升（第二章）、国有文化企业的特殊管理股制度（第三章）和文化产业负面清单管理制度（第四章）四个方面对广州文化产业体制改革做了探索性研究，提出的有关对策建议是广州市文化产业体制改革要重视和创新的方向。

第一章

文化体制改革与制度创新

推进文化体制改革，是党中央作出的一项重大战略决策。文化体制改革是我国全方位改革事业的重要组成部分。按照党的十八大关于全面深化改革开放的目标任务和扎实推进社会主义文化强国建设的总体要求，中共十八届三中全会作出的《中共中央关于全面深化改革若干重大问题的决定》对推进文化体制机制创新作出了新的重大战略部署。

党的十八届三中全会开启了改革开放的新征程，文化体制改革是全面深化改革的重要方面。广州市是文化资源大市，立足改革实际，紧紧围绕社会主义核心价值体系建设，始终坚持以人民为中心的工作导向，激发全市人民文化创造活力，进一步深化文化体制改革，以体制机制创新推进文化强市建设，显得尤为迫切。目前，广州市正处于转型与综合改革的关键时期。文化既是引领经济与社会建设的精神力量，又是支撑经济发展、实现产业接续的"一轮一翼"，对转型有着重要的实践意义。深化文化体制改革与制度创新是解决新形势下文化改革发展面临的一系列突出矛盾和问题、解放和发展文化生产力的现实选择。

一、国家宏观环境与背景

(一) 改革总体成效

经过前十年的文化体制改革，进入 2014 年后，文化体制改革已经释放出巨大的效果，在解放和释放文化生产力方面，取得了非常显著的成效。一大批国有文化单位通过改革而走向市场化发展，民营文化企业的发展势头越来越好，社会资本进入文化产业的信心越来越大，而且其力度也日益增大，尤其是兼并重组的大幅度推进，促使文化产业发展进入了快车道。文化与科技的契合度越来越高，尤其是和互联网的结合，2014 年可以说是中国文化产业互联网化的元年。此外，文化产业的国际化程度进一步提高，一方面引入的国际资本越来越多，另一方面走出去的力度越来越大，文化产品贸易越来越多，资本进入国际文化市场也越来越广泛和深入。

（二）未来政策导向

1. 明确文化产业战略地位，作出文化改革战略部署

党的十八大以来，新一届中央不再单纯追求 GDP 的快速增长，而是转向更加注重经济社会发展的质量和效益，推动经济社会的转型，以人为本，全面深化改革与体制创新。而深化文化体制改革是全面深化改革的重要内容。国家层面出台了一系列推动文化产业发展的重要政策文件，包括《中共中央关于全面深化改革若干重大问题的决定》《中央全面深化改革领导小组2014 年工作要点》《深化文化体制改革实施方案》等，从国家宏观层面的政策可以看出，国家对文化产业给予的希望不仅仅是文化产业本身的价值，还在于文化产业对整个经济转型升级的引领和辐射作用与带动作用。此外，文化产业对于国家的核心价值体系建设，无论是从整个文化的繁荣，还是从国家精神领域提升方面，都给予了很高的期望，这是文化产业发展的战略基础，也是文化产业本身成为国家战略的部分，未来会得到更多的支持和推动。

2. 明晰改革的路线图、时间表和任务书

党的十八大和十八届三中全会对深化文化体制改革作出新的重大部署。《深化文化体制改革实施方案》对中央提出的任务要求作了进一步细化，明确了改革的指导思想、目标思路、主要任务和政策保障，为今后一个时期的文化改革发展规划了路线图、明确了时间表、布置了任务书。总的来看，《实施方案》注重系统性、整体性、协同性，有三个鲜明特点：一是突出了

协调推进的要求，文化体制改革是"五位一体"全方位改革的重要内容，在改革的目标思路上，注重与其他各领域改革的统筹协同，比如与经济体制改革衔接要加强文化市场体系建设，与行政管理体制改革衔接要完善文化管理体制，与社会体制改革衔接要推进公益性文化事业发展等；二是突出了攻坚克难的要求，文化体制改革正在进入深水区，剩下的多是难啃的"硬骨头"，在改革的任务设置上，提出了一些涉及深层次矛盾和难点问题的重大任务；三是突出了狠抓落实的要求，之所以叫《实施方案》，就是在工作推进上，力求做到具体化、项目化、责任化，共开列出25项、104条重要改革举措及工作项目，并按照2015年、2017年、2020年三个时间节点明确了进度要求，确保各项改革任务能落地、见实效。

3. 坚定深化改革的方向，确保改革不走偏

明确指导思想、抓牢前进方向，对确保改革积极稳妥推进至关重要。无论怎么改、改什么，发展先进文化的目标不能改，坚持正确导向的原则不能变，传承中华文化的历史责任不能丢。

中央始终强调文化事业、文化产业"两手抓、两加强"，即使发展文化产业也强调把社会效益放在首位，强调在继承基础上借鉴创新，强调文化企事业单位和文化工作者的社会责任，绝不是要搞什么"产业化"，不能只讲票房、收视率、发行量，不能放松对文化市场的监管和引导。

4. 抓住改革的着力点，实现改革的新突破

在加快文化改革发展中，要突出社会主义核心价值体系，文化既有"魂"又有"体"，核心价值观是文化之魂，文化事业文化产业是文化之体。"魂"与"体"相辅相成，统一于文化改革发展之中，我们的目标就是"强魂健体"。习近平总书记在中央政治局第十三次集体学习时强调，核心价值观是文化软实力的灵魂、文化软实力建设的重点，培育和弘扬核心价值观，是国家治理体系和治理能力的重要方面，关系社会和谐稳定，关系国家长治久安。这一重要论述，深刻阐明了核心价值观在文化建设中的统领作用，具有重要指导意义。在推进文化改革发展中，必须突出社会主义核心价值体系建设，通过强化教育引导、创新方式方法、健全制度保障等措施，积极培育和践行以"三个倡导"为基本内容的社会主义核心价值观，不断增强文化自信和价值观自信。

二、广州市文化体制改革的现状

（一）文化体制改革的基本成就

伴随着中央、国务院和省、市各级政府一系列有关文化体制改革政策措施的出台，特别是在全国文化体制改革会议精神的指导下，广州市文化体制改革取得了巨大的成就。经营性文化单位基本实现转企改制，市场竞争机制引入文化体制改革过程中，建立了公平、有序、统一、开放的现代文化市场体系；基本公共文化服务逐步趋于均等化，城乡一体化公共文化服务体系初步形成；以社会主义核心价值体系和社会主义先进文化前进方向为主导的文化艺术得到大发展、大繁荣；文化产业向规模化、集约化、专业化发展，文化产业新业态逐步崛起，造就了专业化、职业化的文化人才队伍。在新的体制机制刺激下，广州文化产业呈现出良好的发展势头，文化产业规模和效益不断提升。

1. 文化机构改革方面

近年来，广州文化体制改革稳步推进，34 家文化类单位已初步建立现代企业制度，文化产业上市公司表现强劲。积极稳妥地推进经营性文化单位转企改制工作，进一步转变了政府文化行政管理部门职能，逐步实现了政企分开、政事分开、管办分离，行政许可项目从 46 项削减到了 18 项，增强了文化市场的活力，提高了文化生产力。文化事业单位内部实行全员聘用制，建立起了有效的竞争机制。

在区别对待、分类指导的原则下，其他经营性文化单位也逐渐地实现了转企改制。广州市新华书店集团有限公司、广州市美术公司建立了现代企业制度；市红豆粤剧团和江南大剧院通过"团场结合"实现了股份制改造；广州杂技团、广州歌舞团、广东省木偶剧团等其他艺术院团实现了"一团一策"的转企改制；广州新闻图片社实施了产权转让；广州文化器材公司则被关闭宣布破产。

2. 基本公共文化服务方面

目前广州市已经基本形成以政府为主导、以公共财政为支撑、以农村和基层为重点、服务网络健全、覆盖城乡、惠及全民的公共文化服务体系。文化投入逐渐加大，文化基础设施不断完善，市、区、街（镇）、居委（村）四级文化基础设施网络不断优化，初步形成了"城市 10 分钟文化圈、农村 10 里文化圈"的基本公共文化服务格局。广州市对文化的投资不断加大，在高起点上规划了广州歌剧院、广州新图书馆、第二少年宫、广州沙河顶艺术苑等 22 个与现代化大都市相适应的大型文化设施建设，规划总投资高达 78 亿之多，并实现公共文化设施免费开放，文化强市的发展战略更加明确。与此同时，广州市各区在文化投入上也加重筹码，新建了广州艺术博物馆、孙中山大元帅府纪念馆、高剑父纪念馆等，博物馆与纪念馆数量超过了 40 家。2010 年年末，全市有各类专业艺术表演团体 16 个；文化馆 14 个，文化站 164 个。公共图书馆 15 间；图书馆总藏量 1918 万册。档案馆 29 个，博物馆、纪念馆 31 个，举办陈列、展览 405 个，参观人数 779 万人次。全年摄制完成电影片 4 部，全市有广播电台 2 座，电视台 3 座。2012 年，广州市成功举办了 2012 中国（广州）星海国际合唱节，第 17 届广州国际艺术博览会，2012 中国（广州）国际纪录片大会等大型文化交流活动。在国际和全国性专业文艺评奖中，广州共获奖 34 项。截至 2013 年，全市建制镇有图书馆、文化站 115 个，剧场、影剧院 22 个，体育场馆 28 个，有公园及休闲健身广场 464 个。"百万市民齐捐书、精神食粮送农村"活动开展顺利，为农村募集到各类书刊 10 万余册，"村村通"工程和农村电影放映"2131"工程得到积极推进，完成了通电农村"村村通"有线电视，保证了一村一个农家书屋，一月放映一场公益电影，基本实现了街（镇）有综合文化站，居委会（行政村）有文化活动室，达到了区（县级市）有三馆，一镇一站、一村一室、一人一册的文化目标。

3. 文化艺术方面

在社会主义先进文化和社会主义核心价值体系的引导下，通过文化艺术管理机制的创新，引导文化艺术市场高效创新发展，生产了一大批具有较强思想性、艺术性和观赏性的优秀作品，激活了文艺团体在市场中的生存能力和发展能力。多次派出艺术团体赴境外演出，积极参与中法、中俄互办文化年活动，成功举办了第四、第五、第六届羊城国际粤剧节和金狮奖第二届全国木偶皮影比赛、金狮奖第六届全国杂技比赛。民俗文化得到充分保护和开发，还出现了以"自愿参加、群众团体、业余性质"为原则的"广州民族乐团"，文化艺术进入大发展、大繁荣阶段。

4. 文化产业改革方面

通过文化产业体制的改革与完善，促进了新业态涌现，文化企业竞争力和可持续发展力明显增强，形成了产业规模宏大、产业结构优化、产业技术水平一流、辐射力强的现代文化产业体系。2012年全市实现文化产业增加值631.49亿元，文化产业法人单位数达22686个，文化产业施工项目达207个，文化产业完成固定资产投资106.6亿元，文化产品进出口总额达136.15亿美元，文化产业发展渐进规模化，成为我市新的经济增长点和支柱产业之一。2012年，民间资本引入文化产业，在文化及相关产业法人单位中，民营企业占比达到了80.86%，文化产业投资主体多元化格局形成。

文化产业发展模式不断创新，出现文旅结合、文商结合、文体结合、文媒结合和文化与科技结合新思路，文化文娱业、文化旅游业、文化会展业、文化创意业、网游动漫业和文化信息服务业等新兴文化产业得到突出发展。文化产业中文化制造业比重逐步下降，文化服务业和文化创意业比重进一步提升到70%以上，广州传媒控股有限公司和广州广播电视传媒集团引进现代企业制度，文化产业结构得到长足优化，大型文化产业集团上市融资，形成资本市场"广州文化板块"，粤传媒荣获"2014年度文化传媒产业最佳战略投资者TOP5"。文化与科技完成深入融合，2012年实现文化科技产业产值310亿元，广州高新区被认定为第二批国家级文化和科技融合示范基地之一，广州欢聚时代网络科技有限公司进行了上市融资，广东省国家数字出版中心落成，天河智慧城规划建设，文化产业由扩张转向升级。

广州市在全省率先成立了文化娱乐业协会，打造了"中国近代民主革命策源地"旅游品牌，网易、光通、漫友等一批著名网游动漫企业兴起，广东动漫城从化动漫产业园落地，广州成为国内第三大会展城市；此外，建立了全市统一的文化信息资源公共应用平台，文化产业新兴业态的产生扩大了文化产业的发展范围，深化了文化内涵。

5. 文化人才机制方面

培养和引进了一批优秀的文化专业人才，基本形成年龄梯次合理、专业分布均衡、具备参与国际竞争力的文化人才体系。2004～2005 年度广州市哲学社会科学人才奖评出优秀人才奖 7 名和优秀中青年哲学社会科学工作者 7 名。2005 年，全市 1290 个社区中已有超过 87% 的社区中配备了社区辅导员，2006 年，在册社区文化辅导员数量就已经超过 1800 名，社区辅导员制度日趋完善。文化馆（站）工作人员 80% 达到本科以上学历，高素质文化人才投身文化事业。农民文化骨干、民间文化能人巩固了农村文化建设的群众基础。

（二）存在问题

在机遇与挑战共存的环境下，广州市文化体制改革取得了可喜的成绩，但也存在着一些矛盾和问题，主要表现为文化体制机制依然存在着权责不清、审批程序繁琐等问题，推进文化体制改革的政策措施配套不完善，文化服务水平有待进一步提高；公共文化服务体系仍较薄弱，文化基础设施的管理和运营方式相对落后；艺术质量高和市场竞争力强的精品文艺作品缺乏，对深层次社会现实问题的理论研究有待深入；文化产业发展资金不足，缺乏整体规划，发展不平衡，科技创新能力较弱，文化产业市场环境需进一步净化；文化人才队伍还不能适应文化事业和文化产业的发展需要，人才引进、培养、选拔和激励机制尚不够灵活。

1. 文化体制改革配套不健全

在实行经营性文化单位转企改制的过程中，对文化体制改革中有关人员的社会养老保险、基本医疗保险、退休待遇等问题未制定相关的配套政策和措施，地方性文化法规体系不健全，未能创造一个良好的服务文化体制改革的法治环境，导致体制机制改革过程中人治的干扰因素过大，遗留问题较多；对文化产业管理还未做到统一管理，并未形成一个专门的管理机构，截至 2013 年全市文化产业行政人员编制仅为 5 人，12 个区文化产业行政部门没有编制，对文化产业统一协调的步伐需要进一步加快。

2. 公共文化服务设施建设缓慢

广州市的城市规模虽然在不断扩增，但公共文化服务设施的承载力却显得相对单薄，在文化设施的维护与管理上仍然采用落后的运作方式，尚未形成先进的文化设施保质增值机制，而且城乡公共文化差异过大，基础设施建设存在一定差距，还未建立城乡互动、互利双赢、共同发展的统筹机制，城乡文化还没实现协同发展。对文化单位投入由养人到养项目的思路转变不够明确，使得文化精品的生产积极性不高，名牌文化产品和特色文化品牌缺乏，品牌产业链效应不明显，对岭南文化进行深入挖掘的理论研究匮乏，对外来文化的消化吸收能力较低，文化传承和文化引进工作还不到位。

3. 文化投融资机制不健全

资本市场建设仍需进一步加强。融资渠道单一，文化与资本对接不畅，部分文化企业长期处于资金短缺的困境。截至 2014 年，广州市仍未出台国家有关文化企业财税优惠政策的配套实施办法，致使国家有关文化企业的财税优惠政策在广州市难以落地，文化产业发展乏力。虽然广州市的民间资本雄厚，但文化产业的投融资市场还很不健全，文化产业发展缺少成熟的投融资和产权交易载体以及行业交流和展示平台，文化产业自主融资困难，极大地牵绊了文化产业的规模化成长。

4. 文化市场人才机制不完善

广州市在文化人才引进、培养和留用方面并未制定极具竞争力的政策方案，使得文化高端人才引不进、留不住；在对文化人才的使用上激励力度不够，激励方式单一，难以调动文化人才的积极性，流失现象严重；此外，对文化人才的培训不够重视，致使文化人才的自我价值实现感不强，加重了文化人才的外流；同时对传统民间文化的保护力度较小，一大批民间文化艺人逐渐消失，熟知文化特点的高素质经营管理人才匮乏，难以抢抓市场机遇，带动文化的大发展大繁荣。

三、广州深化文化体制改革与制度创新的思路

（一）指导思想

以邓小平理论、"三个代表"重要思想、科学发展观为指导，按照广东省"三个定位、两个率先"的总目标和广州总体发展思路，围绕广州建设国家中心城市、培育世界文化名城的要求，以创意为核心、文化为灵魂、科技为手段、人才为支撑，推动产业融合，促进文化产业大发展，努力将广州建设成为具有国内领先地位和国际影响力的文化创意中心、文化生产贸易中心和文化消费中心。

要深入学习贯彻党的十八大和十八届三中全会精神，学习贯彻习近平总书记系列重要讲话精神，按照中央全面深化改革的总体部署，把抓落实作为深化文化体制改革的工作重点，紧紧围绕建设社会主义核心价值体系、建设社会主义文化强市，抓住全面深化改革的有利契机，深化重点领域和关键环节改革，不断创新理念、机制和方法，努力解决制约改革发展的深层次矛盾和问题，深化文化体制改革，推进文化体制机制创新。必须坚定深化改革的信心和决心，以抓铁有痕的劲头，以更大的勇气和智慧攻坚克难，坚定不移地推进全市文化体制改革，进一步释放改革红利，推进广州市文化事业全面繁荣和文化产业更好更快地发展。

（二）原则要求

1. 坚持社会主义先进文化的前进方向

广州市在文化体制改革与制度创新过程中，要时刻坚持社会主义先进文化的前进方向，坚持以邓小平理论、"三个代表"重要思想为指导，深入贯彻落实科学发展观，深入学习党的十八大、十八届三中全会、十八届四中全会精神，在全面改革的过程中保持广州市文化的社会主义先进性。切实加强思想道德和文化建设，引导居民树立中国特色社会主义的共同理想以及正确

的世界观、人生观和价值观，弘扬民族精神。在全市广泛深入开展理想信念教育，全力倡导爱国主义、集体主义和社会主义思想，牢固树立社会主义核心价值体系。做好文化名城的保护和利用，加强对外交流，以先进文化引领城市文化，用传统特色文化增强城市底蕴。

深入开展以"八荣八耻"为主要内容的社会主义荣辱观教育和以"爱国、守法、诚信、知礼"为主要内容的现代公民教育，动员全市开展"知荣辱、讲礼仪、促和谐"、"学雷锋活动日"、"公民道德宣传日"、"时代先锋"、"广州，有礼了"等系列活动，不断提高广州市民的道德素养和文化素质。重心下移，深入基层，依托驻村干部进行"保持先进性、建设新农村"文化主题宣传活动；举办社会科学普及周、"羊城学堂"、"书香羊城"、"阅读改变人生"等全民阅读系列活动，创新观念，与时俱进，保持社会主义文化的前进方向。深入学习广州精神"诚于信、厚于德、敏于行"，广泛开展科教、文体、法律、卫生"四进社区"活动，继续开展"文化三下乡"活动，让农村也充分享受文化发展成果。全力保护优秀文化遗产，发展民间民俗文化，加强对"祠堂文化"的建设性保护和开发工作，诠释文化名村名城，让市民充分理解历史文化，延续岭南文化的精髓，打造新一代"文化广州"的广州梦。

2. 坚持先行先试、勇于实践、大胆创新

坚定深化改革的大方向不变。通过深化文化体制改革，大力培育充满生机活力的市场主体，着力构建有利于文化产业科学发展的高效、开放、有序的体制机制。解放思想、转变观念是搞好广州市文化体制改革的必要前提，广州市文化体制改革要敢于先行先试、大胆实践，在实践的基础上不断总结经验和教训。坚持科技创新，发挥科技创新的重要引擎作用，提升文化创新能力，以科技创新推动文化生产、传播方式创新，推动传统优势文化产业转型升级，推动新兴业态成为文化产业新的增长点。以理念创新为先导，实施"文化立市"战略，全面推行"拼文化"、"提升城市文化软实力"、"打造创新型、智慧型城市文化"等一系列创新理念，引导改革实践；以体制创新为重点，着力推进宏观市场组织体系、中观运行机制和微观管理体制的创新，革除体制性障碍；以科技创新为支撑，通过文化与科技、信息网络相结合，实现文化的跨越式发展。

全面贯彻党的十八届三中全会、十八届四中全会精神，转变政府职能，

建设新时代"法治广州"。推动依法治市，落实依法行政和依法管理，完善文化事务管理的规范性和法制性；加强基层法律建设，建立法律援助所，免费开通基层法律服务热线；健全文化权益保护方面的法律，使文化权益保护进入法制轨道；扎实开展平安建设，提高市民的安全感和归属感，创建"平安广州"。大力实施"科教兴市"、"文化兴市"战略，继续加大对教育、科技、文化、体育事业的投入，造就一大批优秀的文化人才；对文化单位实行"抓大放小"，盘活文化市场；对民营文化企业推行"非禁即入"，鼓励民间资本进入文化市场，推动股份制改造，从而解放和发展文化生产力，全面提升广州市的文化软实力。

3. 以人为本，把社会效益放在首位

广州市文化体制改革要坚持以人为本，始终把人民群众的利益放在首位，坚持社会效益和经济效益的有机统一原则，更好地满足人民群众提高思想道德素质和科学文化素质的需要，促进人的全面发展。一切为了人民，把服务人民群众、满足人民群众利益需求、实现人的全面发展作为改革工作的出发点和落脚点，想人民之所想，急人民之所急，为人民群众办实事，求实效，建设好人民的城市。在不断完善经营性文化单位的市场化，增加经济收益的同时，加大对公益性文化单位的投入，为人民群众提供多样化的文化服务，从而实现经济效益与社会效益的协调统一。稳步推进经营性文化单位转企改制，培育文化市场主体，提高经营性文化单位的市场竞争力，在市场上优胜劣汰，实现经济效益最大化。加大对公益性事业单位的事业拨款，加快建设覆盖全社会的公共文化服务体系，完善城乡基层文化设施，保障城乡广大人民群众的基本文化权益。

4. 突出改革的整体性、全面性和协同性

从过去文化体制改革取得阶段性成果的实践中可以深刻体会到，接下来的改革将不再是单兵突击式的改革。正如习近平总书记所指出的，到今天能够改的、可以改的、比较容易改的都已经改得差不多了，剩下的都是难啃的骨头，都涉及深层次矛盾和问题，特别是涉及利益格局的调整。这就需要我们更加突出改革的整体性、全面性和协同性。同时需要注重，坚持文化事业与文化产业协调改革和发展的原则，树立文化科学发展的意识，在推动文化事业全面繁荣的同时，不断推动文化产业发展。要把文化事业和文化产业的

发展放在同样的地位来看待，把覆盖全市的公共文化服务体系建设与推动文化产业成为全市支柱性产业放到一起，整体规划、协同发展。要统筹文化事业与文化产业的发展，要统筹公共文化服务体系与产业服务体系的建设，要统筹基本文化需求与多样化文化需求的满足，要统筹公益性与市场性的要求，努力做到相互促进。广州市文化体制改革要坚持文化事业与文化产业协调发展，革除制约文化发展的体制性障碍，积极推动文化宣传业务与文化经营业务"两分开"，拓展文化事业与产业空间，促进文化事业与文化产业协调发展，全力建设一个文化事业繁荣、文化产业发达的"文化广州"。

5. 坚持区别对待与分类指导相结合

广州市深化文化体制改革与制度创新要坚持具体问题具体分析，从实际出发，对不同性质、不同发展程度的文化企、事业单位区别对待、分类指导，不搞一刀切，在循序渐进的过程中积极稳妥地推进改革与创新工作。

在公益性文化单位改革方面，坚持增加投入，转换机制，增强活力，改善服务为原则。对必要的公益性文化事业单位实行管理体制和经营体制的改革，以公司制推进事业单位管理的现代化、规范化和制度化，提高事业单位的工作效率和社会服务水平；进行单位资金的对外投资建设，实现资金的保值增值。在人事改革方面要全面实行全员聘用制，推进"馆长负责制、专业干部聘用制、岗位责任制"，建立健全科学的人事制度。

在院团改革方面，坚持应该转制的必须转制，能进入市场的必须改制进入市场。在明确转企改制的原则下，把"团场结合""以校带团"作为院团改革的重要形式，借助大型文化企业集团来增强文艺院团的市场生存发展能力，也可以实行所有权与经营权相分离的运营模式，采取公办民营、公开招标、委托经营的方式，引进民营资本，进行股份制改造，实现文艺院团的市场化转变。

在经营性文化单位改革方面，坚持创新体制、转换机制、面向市场、增强活力原则。政府要做到不养"人头"养项目，把具有一定竞争力、经营状况比较好的经营性单位塑造成合格的文化市场主体，建立现代企业制度，依靠自身力量筹集经费，扩大文化主体自主权，实现自主经营，自负盈亏；对已经没有市场空间、经营陷入困境的经营性文化单位实施产权转让或者关闭破产，实现资源的优化配置，从而推动经营性文化单位在市场浪潮中大放异彩。

(三) 基本目标

　　广州过去三十多年的发展，靠的是改革开放，广州要在新的起点上增创改革新优势、抢占发展制高点，就必须坚定不移全面深化改革。近年来，在市委、市政府的科学领导下，广州市全面完成了中央、省部署的阶段性改革任务，两次被评为"全国文化体制改革先进地区"。未来要按照"加大力度、巩固提高、深化拓展、攻坚克难、科学发展"的要求，在新的起点上推动文化改革发展取得新进展。

　　通过文化体制改革与制度创新，努力实现社会主义核心价值体系建设深入推进，良好思想道德风尚进一步弘扬，全市城乡居民人文素质明显提高；适应城乡居民需要的文化产品更加丰富，精品力作不断涌现；文化事业全面繁荣，覆盖全市的现代公共文化服务体系进一步完善，努力实现基本公共文化服务均等化，文化市场管理进一步规范；文化管理体制和文化产品生产经营机制充满活力、富有效率，以岭南文化为主体、吸收外来有益文化、推动广州城市文化走向世界的文化开放格局进一步完善；高素质文化人才队伍发展壮大，文化繁荣发展的人才保障更加有力。

　　文化体制改革的目标总体上要实现以发展为主题，以改革为动力，以体制机制创新为重点，形成科学有效的宏观文化管理体制、富有效率的文化生产和服务的微观运行机制、以公有制为主体、多种所有制共同发展的文化产业格局和统一、开放、竞争、有序的现代文化市场体系；要形成完善的文化创新体系，形成以广州岭南特色文化为主体、吸收外来有益文化，推动广州文化走向世界的文化开放格局。

(四) 主要任务

1. 深化文化管理体制改革

　　(1) 文化管理模式。文化管理模式要从微观管理转为宏观调控。理顺党委、政府、市场、企事业单位的关系，重新定位文化主体的职能，建立起党委领导、政府管理、行业自律、企事业单位依法运营的文化管理体制。具体而言，党委及其宣传部门的主要职能在于对全市文化工作进行方向性引导与规范，重点在于如何将社会主义核心价值观渗透于全市的文化产品之中，增强对社会舆论的引导力与影响力；政府及其文化行政管理部门侧重于全市的文化政策调整、文化市场监管、公共服务与社会管理，理清政府与企事业单位的关系。在此基础之上建立统一、开放、竞争、有序的文化市场，净化文化市场环境，加快文化行业协会与中介组织建设。

（2）文化管理手段。文化管理手段要从直接管理转为间接管理。转变政府工作作风，着力打造服务型政府，由"办文化"向"管文化"转变，实现管办分离，改变以往政府统包的办法，部分公益性文化活动可采取项目公开招标、委托承办等社会化的运作方式。在社会主义市场经济条件之下，文化管理更多应该通过制定政策、法规和规划等宏观管理方式来实现，并利用税收、信贷等经济手段进行间接调控，逐步实现由行政管理手段为主向综合运用法律、经济、行政、技术等多种管理手段的转变。转变政府职能，避免对于文化市场的直接介入或者越位干预，将更多精力用于制定文化产品交易规则、规范文化市场秩序、弥补市场缺陷等宏观层面的文化管理，使政府成为"文化发展目标的制定者""文化发展资金的重要投入者""社会文化调控各项措施和手段的制定者"。

2. 推进文化生产经营机制改革

整合出版和发行资源，以资产和业务为纽带，以集团化建设为重点，积极引进社会资本，通过股份制改造，使之成为广州市拥有自主知识产权、主业突出、核心竞争力强的大型文化产业集团。转制企业要以创新体制、转换机制为着力点，完善法人治理结构，建立现代企业制度，真正成为市场主体。按照新人新办法、老人老办法的原则，制定相关政策，做好劳动人事、社会保障政策的衔接。

完善中小微文化企业扶持长效机制。积极落实国家、省有关扶持中小微型企业的优惠政策，指导小微文化企业以满足全市人民多层次多样化文化需求为导向，以创意创新为驱动，走"专、精、特、新"和与大企业协作配套发展的道路，在开展特色经营、创新产品特色和服务、提升原创水平和科技含量等方面形成竞争优势。打造中小企业集群，增强中小文化企业创新发展能力，形成富有活力的广州市优势企业群体。

3. 加快文化事业体制改革

（1）经营性文化事业单位：转企改制。转企改制的文化企业，按照改革要求建立完善的现代企业制度，建立法人治理结构，促使它们尽快成为合格的市场主体，提高竞争力和综合实力。少数保留事业性质的文艺院团也要实行企业化管理，人员身份改成聘任制和合同制，内部分配制度要执行岗位绩效工资，他们的社会保险要和社会保障体制改革接轨。

明晰产权关系，在清产核资的基础上，合理确定产权归属，做好资产评估和产权登记等工作，确认出资人身份，明确出资人权利，建立资产经营责任制；具备条件的，可实行授权经营；同时尽快完善相关法律法规以保护股东对企业净资产的所有权。在明晰产权的基础上，市、区、镇（街）各级政府相关部门要积极推动转企改制之后文化企业的产权主体多元化与结构合理化，并保障产权的自由交易与流动。一方面，引入民间文化资本，实现产权结构优化。鼓励和支持民间资本以投资、控股、参股、并购、重组、项目合作等多种方式，积极参与国有文艺院团转企改制，并可享受国有文艺院团转企改制和国家、省以及本市扶持文化企业发展的相关优惠政策；鼓励艺术名家和其他演职人员以个人持股的方式参与转制院团的股份制改造。另一方面，树立大文化市场观念，实现文化资源自由流动与优化配置。在保证广州市文化安全的前提之下，打破文化市场的区域分隔和本地保护主义，引入市外以及国外有竞争力的文化资本，完善文化投融资体系，真正实现文化资本的跨区域自由流动。

（2）准公益性文化事业单位：区别对待、分类改革。对于涉及国家文化安全、具有很强政治宣传色彩的准公益性文化事业单位，政府需要以政策优惠、通过政府财政供给为主的形式确保其政治方向与国家保持高度一致。必须注意的是，务必确保这类单位在一般性业务、人事、管理上的独立性和自主权，而政府只是掌握其高层领导的人事审核权、把握政治方向的引领权，对于其文化产品生产、流通、消费、传播的关键环节进行引导和把关。这就需要把握好管理权限的范围，逐步探索宣传业务与经营业务"两分开"。对于政治性较强的事业单位，特别是重点新闻广播电视媒体，一方面政府在其宣传业务上加大财政扶持力度，提高其社会影响力和舆论引导力；另一方面，这类文化单位又具备一定的市场盈利能力，可在不改变其事业单位性质、维护国家文化安全的前提下，就其中的部分经营性领域进行剥离，充分引入市场竞争。

对于一些体现岭南特色和省市级水准的文艺院团，它们同时具有文化事业和文化产业双重属性，需要政府重点扶持，要按照"政府扶持、转换机制、面向市场、增强活力"的方针，深入推进劳动人事、收入分配、社会保障等内部机制改革，建立起以观众为中心、以市场为导向、以经济效益和社会效益有机统一为目标的院团经营管理机制。

（3）纯公益性文化事业单位：增加投入、改善服务。发展公益性文化事业是公共文化服务建设的主要载体和重要手段，是满足市民基本文化需求、维护公民基本文化权益的重要保障。对于公共图书馆、文化馆、美术馆、文化站、博物馆等纯公益性文化事业单位，体制改革的重点是加大政府财政投入力度，确保其非营利性，为广大市民群众提供公益性、基本性、均等性、便利性的公共文化服务。按照"增加投入、转换机制、增强活力、改善服务"的要求，强化公益属性，深化人事、收入分配、社会保障制度改革，逐渐加大政府财政投入力度，切实保障公益性文化单位事业发展所需资金、人员经费、公用经费、专项经费和事业项目经费；同时，建立对政府公益文化事业投入的绩效考核机制，发挥专家评审机构、广大群众和媒体的评价监督作用。

（4）引导民间社会力量办公益性文化事业。以政府公共文化经费为引导，通过完善财税、信贷等手段鼓励个体、企业和社会各界兴办文化事业，鼓励本市内外社会法人和各界人士捐资兴建各类非营利性的公益性文化项目，形成非营利性的公益性文化项目以政府投资为主体、引导社会资金广泛参与捐赠的多元资金筹措机制。

出台税收、信贷、土地等方面的优惠政策，引导民间资本捐资兴建各类公益性文化项目。政府是公益性文化事业建设的投资主体，但是这并不意味着排斥民间社会资本的进入。将民办文化企业纳入政府购买公共服务的目录体系。按照公开招标的市场竞争形式，允许民办文化企业的文化产品进入政府公共文化服务采购目录，激发民办文化企业的活力，培育多元化文化产业主体；对于某些领域的基础文化设施建设、公益性文化产品生产、重大文化惠民工程建设，政府应视具体情况允许其参与竞标生产。

4. 深化文化产业体制改革

目前通过深入推进文化体制改革，广州市涌现出一批具有较强实力和竞争力的文化企业和企业集团，文化产业规模逐步壮大，多种所有制共同发展的文化产业格局初步形成。但是，广州市文化产业发展还不够成熟，产业结构不尽合理，尚没有形成集约化、规模化经营；对文化产业行政干预依然较多，民间资本进入文化产业门槛较高；而在文化市场管理体制、文化产业投融资体制、文化产业科技创新体制等方面还存在诸多体制性问题。未来文化产业体制方面，要加快改革进程，通过大力发展文化产业，引进民营资本，调动全市力量壮大文化产业，推进文化与科技、网络的深度融合，提高文化生产力。同时整合全市文化资源，调整文化产业结构和组织结构，优先发展软件动漫产业、文化服务业等重点产业，不断完善传媒业、出版发行业、文化创意业、文化娱乐业、文化会展业和文化旅游业等相关产业联动发展，加快形成广州市以文化资源为发展基础，以文化创新为发展动力，以高层次文化人才为发展依托的文化产业经济。

（1）文化产业独立发展与政府主流价值观引导。根据"划定界线、开放市场、公平竞争、加强监管"的基本思路，政府对文化产业需要从控制式管理转向服务式管理，避免文化产业管理部门既当裁判员，又当教练员、运动员的问题。而政府的管理手段也要从原有的直接行政干预转向经济调节、法律规范、市场监管，以便给文化产业的自由发展预留出更广阔的独立空间。经济效益是文化产业发展的首要目标，但同时也要兼顾国家文化安全和社会效益，具体而言：一是将国家意识形态有效嵌入文化产业，实现文化领导权。务必确保文化产业维护国家的基本政治制度、核心利益和文化安全，加强主流意识形态在文化产业方面的话语领导权和舆论引导力。二是引导和规范文化产品的价值取向。文化产业本质上是以追求经济利润最大化为目标，这同其他产业没有什么区别。但文化产业不能为了盈利就放弃社会责任和文化审美追求。文化产业必须防止泛娱乐化和低俗化，政府应该以主流价值观加强对文化产业的引导，确保广州市文化产业健康发展。

（2）健全文化市场管理体制，培育和壮大文化产业市场。加快发展文化产业，必须构建结构合理、门类齐全、竞争力强的现代文化产业体系。首先，培育文化产业的市场主体。文化产业成功运作的前提是有足够数量相互竞争的市场主体，其培育主要有以下途径：一是将经营性文化事业单位转企改制，使之成为产权明晰、自主经营、自负盈亏的现代文化企业；二是对国有文化企业进行现代企业制度改造，将其推向市场；三是在部分文化产业经营范围之内允许民营企业进入文化产业市场，为民营资本进入文化产业提供政策支持。最终形成以国有文化企业为导向、公有文化企业为主体、非公有文化企业共存的文化企业多元发展格局。其次，培育文化消费市场，拓展文化产业发展的市场空间。增加文化消费总量，提高文化消费水平，是文化产业发展的内生动力。发展文化产业要满足社会不同阶层的需要，要提供个性化的文化产品和服务。对于中高收入阶层来说，其人群数量初具规模，消费潜力巨大，但是却缺乏文化产品消费意识，这需要政府政策扶持和主流舆论引导；对于普通群众而言，可以通过财政补贴的形式降低部分高端文化产品价格，让普通民众形成消费此类文化产品的习惯。"提高基层文化消费水平，引导文化企业投资兴建更多适合群众需求的文化消费场所，鼓励在商业演出和电影放映中安排一定数量的低价场次或门票，鼓励网络文化运营商开发更多低收费业务，有条件的地方要为困难群众和农民工文化消费提供适当补贴。"最后，健全文化产业的流通市场体系，形成各种文化资金、文化人才、文化技术等文化资源自由流动与合理配置的良好格局。发挥市场配置文化资源的基础性作用，通过市场竞争机制和价格杠杆，鼓励和推动省际、国际之间文化要素跨部门、跨行业自由流动，构建开放性、多元性的文化大市场。

（3）建立健全多元化、多层次、多渠道的文化产业投融资体制。当前制约广州市文化产业发展的最大"瓶颈"之一就是投融资问题。为形成集约化、规模化、有竞争力的文化企业，必须加大政府对于文化产业的资金扶持力度，鼓励银行业和非银行业金融机构加大对文化企业的金融支持力度，支持有条件的文化企业进入主板、创业板上市融资，鼓励已上市文化企业通过公开增发、定向增发等再融资方式进行并购和重组。引导和鼓励民间资本进入文化产业，放宽市场准入条件，鼓励非公有资本以直接投资、间接投资、项目融资、兼并收购、租赁、承包等形式进入一般竞争性文化行业。

（4）实施文化产业科技创新机制。文化产业的规模化、集约化发展依赖于科技创新。为此未来需要做好以下方面工作。一是积极促进文化产业发展与科技创新紧密结合。以先进的科技手段改造文化产业，促进产业升级；完善文化产业发展顶层设计，建立文化局与科信局等文化主管部门的互动合作机制，推动科技资源、文化资源的有效嫁接与相互融合。二是培育文化产业的科技创新人才。加快文化与科技复合型文化产业人才的培养和聚集，加速引进和培养文化创意、动漫游戏、文化传播等方面的高科技创新人才。在完善按劳分配为主体、多种分配方式并存的分配制度基础之上，实现科技创新作为重要文化生产要素按照贡献比例参与分配，允许在文化产业方面具有科

技创新才能或者拥有有自主知识产权的人才，以其技术发明、科技专利参与
收益分配。

5. 建立健全文化开放体系

着力培育外向型文化企业，积极实施"走出去"战略，创新对外文化交
流体制和机制。实行政府推动和企业市场化运作相结合，打造一批具有国际
竞争力的文化企业，成为实施文化"走出去"战略的主体。

首先，完善对外文化贸易扶持政策。建立重点出口项目的申报、评选机
制，建立对外文化贸易资源库。继续加强对外合作，建立外向型文化产业聚
集区，向国家申请在广州设立继上海、深圳后新的对外文化贸易基地。实施
国际文化市场区域开发推广战略，推动广州市文化产品走向国际市场，加强
对外文化产业对话与合作机制。其次，加强政府服务职能，实施信息服务计
划。率先搭建广州市国际文化市场的信息收集、研究和发布机制，让全市所
有从事对外文化贸易的人员都可以共享国际文化市场信息。再次，推动对外
文化贸易平台建设。举办广州市文化产品国际营销年会，开展专题推介会、
交易会、产业论坛等活动。最后，推动广州市文化出口模式的不断提升。鼓
励企业通过深度参与创意、制作和国际市场营销，针对国际市场打造文化产
品，实现高附加值贸易。加大对文化出口重点企业和项目的扶持力度，支持
外向型产品开发、优秀产品对外推介及企业海外落地经营。

四、广州深化文化体制改革与制度创新的建议

（一）加强统筹协调与组织引导

科学的宏观调控，有效的政府治理，是发挥社会主义市场经济体制优势
的内在要求。必须切实转变政府职能，深化行政体制改革，创新行政管理方
式，增强政府公信力和执行力，建设法治政府和服务型政府。要切实加强对
改革的组织领导，建立健全党委统一领导、政府大力支持、党委宣传部门协
调指导、行政主管部门具体实施、有关部门密切配合的文化体制改革领导体
制和工作机制。

首先，要深化认识，形成共识。随着广州的市场经济的不断地提升，文化改革的目标趋向更加明确与必要。广州作为改革开放最前沿城市，要深刻地认识到改革对于文化发展的重要性，更要深刻认识到文化的发展中存在的深层次矛盾与问题，要对广州文化体制改革与制度创新的紧迫性有深刻的认识，要认识到在新的形势下，必须加强广州市深化文化体制改革在总体与宏观上的统筹协调与组织引导，形成广州市文化体制改革与制度创新的思想保证。

其次，加强组织保证。组织保证是加强统筹协调与组织引导的重点。为此，要以组织建设为载体，统筹改革，成立文化体制改革与制度创新的改革领导小组，以改革领导小组统筹协调与组织全市的文化体制改革与制度创新的工作任务。要通过文化体制改革专项小组来引导与组织展开文化体制改革领域重要问题，协调推动有关政策的制定和具体实施，细化具体的执行方案，协调督促落实，特别要在文化体制改革领域的重要问题进行统筹协调。

最后，要规范运作程序。要促进广州市的文化体制改革与制度创新工作的顺利开展，除了有组织保证之外，还要有相关的措施与规定以形成规范的动作程序，以有序地推进各项工作的顺利展开。主要包括改革方案的形成程序、经费的管理制度、公众听证制度、后评估制度等，这些相关的程序要在广州市的文化体制改革与制度创新正式启动前形成一个体系，以便规范各项工作有效、有序地展开。

（二）建立健全考核评价机制

1. 认识建立健全考核评价机制的必要性

建立健全考核评价机制是推进文化体制改革的重要动力，要进行教育与宣传，使广大文化工作者与相关的政府工作人员深刻认识到把文化体制改革与制度创新的成效纳入科学的考核评价体系的重要性，认识到走出一条以机制创新推动文化体制改革的新路子的重要性，为深化文化体制改革奠定思想基础。部分人还存在"经济是硬指标，文化是软指标"的错误观念，没有将文化放在与经济建设同等重要的位置，文化建设考核力度不够，所占分值较少。考核评价指标体系需要加快完善。实际工作中还存在一手硬一手软的现象，公共文化建设方面的指标多，产业发展指标还没有纳入年度目标责任考核体系。

2. 制定考核评价体系

建立健全考核评价机制的关键在于制定科学的考核评价制度。为此，要首先明确不同的部门与个人的工作职责，对不同的部门及个人的职能进行科学划分，并且在此基础上，形成较为全面科学的考评制度，形成对文化系统人员队伍的专业技能、工作态度、工作作风等方面进行考核的制度，同时也形成对文化事业单位的内部管理进行考核的制度，实现考核制度的多元化与综合化。更重要的是通过制度来规定考核的结果与文化体制改革与制度创新相关工作相结合，通过考核制度来促进相关工作的改进。

3. 落实考核评价工作

建立健全考核评价机制只有落实到位才能够发挥其作用。为此，要建立相应的强有力的监督机制，实行督促检查机制，组织若干工作小组进行督促检查，促使各种考核制度如实展开。另外，考核制度实施后，还要对考评的效果进行跟踪，评估考核对改革的实质性影响，不断完善与进步。

（三）加快完善文化法制建设

认真学习党的十八届四中全会精神，掌握"依法治国"的核心与本质。加快完善文化法制建设，结合宪法和相关法律法规，根据广州市的具体市情，制定完善科学合理的本市文化法律法规。要加快发展公益文化事业，健全保障人民基本文化权益的法律法规体系，加快发展文化产业、推动文化产业成为广州市国民经济的支柱性产业；完善文化管理方面的法律法规体系，健全促进网络文化健康发展的法律法规体系，以法律法规作为执法的依据，严格遵循有法可依、有法必依、执法必严、违法必究的原则。

加快文化法制执法队伍的建设。根据当前广州市文化体制改革和制度创新中存在的问题及主要任务，加大基层法制机构力量，把文化司法队伍与其他行政队伍分开，稳定法制机构队伍，加强工作的稳定性与连贯性，强化法制干部教育培训，优化法制人员结构，提高法治队伍的综合素质，同时建立有效的激励机制，打造一支专业化、高水平、高素质、敢于严格执法的队伍。同时，要加强监督，夯实全面推进文化法制执法队伍司法执法的基础。

（四）建立文化产业多元融合机制

文化产业具有很强的兼容性，能够渗透到社会经济的各个领域。文化产业的跨产业融合，不仅是产业发展的内在规律性，同时也是未来广州培养增长点的内在要求，是提升广州软文化实力的必由之路。

1. 探索广州市文化产业多元化融合的机制

广州市作为一线城市，它同时也具有深厚的文化底蕴，若要建立广州市文化产业多元化融合机制首先就要对其机制进行探索。为此，我们要对广州文化产业及其相关产业有一个比较深刻的认识，充分认识广州文化产业融合发展的必要性，特别要找出广州市文化产业多元化融合机制的关键节点与内在规律，明确广州文化产业的多元化融合机制的重点与路径。

2. 制定相关政策，建立广州文化产业多元化融合的机制

广州市要在明确文化产业多元化融合发展机制内在规律的基础上，有针对性地设立专项资金，对重点文化产业融合项目进行扶持，鼓励各类文化人才大胆创新，促进文化产业与其他产业融合发展。促进文化产业与旅游产业、科技产业等相关产业的融合，建立产业园以推动文化产业与其他相关的产业聚集，促进相关产业链的融合，扶持综合类大型文化产业集团的形成与成长，加快文化产业与其他产业多元化融合机制的实现，形成特色鲜明的文化产业发展格局。

3. 引导市场需求

文化产业和相关产业融合发展的动力是市场需求。需求是文化产业改革与发展的驱动力，是文化产业实现多元化融合的落脚点，消费需求、企业需求、资本需求、跨界需求都推动着文化产业与相关产业的融合，为文化产业的改革指引了方向。通过政府的宏观调控与政策引导，进一步挖掘文化产业的市场需求，通过市场需求的作用反推文化产业与其他产业的融合发展。

（五）加强文化人才队伍建设

坚持科学的人才观和党管人才原则，牢固树立"人才资源是第一资源"的观念，加大文化人才战略实施力度。落实第二届广州市宣传思想战线优秀人才培养规划，在社科理论、文学艺术、新闻出版、广播电视等领域，有计划、有重点、分层次、多渠道地培养一批中青年专家、学者和管理人才，重点培养和引进一批各领域的领军人物和专业人才、掌握现代传媒技术的专门人才、懂经营善管理的复合型人才。改革人才使用和管理制度，建立科学的业绩评价体系和分配激励机制，构建有利于调动文化工作者积极性、推动文化创新的管理体制和运行机制，为全市文化大发展大繁荣提供坚实的智力保障。

本章参考文献

［1］刘爽：《文化体制改革与政策创新——我国文化体制改革政策研究（2000～2010年）》，硕士论文，上海交通大学，2011年。

［2］董霞：《关于文化体制改革的理性分析》，《山东省青年管理干部学院学报》，2006年第1期。

［3］蔡武：《我国文化体制改革的历史进程及理论创新》，《中共党史研究》，2014年第10期。

［4］张俊霞：《我国文化体制改革的框架建构》，《经济研究导刊》，2014年第26期。

（刘小勇　谢丽娟　曹科学　滕艳云）

第二章

文化政策视角下政府文化职能

文化体制改革是新时期政府体制改革的重要领域，是伴随着文化事业和文化产业的快速发展而出现的一个重大问题，由于改革涉及领域广、改革持续时间长、改革推进难度大，在对文化体制改革相关问题进行探讨时，政府文化行政职能转型便成为推进文化体制改革的关键所在。因而，从文化政策视角下，分析广州政府文化职能履行现状，提出进一步的改进路径，这对系统、深入的探讨政府文化行政职能转型具有重要的现实意义。

一、文化政策与政府文化职能的理论探讨

按照大部分学者的解释，政策是国家政权机关、政党组织和其他社会政治组织为了实现自己所代表的阶级、阶层的利益与意志，以权威形式标准化地规定在一定的历史时期内，应该达到的奋斗目标、遵循的行动原则、完成的明确任务、实行的工作方式、采取的一般步骤和具体措施。国家政策是政府意志的体现，反映了国家对当前或较长一段时期国家发展的考量和意愿。政策中包含的工作方式、工作范围及制定的行动原则等从共时性来看，可以反映出政府职能的履行范围、履行方式。而将政策放在一个大的历史范围内进行考察，可以看到政府职能的历史发展变迁历程。

文化政策是国家制定的众多政策之一，它是国家在文化艺术、新闻出版、广播影视、文物博物等领域实行意识形态管理、行政管理和经济管理

所采取的一整套制度性规定、规范、原则和要求体系的总和。① 文化政策反映了国家对文化领域的观点和看法，是国家意志在文化领域的一种体现，通过文化政策研究，本人认为可以从两个方面了解政府文化职能的状况。

一是从历时性方面，我们可以通过对不同时期国家和地方文化政策的文本分析，话语解读，用比较研究的方法，了解和窥探政府文化职能的演变过程。通过对文化政策所体现出来的文化领域管理理念、管理主体、管理客体、管理方式、管理范围和制度化程度等，来梳理政府文化职能的变迁历程。在对其演变过程进行研究中，我们可以总结世界各国政府文化职能演变的规律，对比我国中央和地方的文化职能现状，总结经验、吸取教训、找到符合我国国情的政府文化职能设置方式。

另外，从共时性来看，通过对同一时期文化职能的研究，了解和窥探出中央和地方对文化发展趋势的看法、当前国家文化发展的重点、文化领域政府权力的边界、政府职能的履行方式等。通过对不同地区同一时期的文化政策的对比研究，可以找到不同地区文化建设和发展的政策差异，以此分析政府文化职能履行的效能。共时性的分析，既可以了解文化职能履行现状，也可以比较政府间文化职能履行的效能。

正因为文化政策与政府文化职能之间密切的关系，因此通过文化政策的研究我们可以找到政府文化职能演变的规律。通过文化政策的对比研究，找到我国政府文化职能与国外政府文化职能之间的异同以及发展趋势，从而找到文化体制改革的困境和出路。

文化政策受到越来越广泛的关注，是与近年来文化领域的重要性在不断提升有关。"过去被认为是'社会的'问题如今被认为是'文化的'问题。"② 国内问题人们越来越重视文化公民身份以及文化在国家实力中的表现。国际上，国家的竞争越来越表现为文化的竞争。

我国文化政策研究仍是一个新兴领域，但在国外，文化政策研究已有近半个世纪的历史，理论发展较为成熟和深入。本研究将借用英国学者吉姆·麦圭根的相关理论，对文化政策进行解读和分析。吉姆·麦圭根认为文化政

---

① 胡惠林：《文化政策学》，山西人民出版社，2012 年，导论，第 3 页。
② ［英］吉姆·麦圭根《重新思考文化政策》，何道宽译，中国人民大学出版社，2010 年，第 45 页。亨廷顿，彼得·伯杰：《全球化的文化动力：当今世界的文化多样性》，新华出版社，2004 年。

策研究的兴起，不仅与这个时代对文化的重视有关，而且也是文化政策与民族国家紧密的历史联系有关。因此，他关注的是现代国家的文化政策是如何构建的，又是如何解构的。他认为文化政策有三种不同的话语结构：国家话语、市场话语和市民话语。吉姆·麦圭根没有对这三种话语进行概念性解释和说明，但从其论述中，可以知道，国家话语是指作为民族国家如何制定文化政策，以承担国家职责以及树立国家形象等。而市场话语则是指文化政策中所体现的"文化生产的资本化"倾向，探讨市场语言是如何进入文化政策用语中，市场如何影响文化政策的制定的。而市民话语则关注文化政策如何满足普通市民的文化需求。这三种话语并非截然分立，而是相互联系，是一个有机的统一体。政府文化职能需要在此三个方面上有所作为，而不能偏颇于任何一个层面。因此，通过考察三个层面政府文化政策制订和执行的现状，可以评估文化职能的履行效能。

二、从文化政策看政府文化职能发展

（一）国家话语层面

从国家话语层面来看，为形塑国家软实力和保证国家文化安全，各国政府普遍制定大量的文化政策与法律，提升文化软实力与文化产业的竞争力，积极鼓励文化输出。美国等发达国家在这方面尤为成功。在传播政策方面，从 1996 年以来，美国政府不断放宽对广播电视产业的诸多政策限制，促成了美国广播电视产业的资本迅速集中到少数媒介巨头手中。这种集中带来的雄厚经济和技术实力，赋予了美国媒介产业在全球竞争中的优势，以图实现它们席卷全球媒介市场的野心。布热津斯基曾经宣称："如果说罗马帝国奉献给世界的是法律，大英帝国奉献给世界的是议会民主，那么美国奉献给世界的就是科学技术和大众文化！"[1]

王绍光指出，美国中央情报局赞助了大量政论性刊物和文化刊物。这些刊物包括《撞击》《评论》《新领袖》《党人评论》《肯友评论》《哈德逊评

---

[1] 戚义明摘编：《文化巨无霸——当代美国文化产业研究》，《红旗文稿》，2008 年第 16 期。

论》《塞万尼评论》《诗歌》《思想史杂志》《转型》《审查》《代达罗斯》等。直接注入经费是一种资助方式，另外中央情报局还让文化自由大会免费为各国知识精英订阅这些刊物，间接资助它们。中央情报局实际上就是美国的隐性宣传部。据不完全统计，中央情报局在 50 年代、60 年代至少参与了 1000 本书的出版。如吉拉斯的《新阶级》和巴斯特纳克的《日瓦戈医生》都是中央情报局的推销重点（"Significant Books"）。[1]

各国政府制定相关政策保护民族文化，维护本国的文化特性和文化主权。法国政府为抵制和限制美国文化产品在法国的销售、传播，保护法国文化产业，规定法国的电视和广播节目至少有 40% 的时间要使用法语，硬性规定其全国 4500 家影院所放映的影片中，美国影片最多只能占 1/4。[2] 加拿大政府奉行了具有"保护主义"特性的文化政策。在国内书刊市场保护上，加拿大通过关税立法对来自美国的书刊进行了限制，如通过 9958 号关税法禁止进口外国期刊分刊，而且还进一步禁止广告内容中含有 5% 以上针对加拿大市场广告的期刊进口，不论有类似编辑内容的期刊版本是否在加拿大境外出版，通过消费税法相关规定，加拿大对在其境内发行的外国期刊与分刊每期征收相当于 80% 广告收入价值的消费税。按照加拿大政府的说法，这一政策只是试图保护整个国家的民族认同，有助于支持本国规模不大的杂志业不至于被来自美国的流行杂志所"淹没"。

(二) 市场话语层面

从市场话语层面来看，通过与当今西方发达国家以及后发国家等文化政策的比较，我们会发现，进入后工业社会的各国政府与城市都越来越有意识地从经济上的竞争转向了文化上的竞争。文化竞争正成为国家尤其是一国重要城市的核心竞争因素，很多国际大都市把文化发展作为推动经济发展的重要动力和主要战略。文化具有日益重要的经济推动作用。

澳大利亚在 1994 年发布《创造性的国家：澳大利亚联邦文化政策》；欧盟理事会文化指导委员会在 1998 年提出要将建设"创造性"的欧洲作为战略目标，按照这一目标，欧洲 27 个国家先后对文化政策进行了修改和更新；

---

① 王绍光：《中央情报局与文学艺术》，《读书》，2002 年第 5 期。
② 胡惠林：《文化产业发展与国家文化安全》，广东人民出版社，2005 年，第 162 页。

日本、韩国等国家随后也加入创造性"家族"。①

日本政府早在 20 世纪 80 年代就提出建设"文化大国"的目标，当时的首相中曾根在《建设具有文化力的国际国家日本》一文中认为，日本过去过于热心吸收和消化外国文化，对文化的传播所作的努力很不充分，如果只停留在经济国际化，而不在文化、政治方面为世界作出贡献，就不可能成为真正的国际国家。1991 年，日本外务省制定出针对美、中、加、英、德、法等国家的文化外交战略。1994 年，日本举办"关于国际文化交流的恳谈会"。1995 年，日本文化政策推进会议在其重要报告《新文化立国：关于振兴文化的几个重要策略》中，确立了日本在 21 世纪的文化立国政策。1996 年以来，日本先后制定若干文化发展计划，其中的《特殊 21 世纪》提出，将推动国际艺术交流事业作为重点开展的四大事业之一，成为日本继 19 世纪明治维新、20 世纪战后重建以来走向世界的第三次远航。②

韩国在 1998 年正式提出"文化立国"的方针，1999 年发布《文化产业振兴基本法》，将文化产业界定为与文化商品的生产、流通、消费有关的产业。韩国的成功显得尤其令人瞩目。2001 年，韩剧出口额约 790 万美元，2003 年出口额 3698 万美元。2003 年，韩国广播电视节目出口额达 4213 万美元，73% 出口到亚洲国家和地区，其中中国台湾地区为 24.5%、日本为 19%、中国大陆为 18.6%。2004 年，韩国电影出口额为 5828 万美元，出口到亚洲的有 4532 万美元（占 77.8%）。如果加上一些合拍剧、盗版等因素影响，韩剧的实际出口额已达数亿美元。根据《2003 年大韩民国游戏产业白皮书》，2002 年韩国网络游戏海外输出的各国比例显示：中国内地为 53.3%，占全部的一半以上；包括中国台湾地区的东南亚地区为 18.9%；日本为 14.9%；欧洲为 11.5%；美国占 0.1%。韩国人制作的游戏占据了中国 70% 左右的市场，中国公司代理的韩国游戏，通常的代理方式为版权金加 30%~45% 的月收入分成。2002 年，中国内地市场就给韩国"贡献"了 700 亿韩元的分成。网络游戏产业成为韩国经济发展的新支柱，而中国就成了这个支柱的输血管。

英国 1993 年就以"创造性的未来"为题公布了《国家文化艺术发展战

① 范春燕：《解读当代西方发达国家的文化政策—西方学者对文化政策的研究及其启示》，《国外社会科学》2013 年第 3 期。

② 花建等：《文化产业竞争力》，广东人民出版社，2005 年，第 153 页。

略》；伦敦市政府为推动文化创意产业的发展出台了诸多相关政策。1999年，伦敦市政府设立了文化战略委员会。2003 年，伦敦市政府出台了关于伦敦创意产业的发展战略：《伦敦文化资本——市长文化战略草案》，提出了卓越、创新、参与、价值的新世纪文化创意产业发展方针，并做出了一系列创意产业扶持措施。2004 年创立了"创意伦敦"工作组，这是一个由伦敦发展署管理的战略团队，以政府和企业合作的方式运作，广泛征集创意公司组织部门的建议，支持和促进伦敦市文化创意产业的发展。2008 年 11 月，伦敦市公布了关于伦敦发展文化产业的战略草案，即《文化大都市——伦敦市长 2009~2012 年的文化重点》。

（三）市民话语层面

从市民话语层面来看，发达国家的文化政策一方面由政府主导，另一方面得到公众的有效广泛的社会参与，受众对文化政策的认同度和知晓率较高。城市文化政策是公共性极强的政策形态，其制订机制在科学性和合理性上有严格要求，在制订过程中经过社会各个层面充分的意见参与，特别是社会公众的参与，才能实现城市文化政策和城市文化发展的实际状况充分结合，才能具有现实性和可操作性，公共文化产品的供给才能真正满足人民群众的实际需求。

世界各大城市都将图书馆建设列为保障公民文化权益的首要选择。从世界范围来看，早在 1708 年，英国就专门针对教区图书馆制定了《教区图书馆法》（*Parochial Libraries Act* 1708），它第一次以法律的形式提出了对图书馆的保护。自 1850 年英国颁布世界上第一部全国性《公共图书馆法》以来，已有 60 多个国家颁布了 250 多部图书馆法。1964 年美国制定了《图书馆服务与建设法》，该法包括服务、建设、馆际合作和读者服务工作四部分，不仅进一步增加了经费，由原来的专款专用服务资金扩展到建设费用，还增添了图书馆如何应对时代变化，为各种类型读者服务等内容。德国于 1924年公布了《图书馆互借法令》，这些可算作德国图书馆立法的早期实践。日本于 1950 年颁布了《图书馆法》，该法明确了图书馆的公共性，废除了认可制和中央图书馆制度，明确了图书馆的本质功能是提供图书馆服务，规定了公立图书馆的免费服务制，完善了图书馆的职员制度，确立了私立图书馆自由经营的原则，该法后来经过了 10 多次的修改。1953 年 8 月 8

日日本制定了《学校图书馆法》，这是为聋哑学校、盲人学校的图书馆专门的立法，在当今世界上极为罕见。这不仅是日本学校教育史上划时代的事件，而且对英美及北欧等发达国家也产生了重大影响。由此，《国立国会图书馆法》《图书馆法》和《学校图书馆法》成了日本图书馆法律体系的"三驾马车"。

图书馆成为各国政府与非政府机构提供公共文化服务的基本平台。纽约市的图书馆建设尤其值得关注。纽约的图书馆为读者提供了除英语之外的多种其他语种服务，包括汉语、西班牙语、犹太语、法语等。纽约的文化设施种类繁多，如公共图书馆有综合图书馆，有分门别类的图书馆。比如有经济图书馆、艺术图书馆、黑人研究图书馆、儿童图书馆等；有研究图书馆、阅览图书馆等。纽约市的图书馆除了204家公共图书馆之外，还有大量散布于全市的各企事业单位和学校的800多家图书馆，平均每公里内有2.5个，每个社区3.3个，偏远的社区达到2个左右。总藏书量达到2100万册，每年的图书资料流通量是4000万件，相当于纽约市民人均5.5件。① 纽约市公共图书馆最大的特点就是服务方便。一是查阅方便。绝大多数的图书馆都实行开架阅览和借书；所有图书馆的图书目录都进入电脑程序系统，可以上网搜索。二是面向大众，不进行任何借书的资格审查，任何一个纽约居民凭借任何一种居住证明（例如电费、电话费或煤气费单）免费办借书证。三是服务周全。图书馆不仅仅是提供图书服务，而且还兼具博物馆、培训馆、咨询馆与报告厅的功能，定期举行各类讲座、报告，定期展览各种馆藏珍品。四是多种语言服务。②

莫斯科的公共图书馆的数量比纽约更多，达到429个，其中大型图书馆就有418个，包括250年成人图书馆和168个儿童图书馆。最著名的图书馆是俄罗斯国家图书馆。该图书馆截至2002年，其藏书总量为33110230件，其中外文文献为6058418件，图书馆的管理服务注重于为市民服务，努力为市民创造良好的阅读条件。③

从以上可看出，政府越来越加强了文化统治性职能的履行——重视文化安全的维护和文化软实力的提升，重视文化经济性职能的发展，而在公共文

① 黄发玉：《纽约文化探微》，中央编译出版社，2003年，第60~61页。

② 贺善侃等：《国际大都市公益文化比较研究》，学林出版社，2010年，第87页。

③ 郭文、刘国华：《莫斯科——世界古都丛书》，三秦出版社，2006年，第105页。

化服务方面，则降低参与度，积极推动社会参与，以转变了政府在公共文化服务提供中的角色，变相减轻了政府承担的责任。

三、从文化政策看广州市政府文化职能转变的路径

（一）广州市政府文化职能履行的现状

从国家话语层面来看，广州市鲜有政策颁布，基本遵循和执行国家在此方面的相关政策。近几年颁发的政策文件中，国家形象和文化安全只作为口号或应景性的文字出现于政策文本中，如《广州建设文化强市培育世界文化名城规划纲要（2011~2020年)》中，只提到了文化事业和文化产业的具体目标，对于国家安全和国家形象等软实力较少提及，只笼统地提到，广州建设世界文化名城是为了能更好地"服务国家"。对社会主义核心价值观的培养，也仅停留在口号层面，虽然活动的开展，但是活动形式和方法的创新性不够，效果不明显。其实施意见和规划停留在"虚"的阶段。城市政府在关注点上，将重点放于城市文化建设中，而对国家层面的内容关注较少，是情有可原的。许多人认为国家安全和国家形象是国家的事情，地方城市离得远，既不能也不必履行这一职责。但是对于单一制的，实行中央集权的我国体制来说，国家安全和国家形象非常重要。不仅是对外，也体现在对内上。地方维护大统一的文化格局，促进地方公民的爱国情怀，对于维护国家安全和统一尤为重要。

从市场话语层面来看，广州市作为国家特大城市，进入21世纪之后，与各大中城市一起，加入了大力发展文化产业的行列，力求以文化产业作为推动经济持续增长的动力源。过去，市场话语在我国文化政策中缺失。改革开放前，国家全面摒弃市场，政策中除了对市场的批判性话语外，不可能存在正面的提倡和维护。改革开放后的20世纪80年代，市场话语也很少见诸文化政策中。随着20世纪90年代院团改制政策的推动，特别是21世纪初，文化产业的欣欣向荣，世界范围的文化竞争力的加剧，文化的市场话语开始盛行起来。从文化产业政策文件的数量以及质量看，文化产业都是近几年来广州市最重视的领域。城市政府普遍将文化产业的振兴更多地看作是GDP

再次飞跃式发展的引擎，而非城市软实力的基础。如《广州建设文化强市培育世界文化名城规划纲要（2011~2020年）》中，提到"站在新的历史起点上，面对日益激烈的国际国内文化竞争，面对人民群众日益增长的精神文化需求，面对文化与经济加速融合发展的新趋势，我们必须充分认识文化建设作为广州建设国家中心城市最有竞争力、最具活力、最能代表国家参与国际竞争与合作的特质，充分认识文化建设在增强城市发展动力与活力、推动城市发展模式转型、提高城市综合竞争力、促进人的全面发展中的重要作用，进一步增强紧迫感、责任感和使命感，把建设文化强市培育世界文化名城作为推进国家中心城市建设的重要内容、推动广州科学发展的重要目标。"字里行间体现的是政府的真实意图或是更直接看重的是对文化的经济功能的重视，而非文化软实力的增强。据不完全统计，广州市共出台了19份文化政策，其中有17份是专门针对文化产业而制定的，可见政府职责的履行主要在文化产业层面。

从市民话语层面来看，20世纪以来，广州的文化服务职能与文化经济职能并驾齐驱，成为政府文化职能的两个重要内容。对文化服务职能的重视体现在对公共文化服务体系建设和文化民生工程以及地方性特色文化建设的推动上。从政府工作报告至政府文化部门的工作重点，都离不开这三项内容。此三项内容的建设也获得了较好的成绩。

广州市具有发展文化产业的不少条件与优势：一是广州具有极为丰富的自然资源和人文资源，作为"中国古代海上丝绸之路的发祥地、岭南文化的中心地、近现代革命史的策源地和当代改革开放的前沿地"，孕育了既包含岭南传统文化精粹又具有时代文化元素的悠久丰富的历史文化资源，是城市独特、不可复制的重要战略资源。深厚的岭南文化意蕴，浓郁的人文环境使广州具有特殊的文化魅力，也为文化产业发展提供了丰富的内容资源。二是消费水平优势，广州具有较大的市场需求，经过中国30多年的改革开放，广州市经济实力和人均收入已居全国前列，人均国内生产总值已接近2万美元。从国际经验来看，当人均GDP超过3000美元后，人们对于文化创意型产品与服务的需求将开始加速增长，而广州早在2008年人均GDP就已突破1万美元，应具有充足的文化消费、购买力。三是体制优势十分明显，广州是目前我国大城市中开放程度较高、市场经济发展较快的城市，以市场为取向的改革始终走在全国前列，市场经济框架正逐步确定和成熟。这也会为文化产业的迅速崛起提供良好的制度环境。四是地理区位优势，广州是我国华南地区最大的中心城市，地处东南沿海和珠江下游，毗邻港、澳，西临东南亚，外可接国际文化市场，内可辐射全国。

即便如此，广州市文化产业的发展还是不尽如人意，由表 2-1 可知，广州与我国北京、上海、深圳等大都市相比在某些方面仍存在着相当明显的差距。例如，2014 年北京文化及相关产业企业户数已达 17.1 万户，规模以上文创从业人员 109.7 万人，法人单位实现收入 11029 亿元。上海文化创意产业的企业数量也在 50000 个以上，从业人数在 100 万以上，资产总额在 15000 亿元以上，营业收入达 5000 亿元。广州、深圳、杭州、武汉、成都等城市与之相比差距巨大。

表 2-1　　　　广州与我国其他城市文化产业发展情况的比较

指标 \ 城市	广州	北京	上海	杭州	西安	深圳	长沙
文化产业增加值占 GDP 的比重（%）	5.0	13.1	12	11.80	5.70	6.7	10.0
文化产业从业人员（万人）	48.7	109.7	130	41.20	18.40	25.0	52.2
文化产业专项资金（亿元）	1.8	5.0	1.0	1.52	0.05	3.0	0.5

资料来源：相关统计年鉴整理得到。

总体而言，广州的文化发展方面的不足主要包括城市文化形象模糊、文化创意产业竞争力不高、公共文化投入不足，公共文化服务体系不健全、体制机制创新动力不足，文化生产力没有得到充分解放与发展、文化人才缺乏，市民整体素质不高等。广州作为广东的省会城市、珠三角的中心城市、国家的战略中心城市，应在新形势下，抓住国家发展战略与区域发展战略的历史机遇，以举办亚运会为契机，强势发展成为国家文化创意产业中心之一。[①]

（二）改进地方政府文化职能的路径探讨

1. 重视文化安全和文化软实力形塑的地方责任

文化安全和软实力的形塑虽然更多的是中央政府的责任，但地方政府也

_____

① 徐泽鑫、周薇：《新经济增长模型对广州文化创意产业发展的启示》，《新闻世界》，2013 年第 8 期。

应有所作为，重视这一文化职责。如可以通过创新核心价值观的教育和传播方式、途径和理念，维护文化安全。通过文化的走出去战略，配合国家的文化安全政策的实施等。

2. 以岭南文化作为特色，保存自身的文化个性

世界上最有影响的大都市文化都是富有特色的，如人们通过巴黎可了解法兰西民族文化精神，通过伦敦可以了解英格兰民族文化精神，通过纽约可以了解美国人文精神。没有文化特色就没有文化个性，我们在进行文化建设时，一定要努力保存自身的文化个性特征，用具有个性的文化来丰富、充实全人类的文化。

广州需要加强历史文化遗产的保护与利用，文物和非物质文化遗产两手抓。一方面加快制定《广州市文物保护规定》，建立健全文物保护责任制，抓好重点文物保护单位的维护和修缮工作，另一方面建立健全非遗保护体系，积极探索非遗产品市场化、产业化道路。广州作为我国第一批历史文化名城，不仅是中国古代海上丝绸之路的发源地，也是岭南文化的中心地和我国近代民主革命的策源地。它拥有丰富的历史文化资源，除了粤剧、书画、诗歌、盆景、民俗、饮食文化等丰富的岭南文化资源外，还存有大量的保存完整的历史文物古迹。截至 2010 年，广州共有已公布的国家、省、市三级文物保护单位 322 处，如南越王墓、光孝寺、六榕寺、怀圣寺等都有 1000 多年的历史。

保存自身的文化个性，要注意文化择优发展的问题，即对于广州这样一个历史文化积淀很深的名城，要有选择地保护和发展真正有史学价值、审美价值、认知价值的东西，要有利于改革和建设、有利于丰富人民生活、有利于发扬优秀民族传统和道德重塑。通过建立高层次文化群体来抗衡目前流行的一些低层次文化，引导文化的基本走向。

3. 完善法治，提升政府管理能力

市场经济是法治经济，政府的基本职能之一就是建立法治秩序。一个公平竞争的法治环境是经济发展的基础，而文化产业则更需要一个公平竞争的法治环境，特别是有效地保护知识产权的法治环境。

广州市政府需要建立和完善文化创意产业相关法规体系，完善维护公平市场秩序的法规体系，完善促进文化创意产业健康发展的行业准则，建立完

善的知识产权保护体系，扩大政府政策扶持的范围。要继续在投资上给予倾斜，拓宽资金来源渠道，积极鼓励向私有企业筹资，引导民资、外资投资文化产业项目，加快文化创意产业基地建设步伐。出台相应的税收优惠政策，对于刚刚起步的文化企业采取减征或免征增值税，对新开发的文化产品可以缓征所得税，并允许经济实体在税前从产品经营额中提取一定比例的技术改进费等。

4. 深化文化体制改革，明确划定政府与市场的界线，剥离办文化职能，形成文化经济市场化调节的机制

在市场经济当中，政府不能既是裁判员又是运动员。在文化市场当中，政府最根本的职能不是生产、供应文化产品，而是文化产业市场中的监管者与执法者。当前相当多的文化产业发展问题的根源正是在于政府没有真正与市场划清边界，无法有效地激发文化市场的优胜劣汰的竞争机制，文化竞争力得不到快速提升。

表现之一，硬件迅速发展，人才队伍欠佳。广州市政府近年来大力支持硬件基础建设，文化创意产业园区发展迅速，到目前已陆续建立了二十多个创意产业园区，包括国家网游动漫基地、广州创意产业园、羊城创意产业园、广州设计港、黄花岗科技园、信义国际会馆、南沙资讯科技园等。目前还有一大批文化创意产业园区正处于规划和建设当中。广州 2005 年成为"国家网络游戏动漫产业发展基地"、2006 年被商务部授予"国家软件出口创新基地"称号，是我国动漫和软件产业的重要基地。然而，广州目前专业技术人员总量已达 70 多万人，从事科技活动人员为 12.4 万人，科学家与工程师为 7.7 万人，虽然远高于南京、杭州、成都等中心城市，但科技人才的总量只为上海的一半。广州引进的国外专家或境外专业人士，无论数量还是质量，也远远低于北京、上海甚至深圳等城市的水平。广州缺少"大师级"人才，真正有影响力、号召力的大腕级领军人物还不多见。[①]

表现之二，文化产业的核心竞争力没有形成。大多数国际中心城市都有自己的支柱型文化产业。如美国洛杉矶的电影业、纽约的广播电视业、报

---

① 闻瑞东：《关于广州文化创意产业人才队伍建设的对策》，《社科纵横》，2012 年第 9 期，第 246 页。

业，奥兰多市的娱乐业，法国巴黎的旅游业等。我国上海把电视、电影等确立为支柱产业，北京以演艺娱乐业、电影业作为支柱产业，广州的文化支柱产业现在仍然不明确。据 2009 年广州市统计的 1.9 万家文化企业中，年产值超过 1 亿元的企业不到总数的 2%。①

政府扶植的项目具有极大的风险，还是应当相信市场竞争的作用。我国政府 20 世纪 80 年代扶植的电视生产企业几乎全军覆没，最近我们政府扶植的光伏产业又惨遭困境。因此，地方政府应注重创造良好的营商环境，而非直接以资金项目扶持，这样才能让一些有竞争能力的企业做大做强。

5. 推进社会参与，实现公共文化服务全覆盖均等化

国外城市的文化发展无一例外地以文化民主作为手段，同时也被确立为一项终极目标。大伦敦市政府在 2003 年就编制了伦敦文化战略纲要，让市民公开讨论，甚至在电视节目中激烈辩论，根据民意反复修订、完善，才形成了 2004 年文化发展战略报告。2008 年公布第二份文化战略报告之后，经历了近两年公众咨询，于 2010 年 11 月才公布第三份文化发展战略报告最终定稿。伦敦的文化发展战略可谓深得民心，体现民意。伦敦市政府积极普及文化公益事业，公共博物馆、图书馆、档案馆等文化事业均免费提供十分人性化的优良服务。② 在这个方面，我们的地方政府有必要加以借鉴和学习。

广州市政府为了实现公共文化服务的全覆盖和均等化，增加财政资金投入，进一步完善公共文化服务设施，推动文化设施的配置从按户籍人口的标准向城市总人口的标准提升。③

不过，广州市在公共文化体系建设方面仍然需要进一步大力加强。2013 年年末全市共有各类专业艺术表演团体（事业单位）4 个，文化馆 14 个，文化站 165 个，档案馆 30 个，博物馆、纪念馆 31 个。

"在公共文化体系建设中，最容易普及文化的图书馆更要不断完善，满足大部分人民的文化需求。截至 2010 年年底，广州公共图书馆仅为 16 座

---

① 张莹莹：《广州文化创意产业发展的 SWOT 分析》，《南方论刊》，2012 年第 11 期，第 19 页。
② 瞿世镜：《伦敦文化发展战略的启示》，《联合时报》，2013 年 10 月 8 日第 6 版。
③ 林洪浩：《推进岭南传统文化传承与创新提高广州文化综合竞争力》，《广州日报》，2011 年10 月 27 日第 2 版。

（含 2 座广东省图书馆），平均 63 万人才拥有一座图书馆，总藏书量不足 1900 万册，人均图书数量 1.9 册，与北京、上海人均图书 3.63 册与 2.36 册相差甚远。北京、上海的公共图书馆分别是 25 座和 29 座，藏书量分别是 4613 万册和 7337.95 万册，远高于广州。"① 目前广州 12 区市公共图书馆的总缺口数约为 26.4 万平方米，若以新广州图书馆的 1.77 万平方米来计算，相当于需要再建近 15 个新广州图书馆。

深圳已走在了广州的前面。早在 2005 年之前，深圳市已建成市级图书馆 2 座、区级图书馆 6 座，街道图书馆 51 座，达标社区图书馆 472 座，占全市社区总数的 76%，已基本实现了每 1.5 万人拥有一个社区图书馆的建设目标。深圳图书馆之城建设的巨大成就，引起了全国图书馆界的广泛关注，在业界掀起了一股朝圣热潮。

总之，地方政府需要适时调整政府与社会、政府与市场、政府与企业、政府与社会组织、政府与公民的关系，重视核心价值引领的文化统治性职能，实现国家文化安全保证和软实力形塑的双重目标。

本章参考文献

［1］各地文化蓝皮书 2010 年、2011 年、2012 年，2013 年，社会科学文献出版社。

［2］胡惠林：《我国文化产业政策文献研究综述（1999～2009 年）》，上海人民出版社，2010 年。

［3］Toby Miller、George Yudice：《文化政策》，蒋淑贞、冯建三译，台北巨流出版公司，2006 年。

［4］［英］吉姆·麦圭根：《重新思考文化政策》，何道宽译，中国人民大学出版社，2010 年。

［5］方彦富：《文化管理引论》，福建教育出版社，2010 年。

［6］夏学理、凌公山等编著：《文化行政》，台北五南图书公司，2002 年。

［7］张玉国：《国家利益与文化政策》，广东人民出版社，2005 年。

［8］范中汇：《英国文化管理》，北京：文化艺术出版社，2001 年。

［9］蔡武：《打好深化文化体制改革攻坚战》，人民日报，2014 年 1 月 23 日。

［10］傅才武、陈庚：《我国文化体制改革的过程、路径与理论模型》，《江汉论坛》，2009 年第 6 期。

---

① 黄丽英：《国家中心城市广州文化软实力研究—基本比较的视角》，《经营管理者》，2012 年第 14 期，第 4 页。

[11] 湖北省文化体制改革对策研究课题组：《实现文化管理模式从设计理念到组织结构的创新——湖北省文化体制改革对策研究报告》，《江汉论坛》，2005 年第 5 期。

[12] 唐坤：《以人为本解析文化体制改革的难点——基于宏观制度视阈的分析》，《学术论坛》，2010 年第 8 期。

（黄旭）

第三章

国有文化企业的特殊管理股制度

党的十八届三中全会《决定》提出"对按规定转制的重要国有传媒企业探索实行特殊管理股制度",这为我国国有文化企业探索特殊管理股制度提供了重要的政策依据。为深入了解特殊管理股制度的特点及其治理结构,尤其是这一制度对公司治理、内容采编的影响,我们在实地考察美国《纽约时报》《华尔街日报》和英国的《每日邮报》等实行特殊股权制度的境外传媒企业的基础上,结合广州日报报业集团等国内按规定转制的重要国有文化企业的实际,形成如下研究报告。

一、特殊管理股制度的境外参考范本

(一)英国的"黄金股"制度

1979年英国开始推行国有企业民营化,考虑到股改后,政府可能无权对企业的经营管理进行干预、控制,为保证国家、政府的利益,英国政府设立了"黄金股"制度。"黄金股"不同于普通股、优先股,其最关键的是掌握重大经营决策的"一票否决权",而不具有针对企业管理层人员任免、企业管理、分配等一般权限。此情形下即使转变为全民营企业,政府仍可通过"黄金股"行使对企业的管理控制。但是至今,英国政府还从未行使过"黄金股"的"一票否决权"。

其实,"黄金股"在我国也已有使用。2003年,广州产权交易所为广东增城市政府出让港口内相关企业,设置了"黄金股"方案:政府象征性保留1%的股权;同年,在江西省某钢铁有限公司改制项目方案中,设立"国有金股"，作用是，改制后如有不履行改制方案或损害职工利益的行为，政府可行使一票否决权。

（二）AB 股的双重股权制度

企业股份分为有投票权和非投票权的 AB 股，家族公司或大股东通过牢牢控制有投票权的股份来实现对企业重大决策和长远发展的控制。

虽然双重股权制度在世界范围内被广泛采纳，但具体到每个国家（地区）则有所不同。在加拿大、德国、丹麦、瑞士、挪威、芬兰、瑞典、意大利、墨西哥、巴西和韩国，双重股权结构较为普遍，而在英国、法国、澳大利亚、中国香港、南非和智利则不为多见。1989 年 12 月，香港联交所修改条例规定，除特殊情况外，不再考虑 B 股上市。目前，在香港联交所上市的企业只有太古股份有限公司一家有 B 股股份。根据法律，双重股权制度在印度也是允许的。但据 DATASTREAM 数据库（可以公开查询各个国家双重股权公司），尚未发现印度有任何双重股权结构公司。

在美国报业企业中，双重股权结构较为普遍，如《纽约时报》《华盛顿邮报》《华尔街日报》等。但在英国报业企业中，占主流的是家族控股模式和公众股权模式，双重股权结构只占极少数，如《每日邮报》《每日电讯报》等。在美英两国非报业企业中，双重股权结构并不多见，主要集中在新媒体、通信、商业服务和机器制造业，如谷歌、Facebook、福特、惠普、曼联足球俱乐部等。据标准普尔会计数据库统计，在 1995～2002 年，只有6%的美国公司设置双重股权结构，构成约占所有公司市场资本量的 8%。[①]

美英实行双重股权制度的主要报业企业股票发行及股东控股情况如表3 – 1所示：

表3 – 1 美英实行双重股权制度的主要报业企业股票发行及股东控股情况

报纸名称	《纽约时报》	《华盛顿邮报》	《华尔街日报》	《每日邮报》
发行股票总数（万股）	14882	741	8208	39296
非投票股数量（万股）	14800	620	6149	37307
投票股数量（万股）	82	121	2059	1989

---

① 资料来源：作者 Paul A. Gompers，Joy Ishii，Andrew Metrick. Extreme Governance：An Analysis of Dual – Class Firms in the United States。

报纸名称	《纽约时报》	《华盛顿邮报》	《华尔街日报》	《每日邮报》
非投票股证券持有人数量（人）	6738	736	10672	2135
投票股证券持有人数量（人）	28	28	3670	622
最大股东	苏兹伯格家族	唐纳德·格雷厄姆	班克罗特	罗斯米尔家族
最大股东持投票股比例（%）	90.20	90	64	59.90

（三）新加坡报业的管理股制度

新加坡报业的管理股和普通股的划分，也给我们探索特殊管理股制度有益的启示。新加坡有 19 家报纸，其中 18 家由新加坡报业控股公司主办，只有 1 家英文报纸是其他机构主办，但就这一家 40% 的股份也由新加坡报业控股公司持有。可以说新加坡只有一家报业集团。

但新加坡报业控股公司本身没有大老板。从政治原因上看，为确保新加坡的报纸以国家利益为重，政府推动报业组建公共公司，并对报刊出版公司的股份结构和管理权等做出了明确的规定。新加坡 1975 年 1 月 1 日开始执行的《报章与印务馆法令》规定：报章公司股权分为管理股和普通股。管理股由政府控制，占总股份的 1%，只能发给新闻艺术部部长批准的新加坡公民或机构。在有关委任或开除任何董事或者报纸员工的投票表决中，每份管理股拥有 200 票的表决权。"未经新闻艺术部书面批准，报业公司不得向非新加坡公民或公司出售或转让管理股，任何非新加坡公民不得担任报业公司的董事"；普通股是上市流通股，个人或机构不得拥有超过 3% 的普通股股份（2002 年 7 月新加坡国会通过修改令，3% 的顶限提高到 5%。公司或个人将能够拥有报纸与广播公司的 5% 股份，互相有关系的股东也可集体拥有总共不超过 12% 的股份。投资者有意拥有超过顶限的股份或控制报纸与广播公司的选举权利，必须向政府提出申请）。

（四）阿里巴巴的"合伙人制度"

在美国上市的阿里巴巴公司的股权结构是所谓的"阿里巴巴合伙人制度"。阿里巴巴公司在章程中设置了提名董事人选的特殊条款：即由公司的

28 名被称作"合伙人"的人提名董事会中超过半数的董事人选，而不是按照持有股份比例分配董事提名权。"合伙人"并不能直接任命董事，所提名的董事，仍须经过股东会投票通过才获任命。即使股东们否决了提名的董事，合伙人仍可以继续提名，直到董事会主要由合伙人提名的人选构成。

阿里巴巴合伙人制度里的"合伙人"，与中国大陆、中国香港或开曼群岛的合伙企业法中的合伙制完全不是一个概念。阿里巴巴"合伙人"并不是法律意义上的合伙人，不需要像合伙企业中的合伙人一样，对企业的债务承担连带责任，而是指高度认同公司文化、加入公司至少 5 年的特定人士，其实就是一批资深高管。

阿里巴巴合伙人制度与 AB 股双重股权制度有所不同，因为在表面上看，至少在股东大会里面，合伙人持有的每一股的投票权与其他持股人还是一样的。但两者的核心都是"同股不同权"，以少量股权掌握更大话语权。

（五）小结

从以上四种股权制度的介绍中我们可以知道，英国的"黄金股"制度主要适用于国有企业民营化，出于维护政府公共利益和原国有企业职工的合法权益的需要，并不符合目前的我国国有文化企业。新加坡报业的管理股制度，具有政府强制性和非市场竞争性，出于政府牢牢控制传媒企业的需要，这也与新加坡是一个城市国家，传媒企业不存在市场竞争有关。这种股权制度与我国目前绝大多数国有文化企业已经进行转制并进行市场化运作的国情并不符合，尤其不适合我国已经上市的国有控股文化企业。阿里巴巴的"合伙人制度"通过控制董事会成员的提名权可以实现对公司重大决策的控制，在一定意义上，可以实现特殊管理股的某些作用。但是这种制度，如果用于我国国有文化企业，便与新加坡报业的管理股制度比较相似，需要通过法律或行政法规推动，强制性多于市场竞争性，与我国目前国有文化企业已经实行比较完善的市场化机制不甚融洽。而 AB 股的双重股权制度，无论从历史沿革、法理依据、机制健全程度，还是欧美等国家文化企业的适用范围、市场化运作程度等方面来看，都为我国国有文化企业特殊管理股制度改革提供了更有益的参考价值和借鉴作用。接下来，我们将着重对 AB 股双重股权制度的特点、背景、作用、意义等进行分析。

二、双重股权制度及其治理结构的主要特点

采用双重股权这一特殊股权制度及其治理结构的报企，其股票分为 A、B 两种，一种为拥有绝对表决权而不允许或只允许很少上市流通的优级股票（通常是 B 股，也有例外，如《华盛顿邮报》A 股是优级股），另一种是无表决权或较少表决权的普通股票（通常是 A 股），可公开交易。双重股权结构既可通过首次发行新股（IPO），也可通过分置股权产生。在报业资本市场上，不仅有一元制股权结构转化为双重股权结构，双重股权结构也可转化为一元制股权结构即股权合并。双重股权结构的主要特点是：

（一）经济收益权与控制权分离，家族或财团可实现对公司的绝对控制

股本和投票控制权并不一定直接关联。只拥有较多普通股的股东，虽有较大的经济收益权，可按股份进行分红，但在公司的重大决策和控制方面，话语权非常小。公司实际控制权掌握在拥有优级股的家族或财团手中，多为公司创始人及其家族。优级股尽管占总股本很少的比例，但却有着"四两拨千斤"的作用。

《纽约时报》执行总编辑及副总裁南希·李（Nancy Lee）接受我们访谈时介绍说，尽管苏兹伯格家族持有 A 股的数量在大幅下降，但正是因为对 B 股的控制，①

---

①　苏兹伯格家族目前控制《纽约时报》公司总股本的 13% 左右，其中约 1900 万股 A 股、74 万股 B 股。这些 B 股占 B 股总比重约 90%，占已发行股票总额则为 0.5% 左右。（资料来源：《纽约时报公司 2012 年年报》）

《纽约时报》设立 AB 股的主要原因，除了避免恶意收购、保持家族对报纸的控制外，还有规避遗产税这一重要因素。1957 年 5 月，《纽约时报》的普通股被分成没有选举权的 A 股和有选举权的 B 股，后者大部分为奥克斯基金会和苏兹伯格家族所掌控。由于缺乏现金流，《纽约时报》必须上市，但正因为 A 级普通股不含选举权，被美国证券交易所拒绝。家族由此规定无论董事会规模大小，A 级股票持有人能选举 30% 成员。1969 年 1 月 14 日顺利上市。1986 年，苏兹伯格家族的所有继承人都签订了一份特殊契约。根据协议，时任发行人阿瑟·奥克斯·苏兹伯格四姐弟及其 13 名子女，如想用 B 股套现，首选卖家应是家族内部的人或《纽约时报》公司。如果要卖给家族以外的人，必须先将 B 股转换成 A 股。协议确保了家族能够掌管《纽约时报》约 100 年。协议达成的直接动因有二：反收购和规避税收。虽然阿瑟·奥克斯·苏兹伯格姐弟在继承股票时无须缴纳继承税，但其后代可能会面临这个潜在的威胁。因此家族在签署协议的同时重组公司资本结构，把每股 B 股转换成 1 股新 B 股和 9 股 A 股，同样只有新 B 股持有公司的控制权。如需要缴纳继承税，就把新 A 股在公开市场上出售。理论上来说，新的 A 股足够支付好几代人需要缴纳的继承税。1990 年，奥克斯信托基金会随着创始人阿道夫的女儿伊菲珍去世而自动解体。其 B 股分为 4 个新的信托资产，阿瑟·奥克斯·苏兹伯格四姐弟各占一份。此后，4 份信托基金合并成一个。（资料来源：《报业帝国》，[美] 苏珊·蒂夫特，亚历克斯·琼斯，华夏出版社，2007 年 9 月版。）

自 1896 年以来，苏兹伯格家族不仅掌握着纽约时报公司的控制权，还直接负责该公司的日常管理。目前，老板小苏兹伯格作为公司的董事长兼旗舰报纸《纽约时报》发行人，负责公司的发展运作以及《纽约时报》的日常经营。① 《华盛顿邮报》《华尔街日报》的股权结构和治理模式与《纽约时报》类似。②

英国《每日邮报》董事、总经理盖伊·则特（Guy Zitter）介绍说，该报自 1896 年创办以来，100 多年来一直控制在罗斯米尔家族手中。③ 该报的股权分为投票股和非投票股两种，其中投票股只占总发行股票数 5%。投票股主要由罗斯米尔家族和信托公司控制，不在市场流通，这种双重股权结构保证了罗斯米尔家族对公司绝对的控制权。④

（二）有利于公司的长远发展

英国知名独立媒体人、剑桥大学教师秋希（Tricia Levasseur）接受我们访谈时认为，双重股权制度有利于保证企业从长远角度考虑发展战略，而不会受股市短期波动和股东压力的影响。像《每日邮报》不太在乎资本市场人士的评价，这一点反而成为该公司的优势，无论发行还是广告业绩都很不

---

① 根据美国证券交易委员会证券交易法，在计算持股比例时，苏兹伯格家族持有的 B 股视同 A 股计算。（资料来源：《纽约时报公司 2013 年度股东大会通知及代理声明》）

② 《华盛顿邮报》A 股是非公开交易的优级股，B 股则是在纽交所公开交易的普通股。从邮报公司近十几年的财报可以看出，A 类股票的持有人数量极少，最高时达到 30 人，2011 年是 28 人。格雷厄姆家族持有 118 万股 A 类股，占该类股票的 96.7%，另外还持有 176 万股 B 类股，总持股比例接近 40%，可选举董事会 70% 的成员，目前格雷厄姆家族有 2 名成员在董事会。目前唐纳德·格雷厄姆兼任董事长及 CEO，其外甥女任邮报公司发行人。相比其他公司每年都有少数股票转换，《华盛顿邮报》的 A 股变化不多，非常稳定。（资料来源：《华盛顿邮报公司 2013 年股东大会报告》）

《华尔街日报》原属于道·琼斯公司，2007 年公司被默多克新闻集团收购。在此前的 105 年中，班克罗夫特家族对道·琼斯公司的拥有是通过层层信托网实现的，其中不少还是隔代信托。该公司此前是单一股权，1986 年才实行双重股权制度。1986 年后，班克罗夫特通过 B 股实现了约 64% 的控制权。多年来，班氏家族基本上靠专业人士打理《华尔街日报》。和纽约时报公司不同，道·琼斯公司 B 股股权散落在家族的不同分支，持有人数非常之多，权力大小差异悬殊，在经营不景气的情况下，最终被新闻集团收购。（资料来源：《道·琼斯公司历年年报》。）

③ 《每日邮报》是英国最早的现代报纸，由英国现代新闻创始人北岩勋爵艾尔弗雷德·哈姆斯沃斯（Alfred Harmsworth）在 1896 年创办，被认为是英国现代资产阶级报业的开端。同时创建的北岩报团也是英国最早的报团。在创办《每日邮报》的过程中，艾尔弗雷德·哈姆斯沃斯得到了他的弟弟哈罗德（Harold）的帮助。哈罗德后来被封为罗斯米尔子爵，《每日邮报》此后一直控制在罗斯米尔家族手中。目前《每日邮报》隶属于英国联合报业集团。（资料来源：每日邮报官方网站，http://www.dailymail.co.uk/home/index.html）

④ 《每日邮报公司 2012 年年报》。

错。实行双重股权的企业创始人及其家族继承人由于其名字和家族荣誉与企业紧紧联系在一起，也更关注企业的长期发展。

比较英美的主要文化企业，我们可以发现，和一元制股权企业相比，实行双重股权制度的文化企业在公司规模上与之相差不大，但在公司业绩和成长性方面却明显胜出，在企业寿命（延续性）方面也更长一些。像英国《每日邮报》目前日发行量 183 万份左右，是英国广告收入最多、效益最好的报纸。美国《纽约时报》《华盛顿邮报》《华尔街日报》也都是效益较好的百年老报。美国传播学者瓦伦丁·迪米特罗夫（Valentin Dimitrov）和普雷姆·贾恩（Prem Jain）一起针对 1979 年以后从单一转为双重股权结构的美国文化企业的调查显示，调整后 4 年内这些公司的股东回报比单一股权结构公司高出 18%。这些公司的首席执行官们都是大胆推行了颇具风险的战略，投资者最初都对这些战略表示怀疑，但最终证明是可行的。[①]

（三）防止恶意收购能力更强

美国《纽约时报》、英国《每日邮报》等文化企业当初设立双重股权结构的一个主要目的就是为了防止企业被恶意收购。《纽约时报》股权分散，苏兹伯格家族持股比例仅有 13%，与二股东相差无几，若非设置双重股权，前五大股东任两家联手便很容易在市场上获得足够的股权以控制公司。为此，苏兹伯格家族在企业内部设置了非常复杂的股权结构，同时通过诸多的信托、协议来限定股权结构的失效期。由于投票股和企业控制权牢牢控制在报业家族成员手中，因此可以避免受到来自资本市场的恶意收购，这如同给公司撑起了一把"保护伞"。

剑桥大学贾吉商学院 EMBA 主任塞蒙·兰默特（Simon Learmount）教授接受我们访谈时称："如果没有特殊股权制度，随着时间的推移，大股东总有一天会丧失对企业股权的控制。股权制度决定谁是企业的最后控制者。"

（四）易导致管理上的专断，决策和财务缺乏有效监督

双重股权制度的主要缺点是容易导致管理上的专断，决策和财务缺乏有

---

① 董艳珍：《报业整体上市何时破土而出》，《中国报业》，2007 年第 12 期。

效监督。许多持有普通股的持股人指责双重股权制度违背了股权与权力对等的市场原则，公司创建者和控制人尽管只提供了小部分的资本但却拥有与其提供资本不成比例的、大得多的控制权，而一旦他们作出了错误决定，所承担的后果也很有限。

英国电讯传媒集团流媒体总监詹姆斯·威克斯（James Weeks）接受访谈时称，像《每日邮报》尽管多年来取得了市场成功，只是具有控制权的家族成员的自觉和开明，具有一定偶然性。双重股权制度对企业发展存在隐患，有着相似股权结构的《每日电讯报》老板、美国霍林格国际公司前首席执行官康拉德·布莱克便是前车之鉴。他大部分的股权都抵押给银行，不断通过各种名目中饱私囊，最终遭受美国刑事起诉。而广大中小股东由于缺乏投票权，对此无能为力。2006 年，纽约时报公司因财务运作出现问题引起一些机构投资者不满。持有 7.6% 股份的摩根·斯坦利公司曾公开表示将谋求废止纽约时报公司的双重股权结构，分拆董事长兼发行人小阿瑟·奥克斯·苏兹伯格的职务，但纽约时报公司随即回应称，除非得到苏兹伯格家族的许可，公司股权治理结构不会发生任何改变。事后，此事件也不了了之。

三、双重股权制度对文化企业内容生产的影响

相对于公众股权模式的企业来说，实行了双重股权制度的文化企业，实际控制人对内容生产具有更大的影响，主要表现在如下几个方面：

（一）对文化产品政治观点和立场的影响

虽然英美实行双重股权制度的文化企业都标榜"新闻独立""文化自由"，实际控制文化企业的家族成员不直接干预企业的文化产品生产，但在企业的政治立场和文化产品的编辑方针上，却拥有毫无争议的决定权。企业家族都被极大地卷入政治和公共事务，和政界高层保持着密切的关系。英国各大报纸的政治立场是公开的，如《每日邮报》《每日电讯报》是支持保守党的，《卫报》是支持工党的，报纸立场与家族立场相同。《每日邮报》总经理盖伊·则特告诉我们，尽管老板不直接干预报纸采编，但报纸的政治立场和编辑方针却是老板说了算，老板及其家族对报纸的内容编辑和办报立场

具有说一不二的强大控制力和影响力。《纽约时报》执行总编辑及副总裁南希·李（Nancy Lee）接受访谈时称，发行人在重大新闻报道的关节点上要负责拍板，如《纽约时报》刊登越战秘密文件、《华盛顿邮报》报道"水门事件"都是由发行人顶住了巨大的压力。目前小苏兹伯格作为《纽约时报》董事会主席、发行人，虽然不明显干预报纸的立场和采编业务，但他还经常亲自在评论版上发表观点，社论更是直接代表了发行人的立场。

（二）通过人事任免和董事会决定来影响内容生产

文化企业老板和家族成员通过人事任免和董事会决定等来对采编内容进行影响。目前纽约时报董事会共有 14 人，其中 5 名为 A 股股东提名，9 人为 B 股股东提名。14 人中 3 人为家族成员，5 人为家族委托外部人员担任，① 苏兹伯格家族对董事会有绝对控制权，对报纸编辑部的负责人选有毫无争议的决定权。通过任免编辑部主要人选、主导版面设置改革等，苏兹伯格家族可隐性影响《纽约时报》的办报立场和采编风格。

《华尔街日报》的母公司道·琼斯公司 2007 年被默多克的新闻集团收购后，默多克通过更换编辑部主要负责人，让《华尔街日报》采编风格发生大幅改变，被业界称为"打上了默多克的烙印"。

（三）家族利益和文化企业自身利益对内容生产的影响

英美文化企业绝大多数都是私营企业，一般都以营利为最大目标。在内容生产与广告发生冲突时，或者采编内容影响到文化企业或实际控制人其他企业重大利益时，内容编辑需要照顾这些企业的商业利益。《每日邮报》董事、总经理盖伊·则特接受我们访谈时坦言："尽管报纸内容由主编来定，但内容与广告发生矛盾时，我也会和主编沟通。"

四、双重股权制度的背景原因和法理依据

双重股权这一特殊股权制度形成的背景原因和法理依据，主要体现在历

---

① 《纽约时报公司 2013 年股东大会报告》。

史传统和法律规定两个方面：

（一）历史传统

除了短暂的政党报时期，英国各大报业和其他文化企业一直都是私人企业，这些文化企业的股权结构跟企业的文化传统一样，具有较强的稳定性。英国 BBC 新闻在线网站创办人、总编麦克·斯马特勋爵（Mike Smartt OBE.）接受访谈时认为，《每日邮报》《纽约时报》等文化企业很多年前就实行特殊股权制度并延续至今，这些年来，无论是报纸影响力，还是经营业绩都很不错。英美两国奉行案例法系，这是该制度存在的一个重要历史背景。

从实践来看，实行双重股权制度的文化企业可防止资本的任意收购，既有利于文化传承和文化多样化，也有助于保持报纸等文化企业对家族所在城市或社区的忠诚。

（二）法律规定

1. 类别股份制度

西方现代公司法理论中的"类别股份（Classified Shares）制度"是双重股权制度存在的主要法律依据。类别股份主要指在财产权和控制权内容方面有着明显区别的不同股份。公司发行类别股份的理论基础还在于股东自治，股东可通过制定、修改公司章程来确定公司的特殊股权制度。

2002 年修订的《美国标准公司法》第 6 章"股份及发行"第 A 分章"股票"部分对类别股份进行了明确规定，第 6.01 节规定公司除法定必须设置的普通股外，可发行其他种类的股票。

英国 2006 年新《公司法》第 9 章"股份种类和类别权"中，第 630 条至第 640 条规定了类别股份权利的变动。而类别股份所表现出的"类别权"，就是指特定种类的股东在诸如股息和表决权以及清算时的权利等方面所享有的特别权利。公司的章程规定了公司不同种类的权利，一般不得擅自变更。

2. 反垄断法规

美、英两国都通过了一系列反对垄断的法规，如美国《谢尔曼反托拉斯法》《联邦贸易委员会法》和《克莱顿法》对包括文化企业在内的商业企业垄断行为有明确的限制。1965年英国议会通过了第二届皇家报业委员会提出的反垄断法规，防止报业被恶意或垄断性地兼并收购。反垄断法规在防止恶意收购和反垄断方面，为文化企业特殊股权制度的存在提供了法理支持。

五、境外特殊管理股制度对我国国有文化企业的启示

境外文化企业实行"双重股权"等特殊股权制度，既可使家族对文化企业实现控制，又可以实现文化企业股权多元化，从资本市场获得资金。这对我国国有文化企业探索特殊管理股制度改革，有着以下启示：

（一）我国可以借鉴"双重股权"等特殊股权制度，制定符合我国实际的特殊股权政策

对于特殊股权制度，我国现行《公司法》（2005年修订）并无明确规定，但某些条文仍留有空间。对于有限责任公司，《公司法》第43条规定："股东会会议由股东按照出资比例行使表决权；但是，公司章程另有规定的除外。"这表明，在我国的公司法实践中，有限责任公司的股东可以通过公司章程来约定公司的股权制度。而对于股份有限公司能否发行除普通股之外的其他股份种类，《公司法》未作出具体明确的设计，只是在第132条规定："国务院可以对公司发行本法规定以外的其他种类的股份，另行作出规定。"《公司法》对有限责任公司实施类别股份和特殊股权制度留了口子，若非时政类报刊等国有文化企业设置特殊股权制度，只要不上市，在法律上还是行得通的。但如若是已上市的国有文化企业设置特殊股权制度，还需要国务院另行规定进行明确。

（二）借鉴双重股权制度的做法，可用较少的资本确保舆论导向和国有文化企业编辑方针的延续性

我国国有文化企业如设置特殊股权制度，可借鉴英美报业家族通过双重股权治理模式牢牢控制报业企业的做法，使国资部门和控股上市公司的国有文化企业能够用比较少的资本股份，牢牢控制文化企业的内容生产权、人事权和掌控企业的长远发展方向，确保党管舆论落到实处，确保舆论导向的正确性，确保国有文化企业编辑方针的延续性。

（三）双重股权结构及其治理模式有利于国有文化企业的长期、稳定发展

我国国有文化企业借鉴双重股权结构及其治理模式，既能让文化企业利用资本市场扩大融资规模，建立现代企业制度，改进公司治理方式，做大做强文化企业；又能保证文化企业的编辑方针和长远发展能在资本市场中经受住股市风浪和收购压力，不受短期股价波动的干扰，防止股权恶意收购，为我国国有文化企业今后健康、有序、快速地发展提供有利条件。

六、目前国有文化企业探索特殊管理股
存在的障碍和突破障碍的思考

我国《公司法》《证券法》等现行法律规定了"同股同权"的原则，但对特殊管理股制度并没有作出明确规定，这为我国国有文化企业探索实施特殊管理股制度改革带来了一些障碍。经过研究和参考国内优先股的一些做法，我们认为《公司法》第132条"国务院可以对公司发行本法规定以外的其他种类的股份，另行作出规定"为特殊管理股等"其他种类的股份"留了口子。

从目前国内的实践来看，同属于"其他种类的股份"，优先股的发行已经突破了《公司法》《证券法》有关"同股同权"的规定。优先股是对公司利润或者剩余财产分配有优先权，但对公司重大事项没有表决权的"其他种类的股份"。为贯彻落实党的十八大、十八届三中全会精神，深化金融体制改革，支持实体经济发展，依照《公司法》《证券法》的相关规定，2013 年11 月 30 日，国务院印发《国务院关于开展优先股试点的指导意见》（国发〔2013〕46 号文），同意符合条件的上市公司开展优先股试点工作。2014 年以来，农业银行、中国银行、浦发银行、广汇能源、康美药业、中国建筑等上市公司按照国务院《指导意见》的规定，对公司章程进行了修改，通过向机构投资者定向增发的形式发行优先股的方案已先后获批。这为国有文化企业探索实行特殊管理股制度改革提供了很好的借鉴。

作为已上市的传媒企业，如果要探索实行特殊管理股制度，可以参照优先股的发行办法，在不修改《公司法》《证券法》的前提下，首先由国务院印发开展特殊管理股试点的指导意见，试点企业再通过修改公司章程等手段，实现特殊管理股的发行。

七、实行特殊管理股制度改革试点的可行性路径选择

参照国外传媒企业的做法和国内企业发行优先股的经验，我国国有文化企业探索实施特殊管理股制度改革有如下三种方案可供选择：

方案一：已上市的国有控股文化企业通过上市公司向控股大股东或国有文化单位定向增发特殊管理股。以国有文化企业广州日报报业集团控股的上市公司粤传媒为例，在国务院出台有关特殊管理股的指导意见后，粤传媒可根据指导意见，召开股东大会修改公司章程，规定原有的股份投票权不变，但通过定向增发将广州日报报业集团与新闻内容生产直接相关的一部分资产整合注入上市公司，定增股份设置为特殊管理股。这些资产包括《广州日报》内容版权运营权、广州日报自媒体（官方微博、微信、客户端等）和数字报、广州日报品牌等，集团新媒体项目，集团非时政类报刊采编资产（非时政类报刊已整体改制，但采编资产包括采编人员、采编业务和刊号资产等未注入上市公司），等等。特殊管理股约占股本总额的 10%（特殊投票权股份占股本总额的比例，纽约时报是 0.0055%；华盛顿邮报是 16%；华尔街日报是 25%）。特殊管理股具有原有股份股票 10 倍的投票权，在股票市场上不公开流通，一经转让 10 倍表决权即消失，以此来保证特殊管理股股权不流失。广州日报报业集团通过控制特殊管理股，对上市公司重大事项

行使"一票否决权"。在修改公司章程时，可对特殊管理股"一票否决权"的范围进行明确，如重点限于舆论导向、重大决策和重要人事任免等，从而加强对上市公司的管理和对舆论导向的管理。

此方案基于粤传媒是已上市公司，提出创始股东与持有旧有股份的普通股民投票权相当的做法，可以保证普通股民原有的权益不变。同时，进一步整合与新闻内容生产密切相关的资产以及新增的新媒体项目，通过定向增发特殊管理股等技术手段重新定义特殊管理股与普通股。特殊管理股与内容生产、导向管理和新媒体发展直接相关，易于市场和普通股民接受。

方案二：非上市的或准备上市的国有文化企业将与内容生产有关的股份或国有文化企业持有的创始股设为特殊管理股。对于非上市的或准备上市的国有文化企业，只需通过股东大会修改公司章程，将企业股份分为特殊管理股及普通股，两者表决权比例为 10∶1，其他股东权利一致。特殊管理股由国有文化企业中与内容生产有关的或国有文化企业持有的创始股股份构成。并对特殊管理股转让作出规定，例如特殊管理股一经转让 10 倍表决权即消失等，以此来保证特殊管理股股权不流失。

此方案最接近国外《纽约时报》等知名报业企业 AB 股双重股权制度的做法，也符合 facebook、百度、人人网等许多新近在境外上市的新媒体企业特殊股权设置模式。例如为保证创始人的控制力，facebook、人人网等企业的创始人股份表决权与其他股东比例均为 10∶1。通过双重股权制度，能够很好地保障创始股东的投票权，并强化文化企业总股本的市场流通能力，提升其在资本市场的表现。

方案三：通过规定董事会席位和投票权控股份额进行控制。通过法律法规或部门规章规定在国有文化企业的董事会中，国有控股大股东所控制席位不得少于董事会的 1/2；或通过规定董事会大股东投票权所占份额（如新加坡报业每份管理股拥有 200 票的表决权），来保证对投票权的绝对控制。

此方案借鉴了新加坡报业的管理股制度和阿里巴巴的"合伙人制度"，作为一种相对集权的做法，通过行政手段规定国有文化企业董事会席位和投票权控股份额，市场化程度偏低。

（文远竹）

第四章

文化产业发展的负面清单管理

文化产业的蓬勃发展，迎来了广州市经济新的增长点，与此同时，文化产业发展也面临着诸多的问题，文化产业负面清单成为广州市亟待解决的突出问题。负面清单管理的研究，有利于简化文化产业市场准入程序，提升文化产业发展的信心度。因此，探索广州市文化产业负面清单管理，提出相应政策建议，对文化产业的发展有着重要的实践意义。

一、文献综述

负面清单管理模式最初是因外商投资和国际贸易出现的，与国民待遇标准联系密切。盛斌和纪然（2015）比较研究了准入前国民待遇和准入后国民待遇，以及正面清单、负面清单和混合清单三种清单管理模式的具体内容、特点与实践情况，深入探讨了"准入前国民待遇＋负面清单"管理模式在我国的适用问题。

徐豪（2013）、孙婵和肖湘（2014）、于宏伟和李静（2014）较早撰文介绍了负面清单管理模式的含义、制度特征和优点。张淑芳（2014）、朱最新和王丹（2014）、梁立俊（2014）等主要研究了负面清单管理模式的法治特征，进而对负面清单管理模式的价值理念、主体特征、行为特征和运行保障进行了阐述。聂平香和戴丽华（2014）、孙元欣和牛志勇（2014）、申海平（2014）、顾晨（2014）、王中美（2014）、张小明和张建华（2015）等介绍了负面清单管理模式的实践案例，尤其对美国 BIT 范本做了详细介绍，为我国进一步完善和推广负面清单管理模式提供了重要借鉴和启示。

虽然国内尚未在行业监管中引入负面清单管理模式，但已有学者对其给予了关注，并初步提出了实现的路径。全先银（2014）分析了金融监管负面清单的内容以及建立负面清单的效应，汤文仙（2015）针对军品市场特殊性，分析了如何借助负面清单管理模式改革市场准入制度，建立公平开放透明的市场规则。

对负面清单管理模式风险防范研究上，梅新育（2014）指出负面清单管理模式的风险主要在于，对前瞻能力要求较高，对新产业、新技术要准确掌握是否开放及开放时机的主动权，避免在国际诉讼中处于不利地位。徐琳（2014）也指出，负面清单管理模式比较适合投资自由化程度较高、法律制度和管理制度较健全的国家。

既有研究从不同角度对负面清单管理模式做了详细介绍，在理论和实践方面有待完善的地方在于：理论辨析较多，实践介绍较少，多数研究仍停留在知识普及阶段；定性描述较多，定量刻画较少，实证研究非常少见；零碎研究较多，系统研究较少，缺乏构建负面清单管理模式的指导性研究；区域分析较多，产业分析较少，鲜有研究详细分析如何将负面清单管理模式应用于某个行业；宏观研究较多，微观研究较少，缺少对负面清单管理模式实施步骤的介绍。

二、负面清单管理模式概况

（一）国民待遇与清单管理模式

1. 国民待遇标准及其特点

外资国民待遇主要可分为外资准入阶段的国民待遇（准入前国民待遇）和外资运营阶段的国民待遇（准入后国民待遇）两大类。根据开放程度不同，可以分为全面的国民待遇准入附带"负面清单"和有限的国民待遇准入附带"正面清单"（如图 4-1 所示）。

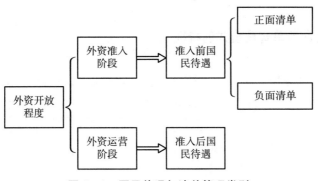

图 4 - 1 国民待遇与清单管理类别

2. 清单管理模式

正面清单管理模式，指清单列明了外国投资者可以允许通过哪些方式在哪些领域进行投资，清单以外的产业或部门则不允许投资。典型代表是《服务贸易总协定》（GATS）。负面清单管理模式，指在国际投资协定中，缔约方在承担若干义务的同时，以列表形式将与这些义务不符的特定措施列入其中，从而可以维持这些不符措施，或者以列表形式列出某些行业，保留在将来采取不符措施的权利。典型例子是 NAFTA。合清单管理模式，一般是考虑到缔约国的发展水平不同，涉及的行业和部门的经济实力和战略意义迥异，因此借助混合清单对行业和部门规定不同程度的限制和保留，逐步开放市场，为东道国投资自由化保留一段过渡期，给未来使用负面清单管理模式奠定基础。

（二）负面清单管理模式的概念及内涵

理解负面清单管理模式的关键有三：一是主体在参与市场时，只要没有明令禁止，即可自由为之；二是法律是确定市场主体资格和行为边界的唯一依据；三是能够被市场所接纳的主体和行为类别更加多样。

从投资准入管理的角度看，负面清单管理模式的内涵包括以下三个方面：一是市场主体资格是否要经明确授权；二是市场主体资格由谁授予；三是市场采用何种准入制度标准。

（三）负面清单管理模式的特征

虽然在不同领域，负面清单管理模式体现着不同的特点，但总体仍存在一些共同的特征。价值理念上，法不禁止即自由、法无授权即禁止；主体特征上，多元主体良性互动；行为特征上，政府行为必须是制度性行为；运行保障上，严格、完备、有效的监管体系。

（四）负面清单管理模式的优点及意义

负面清单管理模式建立在"法不禁止即可为"的监管逻辑上，不仅与国际投资监管趋势接轨，而且符合市场运行规律，能有效地降低经济运行成本，具有多方面优点：（1）负面清单管理模式顺应了国际投资自由化的趋势；（2）负面清单管理模式有利于改善投资环境，吸引外商投资；（3）负面清单管理模式有利于保障我国投资者对外投资的合法权益；（4）负面清单管理模式有利于发挥市场在资源配置中的决定性作用。

三、负面清单管理模式发展历程与实践案例

（一）国民待遇与清单管理模式

1. "欧洲模式"

欧盟内部基本上未就投资的国民待遇标准做出直接规定，但成员国之间在事实上实现了"非国别歧视的原则贯穿于欧盟内部市场法律的始终"，相当于国民待遇在欧盟成员国之间投资领域中自动适用。非欧盟成员国投资者可能通过在成员国国内设立子公司而间接享有开业权，从而取得欧盟成员国民才得享有的待遇标准。

"欧洲模式"早期没有引入负面清单管理模式。2012年4月，美欧达成关于国际投资的"七条原则"，特别强调了投资准入前和准入后的待遇

问题。2013 年 10 月，欧盟与加拿大结束谈判的"全面经济贸易协定"（CETA）的投资章节中已采用了负面清单管理模式。

2. "北美范本"

美国采用负面清单管理模式最早可以追溯至 1953 年与日本签订的《友好通商航海条约》。1980 年后，负面清单管理模式逐渐成形，在其签订并生效的双边投资协定中广泛使用。清单内容包括部门列表与措施列表：前者列明保留限制的部门，后者列明现存的"不符措施"。

（二）负面清单管理模式国外实践案例

1. 美国的负面清单管理模式

美国的负面清单管理模式的真正实践是在 1980 年与其他国家签订 BIT 以后。美国于 1982 年开始专门制定 BIT 范本作为谈判的基础，1994 年、2004 年和 2012 年分别对 BIT 范本进行了修订。

美国的负面清单管理模式具有如下主要特点：负面清单以 BIT 范本为基础；负面清单因约束力不同分为两大类；对金融服务单独设立负面清单；两类负面清单中的不符措施包含的基本要素略有不同；负面清单中不符措施透明度要求高。

2. 印度尼西亚的负面清单管理模式

印度尼西亚的负面清单自 1995 年出台后，又经历了 2000 年、2007 年和 2010 年三次大幅修改。2000 年版负面清单分为四个子清单，分别是绝对封闭领域、对外资持股投资封闭领域、对内外资合作企业有条件开放领域及其他特定条件开放领域。2007 年版负面清单将四个子清单简化为两个，一个是封闭领域，另一个是有条件开放领域，不再对内外资进行区分。2010 年版负面清单延续了 2007 年版两张子清单的框架，不仅减少了禁止/限制性领域的数量，而且在列表方式上也从原来的按限制条件分类依次列明，改为按行业分类，显得更有条理。

印度尼西亚的负面清单由投资协调委员会（BKPM）负责修订、审查和监督，突出特点是立法先行，立法技术不断提升，充分发挥市场作用。

（三）负面清单管理模式国内实践案例

1. 上海自贸区的负面清单管理模式

上海自贸区负面清单（2013 年）包括 18 个门类，190 条特别管理措施（其中，禁止类 38 项，限制类 152 项），对于未列入负面清单的外商投资一般项目，采取"非禁即入"的管理模式。

上海自贸区负面清单主要包括金融、航运、商贸、专业服务、文化、社会服务六大领域，放宽的外商投资行业准入门槛包括取消投资者资质要求、股权比例限制、经营范围等准入限制。其中，针对文化服务领域的规定主要包括两个方面：其一，针对文化、体育和娱乐业中的演出经纪业务，取消外资演出经纪机构的股权比例，允许设立外商独资演出经纪机构；其二，针对文化、体育和娱乐业中的娱乐场所业务，允许设立外商独资的娱乐场所，在试验区内提供服务。

2. 国内其他地区或部门的负面清单管理模式

负面清单在上海自贸区试点后，以负面清单管理为特征的新一轮内外资准入体制改革和行政管理改革在全国拉开大幕（如表 4 - 1 所示）。

表 4 - 1　　　　　　国内部分地区/部门负面清单管理实践

地区/部门	负面清单方案	发布时间
北京市昌平区	《产业准入特别管理措施（2014～2015 年）》	2014 年 5 月 26 日
福建平潭综合实验区	《平潭综合实验区外商投资准入特别管理措施（负面清单）（2014 年）》	2014 年 6 月 3 日
山东省财政厅	《关于在财政专项资金管理领域实行信用负面清单制度的通知》	2014 年 6 月 11 日
成都市高新区	《成都高新区外商投资准入负面清单（试行）》（2014 年版）和《成都高新区内资准入负面清单（试行）》（2014 年版）	2014 年 7 月 14 日
湖北省	《投资准入特别管理措施（负面清单）管理模式试点工作方案》	2014 年 7 月 19 日

地区/部门	负面清单方案	发布时间
北京市	《北京市新增产业的禁止和限制目录（2014年版）》和《北京市工业污染行业、生产工艺调整退出及设备淘汰目录（2014年版）》	2014年7月21日
河北省	《关于建立"负面清单"制度实施方案》	2014年9月2日
温州市	《温州市产业集聚区（核心区）工业投资项目"负面清单"（2014年版）》	2014年9月2日
武汉市东湖高新区	《东湖高新区内资准入负面清单管理模式试点方案》	2014年9月15日
永州市	《关于实行企业投资项目负面清单管理的通告》	2014年10月8日
海南省	《海南服务业限制、禁止投资清单（第一批）》	2014年10月9日
重庆市璧山区	《重庆市璧山区环境保护负面清单》	2014年10月22日
河南省财政厅	《河南省省级财政专项资金信用负面清单管理办法（试行）》	2014年11月27日
江苏常熟市法院	《常熟法院规范司法权运行特别提醒》	2014年12月1日
中国基金业协会	《资产证券化基础资产负面清单》，《资产证券化业务基础资产负面清单指引》（征求意见稿）	2014年12月15日
洛阳市纪委	《纪委（纪检组）监督责任负面清单（第一批）》	2015年2月10日
广东省	《广东省企业投资项目实行清单管理的意见（试行）》	2015年2月17日

资料来源：各地区/部门官方网站。

四、广州市文化产业负面清单管理制度构建

（一）广州市文化产业特点

广州市文化产业发展环境及自身发展近年呈以下特点。

1. 进出口总额持续高速增长，经济外向程度不断增强

自2000年开始，广州市进口和出口总额保持双增长的态势，至2012年已增长了超过5倍！进出口总额在多数年份都保持了两位数增长率，远高于同期GDP增长速度（如图4-2所示）。

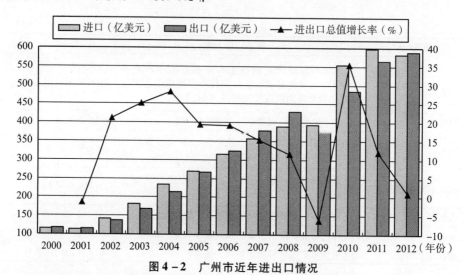

图4-2 广州市近年进出口情况

资料来源：广州市统计年鉴（2013年）。

2. 利用外资规模不断攀升，保持平稳增长态势

截至2012年年末，广州市实际使用外资已接近50亿美元，连续多年实现了正增长（如图4-3所示）。

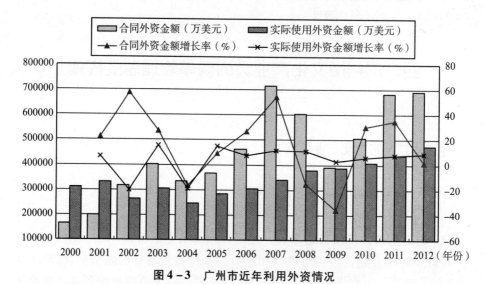

图4-3 广州市近年利用外资情况

资料来源：广州市统计年鉴（2013年）。

3. 文化企业产值不断增大，保持高速增长态势

按照法人单位统计口径，广州市 2013 年文化产业增加值约 720 亿元，占地区国民生产总值比重约 4.67%，2013 年文化企业法人单位 2.97 万个，比 2011 年增加 16.3%。全市文化产业增加值 2008～2013 年 6 年年均增长 13.3%，增长速度超过 GDP 增长速度。

广州市文化产业增加值及增长情况如表 4-2 所示：

表 4-2　　　　　　　广州市文化产业增加值及增长情况

年份	增加值（亿元）	占 GDP 比重（%）	增长速度（%）
2008	399	4.82	—
2009	442	4.84	10.8
2010	525	4.88	18.8
2011	586	4.72	11.6
2012	631	4.66	7.8
2013	720	4.91	17.7

资料来源：广州市统计快报。

4. 文体娱乐业产值不断增加，在地区经济中的作用日益突出

从 2004～2012 年，广州市文体娱乐业产值增长了近 4 倍，占第三产业的比重已接近 3%，占地区总产值的比重接近 1.67%，均高于同期全国平均水平（如图 4-4 所示）。

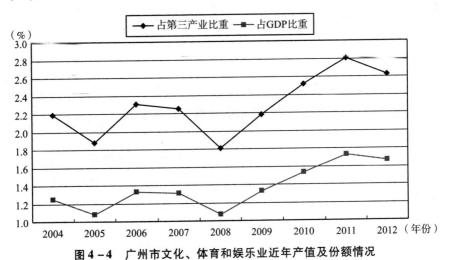

图 4-4　广州市文化、体育和娱乐业近年产值及份额情况

资料来源：广州市统计年鉴（2005～2013 年）。

（二）广州市文化产业负面清单的含义

本报告认为，文化产业负面清单应具有以下特征：

（1）在适用对象上，既适用于外国主体，也适用于本国主体，既包括外资准入，也包括内资准入，对内外资主体同样对待。

（2）在约束对象上，既约束东道国经济管理主权的任意性，也约束国内市场监管权力的任意性。

（3）在表现形式上，既是实质清单也是形式清单。

（4）在约束方式上，对外具有单一性，对内具有层次性。

（三）广州市文化产业负面清单管理制度建设路径

第一，确立理念。在改革过程中，监管部门不仅需要明确树立"法无禁止则自由"的理念，还要广泛宣传并执行这一理念，形成共识。

第二，内部变革。在形式上，需要以列表方式制定外资准入标准；在实质上，需要将散见于各种法律法规和部门规章中的市场准入限制加以修改，然后向社会公示，承诺遵守公示的清单。

第三，外部制约。一方面加强立法权对文化产业监管权力的约束，另一方面加强司法权对监管权力的制衡。

第四，加强准入后监管。对于负面清单外事项市场准入后，法律应当授权并要求监管部门加强事中和事后监管，以防范风险，保护投资责任和消费者利益。

（四）广州市文化产业负面清单管理制度实施细则

（1）外资界定问题。其一，中国企业或个人到国外投资设立的企业，再返回中国投资的，是否应当被认定为外资？其二，已经在中国设立的外商投资企业再投资的，按照中国的注册地主义，应当不再是外资，但是否要纳入外资管理？

（2）负面清单范围和限制标准。上海自贸区负面清单（2013 年版）采取的特别管理措施包括：禁止投资；中方控股；限于合作或合资；投资总额；注册资本；投资年限；限制设立分支机构；地域限制；产品限制；业务限制；国有独资或国有控股；只能设代表处，等等。以此为借鉴，应用到文化产业时，可考虑将限制措施简化为禁止投资、中方控股、产品或业务限制三大类即可。

（3）准入程序问题。可以尝试借鉴菲律宾模式：非负面清单的和负面清单内但符合限制措施的外资项目一律备案；超出比例或限制的投资项目报批；投资者可以选择主动报批；政府在备案中发现有可能不符合限制措施的，可以强制要求报批；如虚假备案实际违反负面清单的，可以加以罚款和勒令整改。

（4）管理改革问题。包括负面清单修改、调整，特许经营证审批程序等方面。

五、广州市文化产业负面清单管理政策建议与风险防范

（一）广州市文化产业负面清单管理政策建议

（1）与准入前国民待遇形成互联机制。制定针对准入前国民待遇原则的负面清单，回归负面清单管理模式的本来面目。

（2）与行政管理改革对应起来。把可以由市场主体自主调节的事项还给市场主体，鼓励行业自治，降低政府对经济活动的管制程度。

（3）与文化产业自由化改革对应起来。对文化产业子行业进行重新编排，为科学制定负面清单列表奠定产业分类基础。同时，对属于限制类和禁止类的子行业进行深入细致的调研、分析和评估，确定应该保留的产业目录。此外，逐渐放宽对文化产业内经济活动的管制，有序取消对民营企业和外资企业进入文化产业的限制。

（4）与法制建设对应起来。一方面提请上级部门豁免适用全国或地区范围内的民商事法律法规，制定单行的民商事地方性法规和监管规则，赋予本级政府更多自主权。另一方面将危及国家安全、社会安全以及可能损害社会公共利益的经营活动作为一般例外予以保留。

（二）广州市文化产业负面清单管理风险防范

在宏观层面，主要关注反垄断审查、金融审慎监管、城市布局规划、环境和生态保护要求、劳动者权益保护、技术法规和标准等方面，构建风险防御体系。在微观层面，主要关注市场主体认定、市场行为判断、产品和服务界定等方面。

本章参考文献

［1］谢楠：《上海自贸区的负面清单研究》，《中国商贸》，2014 年第 23 期。

［2］刘芳：《21 世纪海上丝绸之路国民待遇"负面清单"研究》，《华东交通大学学报》，2015 年第 4 期。

［3］孙元欣、吉莉、周任远：《上海自由贸易试验区负面清单（2013 年版）及其改进》，《国外经济与管理》，2014 年第 3 期。

（刘广）

第二部分　文化产业的融合发展

产业融合作为一种产业创新，给世界产业发展与经济增长带来了新的动力，正日益成为提升产业竞争力乃至一国竞争优势的重要因素。在现代产业体系中，文化产业是一个综合性、渗透性、关联性比较突出的产业，与多个产业存在天然的耦合关系，具有融合的深厚基础和广阔空间。党的十七届六中全会就提出要"推动文化产业与旅游、体育、信息、物流、建筑等产业融合发展，增加相关产业文化含量，延伸文化产业链，提高附加值。"自此以来，全国各个地区和城市深入贯彻落实这一要求，推动文化产业与相关产业融合发展，在文化与要素、文化与行业、文化与平台等的融合发展方面进行探索创新，取得了不小成绩。在经济进入新常态，发展面临转型升级的背景下，国家"十三五"规划建议进一步提出要推动文化产业结构优化升级，而加快文化产业融合发展，既是发展文化产业、推动文化产业结构优化升级的内在要求，也是转变经济发展方式、实现相关产业升级的迫切需要。近年来，广州的文化产业融合发展在文化与科技、文化与金融、文化与旅游、文化与商贸业等方面取得了长足的进展，但同时也存在不少问题，这就是本部分要探讨的内容。第五章讨论广州市文化产业与科技融合发展问题，指出广州要充分利用科技成果，实现文化产业由传统向现代转变，以提升竞争力。第六章和第七章分别从推进文化金融合作、文化金融融合发展的模式两个方面讨论了文化产业与金融融合发展问题；第八章对广州市文商旅融合发展的现状、模式和进一步融合的途径进行了讨论。通过这部分内容，可以从多个方面了解广州市文化产业与其他产业融合发展的状况。

第五章

广州市文化与科技融合发展研究

国内外学者对于科技与文化融合问题的研究已经取得了丰硕成果。国外对科技与文化的融合发展以及两者之间的相互关系或作用的研究起步比较早，集中于社会学与经济学领域，以金·默顿和熊彼特为代表。近些年来，国外学者致力于对科技与文化融合的条件、影响、作用、障碍、模式等问题进行系统而深入的探究。而国内有关科技与文化的相关研究源于早期归国留学的学者，借鉴国外科技文化产业的融合而提出的理念。进入21世纪以来，中央和政府高度重视推进文化与科技融合的工作，出台了多项促进文化与科技相融合为主要内容的文件，形成了有利于文化与科技融合的良好政策环境。本书的研究就是基于这一背景，深入探讨广州如何在新形势下抢占文化产业发展至高地，提高文化产业的技术水平和科技含量，尽快实现文化产业由传统向现代转变，并提出促进文化产业业态更新和提升文化产业竞争力的重要途径。

一、广州市文化产业发展概况

（一）文化产业的内涵界定

国家统计局对文化产业的最新界定是为社会公众提供文化产品和文化相关产品的生产活动集合，根据国家统计局的这个界定，我国文化产业的范围包括：（1）以文化为核心内容，为直接满足人们的精神需要而进行的创作、制造、传播、展示等文化产品（包括货物和服务）的生产活动；（2）为实现文化产品生产所必需的辅助生产活动；（3）作为文化产品实物载体或制作（使用、传播、展示）工具的文化用品生产活动（包括制造和销售）；（4）为实现文化产品生产所需专用设备的生产活动（包括制造和销售）。依据国家统计局制定的《文化及相关产业分类（2012）》，绘制文化及相关产业类别如下（如图5-1所示）：

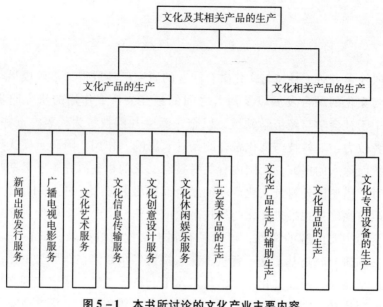

图5-1　本书所讨论的文化产业主要内容

从表象来看，文化产品的生产和文化相关产品的生产，是各类产业和各项经济活动；而实际上文化及相关产业反映的是人类的生存环境、交往方式、社会结构和社会需求，实质是人的需求。据此，以人为中心的生存环境、社会交往、社会结构的行为模式和以人类社会为中心的文化形态，构成了本书要讨论的文化及相关产业的全部内容。

（二）广州市文化产业发展现状

广州市文化产业的发展大致呈现出以下几个方面的特点。

1. 文化产业在增加值与就业方面贡献显著

"十二五"规划颁布实施以来，广州市围绕践行"城市·文化·生活"的实践模式，推进新型城市化发展中心任务，以人为主题、以城市为舞台、以文化为引领、以生活为依据，以把广州市建设成为"文化创意之都""国际重大活动举办地"和"世界旅游目的地"为主攻方向，推动文化及相关产业平稳发展，规模不断壮大，城市品位不断提升，在经济社会发展中的总地位不断提升。2008～2013 年广州市文化产业增加值不断上涨，2013 年达到 743 亿元。① 2005～2012 年广州市从事第三产业的人数逐渐增加，相应的从事科技文化产业的人员也在增加，2013 年第三产业从业人员数达到404.81 万人。②

2. 各大类文化产业呈现不均衡发展

在文化及其相关产业划分的两大部类之下，根据管理需要和文化生产活动的自身特点又细分为 10 个大类。2010～2012 年每年都有固定资产投资新开工项目，都有全部建成投产项目和正在施工项目，这些项目的建设为文化产业的发展提供了基础，意味着文化及文化产业正在不断向前发展。文化产业十大类中，施工项目、新开工项目、全部建成投产项目排在前五位的是文化休闲娱乐服务（45 个、27 个、25 个）、文化用品的生产（36 个、23 个、25 个）、文化创意和设计服务（32 个、14 个、12 个）、文化艺术服务（29 个、12 个、11 个）、文化产品生产的辅助生产（24个、18 个、17 个）。②

3. 文化产业企业发展数量呈微、私企为主，大、国企为辅

广州市积极推进文化产业体制改革，做强做大龙头文化企业、扶持中微小文化企业、建设文化产业孵化器，已经培育了一批具有核心竞争力、有影响、有品牌的国有或国有控股大型文化企业或企业集团，如广州日报传媒股份有限公司。大型文化企业或集团在发展文化产业和繁荣文化市场方面起着

---

① 2013 年数据是根据广州市统计局统计快报数据预算得来。
② 《2013 广州统计年鉴》。
③ 《2012 年广州市固定资产投资统计年报》。

引领作用。在 2012 年广州市文化产业所有制结构调查中，法人单位数仅占 4.83% 的国有文化企业，营业收入却达到 14.85%。另外广州市积极落实国家、省、市有关扶持中小型企业的优惠政策，鼓励中小型文化企业向"专、精、特、新"方向发展，打造中小企业集群。民营企业发展迅速，在 2012 年广州市文化产业所有制结构调查中，法人单位数占总数 80.86%，营业收入占总收入的 34.73%，民营企业法人单位数占据绝对地位。广州市充分发挥了地缘优势，学习港澳台地区先进文化技术，吸引港澳台地区资金投资，港澳台投资企业占法人总数 2.70%，营业收入占总收入的 14.87%，排在第三位，为广州市文化产业发展做出了巨大贡献。[①]

4. 文化产业集聚发展，但企业与园区分布不一致

广州市在 2012 年《广州市城市功能布局规划》中指出："东进、西联、南拓、北优、中调"，全面实施"一个都会区、两个新城区、三个副中心"的城市发展战略。广州市产业园区的数量排在前 3 位的是海珠区（14 个）、荔湾区（10 个）、番禺区（10 个）；文化创意企业数量排在前三位的是天河区（5872 个）、越秀区（5251 个）、海珠区（3531 个），反映出广州市文化创意企业分布与文化创意产业园区不一致，文化创意产业园区并未充分吸引相关文化企业的进驻，[②] 具体如表 5 - 1 所示。

表 5 - 1 　　　　　　　　　广州市文化产业聚集园区情况

地区	产业园区	集聚区名称
天河区（中心城区）	7	红专厂艺术生活区、羊城创意产业园、天河软件园高唐新建区
越秀区（中心城区）	4	广州创意大道、黄花岗信息科技园
海珠区（中心城区）	14	TIT 纺织服装创意园、广州珠影文化创意产业园、太古仓创意园
番禺区（新城区）	10	清华科技园广州创新基地、广州星动力动漫游戏产业园、广州巨大设计创意产业基地、华创动漫产业园、长隆旅游度假区
萝岗区（新城区）	3	广州开发区创意产业园、广州开发区工业设计产业示范基地、开发区创意大厦

---

① 广州市文广新局初步调查研究。
② 《广州市文化创意产业集聚区发展研究》。

地区	产业园区	集聚区名称
白云区（新城区）	8	中海联8立方
荔湾区（新城区）	10	1850创意园、922宏信创意园、五行文化创意园、信义会馆
黄浦区	3	国家网络游戏动漫产业发展基地亚钢大厦园区
花都区	2	皮具之都
南沙区		282
增城市		357
从化市	1	从化动漫产业园

5. 文化产业进出口额逐渐增加，进出口呈贸易逆差

2010～2012年，广州市文化产业进出口额呈现不断增长趋势，每年的文化产品进口额均高于出口额，反映出民众文化需求量越来越大，而国内现有的文化产品的生产水平和能力不能满足文化增长的需求。2010～2012年每年广州市文化产业的进出口都处于逆差状态。而且文化产品进口以核心科技为主，2012年仅光学、照相、医疗等设备及零附件这一项就逆差29.26亿美元，数额惊人，说明了我国自身文化与科技融合水平需不断提高（如图5－2所示）。

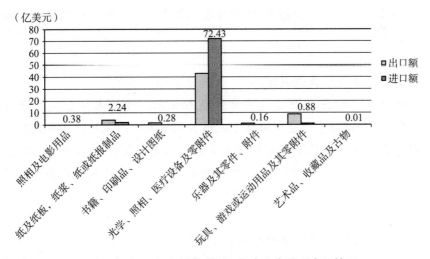

图5－2 2012年广州市主要文化产业商品进出口情况

资料来源：《2012年广州地区企业进出口统计简报》。

（三）广州市文化产业与科技融合现状

1. 融合行业情况

从文化与科技的交叉情况来看，2013 年在文化产业 10 个大类中有 6 个大类涉及科技活动，50 个中类中有 13 个中类有科技活动，120 个小类中有 20 个行业小类有科技活动。文化产业与高新技术产业融合的"三上企业"有 694 个，占文化产业"三上企业"个数的 34.1%，占高新技术产业个数的 35.5%；其中，198 个为国家高新技术产业开发区内企业或区外企业认定，占文化产业与高新技术产业融合"三上企业"的比重为 28.5%。

从行业小类的交叉情况来看，近年来，随着广州经济的发展，2012 年我市第三产业占地区生产总值（GDP）的比重已达 63.6%，高新技术与文化用品交融意识渐强。此外，还深度渗入到文化产品的开发、设计、传播等领域，特别是软件开发、专业设计等行业。由此可见，技术与科技的交融在广州企业发展中不仅具有良好的基础，而且交融深度也呈现渐深趋势。

从已有 R&D 活动的交叉情况来看，2013 年规模以上工业企业有 R&D 活动的企业 579 家，规模以上文化制造业企业 425 家，既为规模以上文化制造业企业又有 R&D 活动的工业企业共 52 家，占规模以上文化制造业企业的比重为 12.2%。这些企业分布在 20 个行业小类中，占全部文化制造业行业小类总数的 44.4%。

2. 融合企业吸纳就业情况

2013 年，广州科技型文化企业共有 694 家，其年末从业人员合计为 16.59 万人，平均每家企业年末从业人员为 239 人，占文化产业年末从业人员总数的 46.4%，占高新技术产业年末从业人员总数的 31.8%。与发达国家和地区相比，科技型文化企业吸纳高新技术产业人员占文化产业全部从业人员比重较低，还有广阔的发展前景。

3. 科技文化融合型企业的基本财务情况

2013 年，广州市科技型文化企业共拥有资产 1043.89 亿元，占文化产业总资产的 39.6%，占高新技术产业总资产的 20.0%；实现主营业务收入 1018.58 亿元，占文化产业主营业务收入 5.7%，占高新技术产业主营业务收入 27.7%；累计实现利润总额 100.74 亿元，占文化产业利润总额的 48.0%，占高新技术产业利润总额的 23.7%；累计实现纳税总额①44.73 亿元，占文化产业纳税总额的 40.1%，占高新技术产业纳税总额的 24.5%。

4. 文化企业科研情况

2013 年，广州市科技型文化企业共拥有科研人员 2.35 万人，占科技型文化企业全部从业人员的比重为 14.2%。科研人员密集分布在天河区、萝岗区和越秀区，占到全市科技型文化企业全部从业人员的 86.2%。R&D 经费内部支出合计 182.07 亿元，科研投入强度（R&D 经费内部支出合计占主营业务收入的比重）为 17.9%。全年累计专利申请数 1041 件，平均每家科技型文化企业专利申请数为 1.5 件，基本集中在萝岗区、花都区和白云区，占全市专利申请总数的 87.8%。②

二、科技与文化融合的内在机理分析

（一）文化与科技融合是顺应时代发展总趋势的需要

人类社会发展具有历史性和一维性，文化和科技自身是伴随着历史发展而出现的产物，在这个不断前进和发展的进程中，文化与科技的融合也渐露头角并不断相互磨合、相互促进。当前，文化与科技融合发展是文化产业和科学技术发展的总趋势。由于文化建设与市场的需要，现代科技特别是以电子技术为先导的高新科技的发展，已成为文化建设的巨大推动力。在科技领域，任何一种新的发明与创造，只要对文化产业具有一定的作用，就会迅速移植于文化产业活动之中，成为文化及文化产业活动与商品生产的重要元素。实践已经充分表明，凡是能够充分融入科技元素、借助于科技推动的文

---

① 纳税总额＝营业税金及附加＋应交所得税＋应交增值税来代替。
② 2013 年文化产业单位数及其财务数据为初步核算数，仅供内部参考使用，暂不能对外公开。

化样式，就能够得到迅捷发展，在当代文化产业发展中产生巨大效应，占据重要地位；凡是难以融入科技元素、难以接受科技推动的文化部类和样式，其发展就会受到阻碍，逐渐走向衰落。电影行业从黑白到彩色到3D、5D的发展，使人的听觉、视觉受到冲击，电影行业赚得的是盆满钵满，中国的唱片业的衰落很大一部分原因就是没有注入科技元素。

（二）科技与文化互动作用剖析

1. 科技推动文化产业转变发展方式

文化在其本质上，与科学技术有着密不可分的联系。科技元素的不断融入，可以使文化的样式与内涵产生更为丰富多彩的表现力，极大地吸引受众；科技可以促使文化生成强烈的视听感染力，让大众在接受中产生情感的共鸣；在科技的推动下，文化能够集聚各种生产能力，具有超越以往的强大文化生产力；科技的进入，可以推动文化产品及其内涵的传播与交流，获得巨大的辐射效应。以数字技术、网络技术等高新技术为基础的文化创意产业不断变革、提升，是加快转变文化产业发展方式的重要着力点。

2. 科技增强文化产业核心竞争力

文化产业活动中的文化或艺术的原创，是文化产业建设中的关键。在当今文化产业建设与发展中，内容原创已成为阻碍文化产业深入发展的瓶颈，也成为人们关注的焦点。原创，意味着要充分调动人的创造力，以及技术、资源、环境等各种因素，使之生成厚重的文化内涵，以巨大审美与感染力的文化产品，赢得更多观众的青睐，从而在文化宣传与传播之外也带来更大的市场和商业效应。为此，科技的因素应超越以往仅仅作为辅助手段的地位，真正成为具有本体性意义的作品内容和形式的构成要件。或者说，科技不再只是作为文化的外部载体或手段而存在，而是具有了与作品内容和形式予以化合的巨大功能。

3. 文化融入科技，对于科技文化也是极大的提升

科技活动从来不是孤立的和单向的。科技活动在影响文化建设的过程中，同样受到具有丰富人文色彩的文化浸染和影响。在科技建设与发展中，

文化融入科技可促使科技心理、科技伦理、科技审美等科技人文方面得到充分的调整，提升自身的文化品位与科技因素的人文质量。同时，人文因素的进入也能够提高科技人员的审美素质和创新能力，使其在科技层面与科技平台上以饱含审美特质的创造能力，展开更具创造性的活动。

(三) 科技倚重文化，文化需要科技，两者互为基础

文化与科技的融合，是互为动力、互为基础的。一方面，科技只有在文化建设的平台上，方能有更大价值的实现，没有文化元素的科技产品、品牌都是雕虫小技；另一方面，科技本身的发展也需要得到文化的滋养，使得科技富含当代性和高品位的文化样态，不断提升科技文化的品位与精神内涵。在其本体机制上，科技也是文化的一种，科技与物质文化息息相关，对于物质性生产活动具有极大的促进作用；同时，科技又由于不断渗入精神文化的内涵，其本身也须以先进文化作为指导，因而科技也就具有了精神文化的要素。作为具有独特内涵与丰富意义的科技文化也应当在社会进程中不断完善自身，对社会发挥更为积极的作用。在更为深层的意义上，科技对文化的融入，并非仅仅作为工具、载体或者辅助手段而出现，而是一种深层的化合，是科技元素与文化元素在更高层面的结合。科技与文化共存与互补，是当代文化建设中十分重要的现象。

(四) 艺术规律和科技规律相通，两者统一于人的需要

科技文化推动了社会生产力的发展，提高了人类开发和利用自然资源的效率，改善了人类的生存和生活环境。科技文化在给人类带来巨大经济效益的同时，也造成了人与自然之间矛盾的激化进而导致了生态环境的恶化。究其原因就是物本主义或者说是唯科学主义所产生的，正如林德宏在《科技哲学十五讲》中提到的："科学技术文化是关于物的文化，实际上，科技文化的任务是提高物的利用效率。以在物的文化发展过程中，特别是在物质经济条件下，容易滋长物本主义。"[1] 在满足人类自身需求的同时要处理好科技文化规律与自然之间的融合才能使人与自然和谐共荣。罗尔斯顿指出：

---

① 林德宏：《科技哲学十五讲》，北京大学出版社，2004年，第330页。

"文化是为反抗自然而被创造出来的，文化和自然有冲突的一面。每个有机体都不得不反抗其环境，而文化又强化了这种对抗。生活于文化中的人实现了对自然的统治。我们重新改变了地球，使之变成城市。但这个过程包含着某种辩证的真理，正题是自然，反题是文化，合题是生存于自然中的文化，……从斗争走向适应……人作为掠夺自然资源的征服者必须转变成一种互补的伦理：人应以满意和感激的心情栖息于大自然中。"①

三、科技与文化融合的具体模式

（一）平台建设促进式

这一模式需要以超常规的思路，尽快培育一批立足市场、面向社会、以市场需求为导向，从事文化技术转移、科技企业孵化、技术交易、成果转化、技术评估、科技咨询、创业投资等不同业务形式的文化科技中介服务机构和经纪人队伍，构建文化产品、产权展示和交易平台。在政策上积极支持集体、个人及科技型企业参与文化中介机构的组建。加强文化技术中介服务机构的能力建设，加快扶持和培养一批大型骨干文化科技中介力量，进一步健全有利于各类文化科技中介机构健康发展的组织制度、运行机制和政策法规体系，推动广州市文化科技创新效率大幅提升。

重点加强技术创新平台、版权保护平台、内容下载平台、广告平台、在线文化交易平台、电子娱乐终端平台和在线互动娱乐平台等平台建设，推动文化产业发展规划和战略构想进一步落实。充分发挥"广交会"的龙头辐射作用，逐步推动在中国进出口商品交易会等重大展会开设文化产品专场，推动广州文化会展业发展。办好中国国际漫画节、中国（广州）国际纪录片节、中国音乐金钟奖、广州艺术博览会、广州国际设计周、中国广州国际演艺产品交易会、羊城国际粤剧节等文化展会及节庆活动，打造动漫游艺、书画、珠宝、玩具、文具等专业文化产业交易展会。完善文化产权交易机制，发挥南方文化产权交易所和广州市交易所对文化产业的支撑和促进作用，积

---

① 罗尔斯顿：《环境伦理学》，中国社会科学出版社，2000年，第451页。

极为非上市文化企业提供股权托管、股权登记、股权转让、质押融资及相关咨询服务。把广州市建设成具有国际影响力的文化产品交易中心。推动广州市文化产品公共服务平台建设，构筑版权交易平台、组建版权保护中心，积极创建全国版权示范城市。

（二）产业链延伸促进式

充分发挥数字技术对传统文化业态产业链的延伸作用，规划、建设一批数字音乐基地（或公园）、数字化家庭建设基地、物联网建设基地等，延伸报业、广播、电视、电影、图书、艺术品生产和娱乐体育等产业的产业链，使文化产业向立体式、多层面、联动性发展。加快文化与互联网融合发展，发展文化微商城、文化电商，大力支持文化产业从业者通过微信、O2O 等工具和形式开展文化产品和服务交易，通过互联网创新文化产业融合模式、提升文化产业发展水平和质量。

加快文化与旅游融合发展，用文化元素全面提升旅游产品的整体素质，大力发展历史文化旅游、绿色生态旅游、岭南民俗风情旅游、都市休闲旅游、工业观光旅游以及乡村旅游等。推动文化与商业融合，大力发展时尚文化产业，建设国际商贸中心，打造"时尚创意之都"。积极探索"文化兴商、旅游促商"新实践，举办凸显岭南风格、广州特色的系列文化活动，推介旅游文化景区、线路和休闲娱乐项目，打造富有内涵的世界商贸会。

推动文化与体育产业融合发展，把文化要素融入体育产业发展中，打造文化附加值高的体育产品和相关衍生品，争取一批重大国际文化体育赛事落户。推动文化与农业融合发展，强化休闲农业乡村旅游经营场所的创意设计，建设集农耕体验、田园观光、教育展示、文化传承于一体的休闲农业园。

塑造制造业新优势，支持基于新技术、新工艺、新装备、新材料、新需求的设计应用研究，促进工业设计向高端综合设计服务转变，推动工业设计服务领域延伸和服务模式升级。加快数字内容产业发展、提升旅游发展文化内涵、挖掘特色农业发展潜力、拓展体育产业发展空间、提升文化产业整体实力，强化与规范新型网络文化业态，创新新型网络文化服务模式，繁荣文学、艺术、影视创作与传播。

（三）体验促进融合式

艺术源于生活，又高于生活。不同的文化产品提供给消费者的文化体验是不同的。文化产品中的图书、报纸、期刊、音像制品、电子出版物等，主要提供的是信息，给消费者带来教育型体验。在教育型体验中，人们寻求的是学习。学习意味着改变，通常很困难，而科技的介入可以让教育型体验变得轻松。

广播、电影和影视录音服务以及休闲娱乐服务，消费者倾向于被动参与活动，其带来的是娱乐型体验，科技与文化融合，可以增强娱乐型体验。在娱乐型体验中，人们主要寻求愉悦感受，电影行业中引入的这些新技术，就是希望电影可以呈现更多细节，增强观众的观影体验。

对于文艺作品、广告作品等文化服务，其中优秀的作品会让人沉迷、流连忘返，带来的是审美型体验。科技介入文化，增强审美型体验，审美体验是指人在对审美对象的感受中体验到的精神超越和生命感悟。在审美型体验中，参与者融入情境，对理解文化艺术作品大有裨益。

而对动漫、游戏之类的文化产品而言，给参与者带来的则是避世型体验，顾客可能完全沉浸在自己作为主动参与者的世界里，科技与文化融合，可以增强避世型体验。在避世型文化体验中，人们寻求的主要是远离和投入，主题公园的经营者通常希望游客忘记外部世界，这样游客就可以在他们创造的世界里充分享受和家人共度的时光。

（四）消费促进融合式

由于互联网和移动传媒的快速发展，交易的便捷与效率都得到显著提高，市场联系变得更加便利，无需出家门人们就能买到各式各样的货物。未来文化科技型企业应重点围绕移动互联网和移动媒介的方向发展，企业应自觉加强时尚文化电子产品生产和数字内容体验消费，促进科技文化产业的增长，让自己在电子信息时代分到一杯羹。例如，报纸行业从纸质到计算机到手机，同时也出现了彼此之间的互动，加快了信息的传播，也使人们能更加方便地浏览信息。

四、推动广州市科技与文化融合，促进
文化产业发展的瓶颈因素分析

（一）思想观念落后

文化领域的科技意识相对较弱，导致科技与文化融合难度较大。文化体系中普遍存在将科学技术单纯作为一种辅助文化传播工具的认识，忽视了科学技术的创新发展本身就是一种文化进步，需要把科学技术作为文化的一个元素、文化的一部分融入文化中去。没有文化，再完美的科技产品也只是一副机械躯壳，《变形金刚》里的机器人只是机械而已，它不可能有思维，正是拥有丰富多彩文化的人类才将如此聪明的智慧赋予了它。同样的，没有科技，很多文化创作也只能是镜花水月，难以形成核心竞争力，没有数字科技的发展，就没有网游动漫。只有形成促进文化与科技高度融合的思维，才能促进融合的实践。

科技与文化融合观念意识的落后，百害而无一利。发达国家已经从过去文化创意产业的作坊发展到车间，到装备齐全的实验室，而我国还停留在作坊式的水平，广州市要走在全国行业的前面，起到领头羊的作用，就要向发达地区、发达国家取经，学习他们的先进经验来发展自己。在文化领域里面，文化与科学技术融合息息相关，文化不仅仅是文化，科技也不仅仅是科技，文化与科技相互融合、相互促进、共同发展。要使文化和科技融合成为一种文化的自觉意识，形成一种良好的惯性思维。

（二）政策支持不足，财政资金投入少

到 2014 年，广州市仍未出台国家有关文化企业财税优惠政策的配套实施办法，致使国家有关文化企业的财税优惠政策在广州难以真正的落地，文化企业的经营未能得到实惠。也没出台统一的文化产业扶持资金政策，不利于充实产业扶持政策的内容，仅仅是就网络游戏动漫产业制定了相关的优惠政策，而且《关于加快发展广州网络游戏动漫产业的指导意见》时限已过。

相反，国内其他主要城市均设立了文化产业发展资金，且规模比较大。

目前，广州市促进文化与科技融合的政策力度与第一批国家级文化和科技融合示范基地的北京、上海、沈阳和西安相比显得有些坡脚，政策支持力度明显不足。如北京 110 亿、上海 15 亿的文化科技融合发展专项资金，而近邻深圳将 2 亿用于科技与文化融合重大专项，广州还没有设立科技与文化融合专项资金。同时，在土地供给、税收优惠等方面也缺乏相应的激励政策。

广州市扶持资金的缺乏，一方面使在本地发展的微小企业不能得到持续的发展，后劲不足；另一方面很难吸引文化企业特别是有影响力的文化企业入驻广州，反而导致一些文化企业另找城市落户发展。扶持资金的匮乏导致企业的宣传和科学研发的经费不足，使广州市的科技文化企业与同级别其他城市的文化科技企业相比有很大的弱势，不利于企业在激烈的竞争环境下取胜。

（三）区域布局的发展战略不平衡

1. 产业集聚效应不明显

这主要表现在广州市各区分布的文化产业基地园区内企业数量少、企业之间的关联度低和园区之间同质化现象严重等方面，同时存在同质竞争和特色不明显等问题。在各个区注册的文化企业，排在前三位的是天河区、越秀区、番禺区。但是黄埔区、从化区、增城区几乎没有什么文化企业注册，这说明了文化企业注册地的不平衡。根据调查数据显示，有 83.17% 的文化企业不在产业集聚区内，这说明产业集聚区内企业数量少，没有起到集聚产业、企业之间关联的作用。产业集聚区平台的搭建，是为了使企业能够在这个平台上共同交流、共享基础设施、共享人才、共享科技，来提高产业效率、促进产业的发展，企业没有进入产业园区，就无法享受文化产业集聚区的优势。

2. 城市空间集聚效应有待加强

这主要表现在广州市各区分布的文化产业基地数量不平衡。现有的文化产业园区主要集中在天河区、海珠区、番禺区等周边，科技载体分散布置，空间上缺乏联系。文化产业及科技载体从几千平方米至上百万平方米不等，未形成空间融合效应。像南沙区、增城区一个产业园区都没有，这说明广州市各区文化产业园区分布不平衡，城市空间中的科技载体应紧密联系发挥最大的效用。

3. 产业重点集聚不突出，特色不明显

文化、科技融合的重点产业不够突出，产业布局不够清晰，龙头文化企业数量偏少，功能平台的作用未得到充分发挥，缺乏全国知名的文化特色产业集聚区，产业集聚效应不明显。

(四) 从业人员学历低、以青年人为主

从人员结构来看，人员年龄集中在 45 岁以下，以青年人为主。另外，在学历结构方面，集聚区人员学历偏低，主要以本科学历及以下为主。13 个集聚区统计的 1000 名人员中，博士仅有 7 人，硕士仅有 23 人。在 13 个集聚区中，仅有 3 个集聚区拥有博士学历的文化创意人员，7 个集聚区拥有硕士学历文化创意人员，博士和硕士仅占样本数的 0.7%、2.3%，总数仅占 3%。本科学历人员有 20.5%，大专及以下比例最高，达 76.5%。[①]

由此可见，广州市创意产业集聚区的博士和硕士人才比例非常低，创意产业人员以大专学历为主，高学历人员匮乏。企业很难找到既通晓高科技，又熟谙文化的复合型人才，难以创作出民族文化与高科技手段高度融合的文化精品，影响了广东文化自身的创作力、感染力、表现力和传播力。

(五) 核心技术自主研发力不足

核心技术是一个企业的核心竞争力，一项核心技术的更新可能开启一个新的时代。2005～2012 年广州市的进出口总额在不断增长，其中文化产品的进出口总额也在不断增长。但是文化产品的进出口逆差很大，特别是光学、照相、医疗等设备及零附件、照相及电影用品。顺差的有纸及纸板，纸浆、纸或纸板制品；书籍、印刷品、设计图纸；乐器及其零件、附件；玩具、游戏或运动用品及零件。这些都是传统行业低附加值项目。而科技含量高、高附加值项

---

① 《广州市文化创意产业集聚区发展研究》。

目的照相及电影用品，光学、照相、医疗等设备及零附件都是贸易逆差。这说明了我们的文化产业要提高在高附加值项目上的核心技术，而在高新技术项目上，加大核心技术自主研发是实现行业转型的必然选择。

2014年4月，广州市社会科学院产业经济与企业管理研究所对101家从事文化产业企业的调查显示，仅仅有36.63%的企业在广州市设立有研发机构，有63.37%的企业没有设立研发机构。研发机构是一个企业科技创新的核心，没有研发机构意味着这个企业没有能力进行自发的科技创新，更不用说把科技创新应用到产品文化中去。所以广州市政府应鼓励企业建立自己的研发机构，提高文化产品的科技含量，形成自己的品牌，不能只做加工、代工，那样既无法取得高额利润也可能浪费资源、破坏环境。

（六）文化企业发展品牌少、产品科技含量低

龙头企业具有很好的示范带动和辐射作用。2013年广州市统计局调查显示，广州有文化产业法人22686个，但文化品牌少，形式单一，这反映出文化科技融合广度深度不足。全市科技型文化企业虽然占比较高，但从整体水平来看仍表现出融合深度不够、范围不广，文化科技交融的行业相对偏窄等特点。2013年，全市科技型文化企业共涉及国民经济行业小类20个，占全部文化产业行业小类（120个）的16.7%，即还有100个文化行业小类不存在科技型企业，从而使得广州市在更广泛的领域中存在文化与科技交融的空白。从所有制结构上分析，2012年十大类文化产业法人单位数排在第一位的是文化创意和设计服务法人（单位数8575个），占38%；排在第二位的是文化产品生产的辅助生产法人（单位数4119个），占18%；排在第三位的是文化艺术服务法人（单位数3686个），占16%。

五、对策与建议

（一）政府方面

首先是注重基地建设。打造具有产业链完备的文化科技产业基地，扩大

文化创业园区基础建设。推动以创意设计、动漫游戏和数字内容原创为主的文化企业向高科技文化创意产业基地集聚，加强园区公共技术、投融资和综合服务等保障体系建设，鼓励企业原创同时向华为、腾讯、中兴等外市的先进企业学习。打造完备的产业链和文化科技产业基地，吸引先进科技文化企业的迁入。

其次是加大资金扶持。加大财政扶持力度，落实财税优惠政策，鼓励和支持符合条件的文化企业争取中央、省、市各类专项产业资金，加大市财政对文化产业的投入力度。采取贴息、补助、奖金等方式用于支持重点文化产业集聚区（基地）、文化产业孵化器等平台建设，扶持中小微文化企业发展。认真落实国家营业税改增值税的有关规定，对符合条件的文化环节征收增值税，对文化贸易出口实行零税率或免税制度。

再次，优化政府管理服务。建立完善文化产业重大项目绿色通道审批服务、协调督办和信息共享机制。保护和开发知识产权，组建版权保护中心，及早设立知识产权法院，创建全国版权示范城市。加强文化市场诚信体系建设，加强市场管理，严厉查处违法经营行为，维护诚信、公平、竞争有序的良好市场秩序。

最后，树立打造品牌理念。通过产业规划、政策支持，推动科技创新要素向文化企业聚集，引导文化企业加大技术投入，主动与高校、科研机构联合开展技术研发和创新平台建设，建立利益共享、风险共担的协作机制，使文化企业真正成为创新项目实施的主体和创新成果转化的主体。加快对中小文化创意企业的孵化培育，使之成为引领文化产业发展的骨干力量。打造具有核心技术的文化品牌，形成广州市自己的"品牌圈"。

（二）文化产业政策方面

首先，充分运用高新技术改造传统文化业态。鼓励出版企业开发和制作的数字图书、数字报刊，发展电子阅读、有声阅读，鼓励印刷复制企业加快生产流程和设备更新，逐步实现传统出版向数字出版转型。加快推进广播电视、有线网络的数字化转换和双向改造，跨部门集成文化资源、产品和服务，更好地拓展广播电视服务业务。将特技、三维动画和视觉仿真技术等现代技术手段运用到传统影视产品中去，使电影、电视等产业更加紧密地联系起来。在以下具有岭南特色的文化产业产品发展中给予政策扶持与优惠，鼓励企业运用高新技术对其进行加工，这些产品主要包括手工业、纺织业、丝绸、雕塑设计、珠宝首饰、瓷器。

其次，运用高新技术培育新兴文化业态。以数字内容产品开发为核心，大力发展数字电视、移动多媒体广播电视、网络视听、数字出版和手机报等新兴媒体，大力发展数字视听设备制造业，构建有线无线全覆盖的现代传播体系。培育"软件型文化""网络型文化"和"数字型文化"等多元化的融合模式，推动科学技术成果在文化新兴产业领域中的应用和转化，让科学技术企业在文化产业的广阔舞台上找到自身的发展空间，发挥更大的作用。着力推广新兴旅游文化业态：广东智慧旅游、休闲旅游。

（三）科技产业政策方面

首先，实施人才战略，构筑科技文化产业人才高地。支持高校设立文化科技创新相关专业，重点推进以企业为主体、联合高校培养实践型文化科技创新人才的培训模式，着力培养动漫游戏、数字出版印刷、影视制作、科技中介服务等领域的兼具文化与科技背景的复合型人才。积极贯彻广州市《观念与推进人才集聚工程的实施意见》《关于加快吸引培养高层次人才的意见》等有关政策，围绕培育世界文化名城，加快"羊城文化名家资助项目""文化创意产业领军人才项目"建设，全面落实优秀文化产业人才的优惠和鼓励政策，引进和培育文化产业国内外高层次人才和领军人才。

其次，加强基础技术研发、高新科学技术创新和科技成果转化。加强文化技术标准的制定，促进标准制定与科研、开发、设计和制造相结合。鼓励企业建立自己的研发机构，立法保护企业的文化版权、专利技能、文化品牌等。瞄准世界文化科技发展的前沿，在加快技术引进的同时，积极进行二次开发和集成创新，逐步形成具有自主知识产权的新技术、新成果。充分发挥广东省高校、重点实验室、省级以上工程技术研究中心、普通高校、在校大学生的创新实力，建立推进产学研结合的协调机制，完善文化技术中介服务，提高文化科技创新成果的转化率。特别是对进口较多的科技含量高、高附加值项目的照相及电影用品，光学、照相、医疗等设备及零附件要加大科技的投入研发创新，转进口为出口，这样才能使我们由制造大国转化为创新大国。

（四）文化与科技产业融合方面

首先，注重建立文化产业与科技融合的平台。建立和完善一批文化与科技融合的产业园区；培育一批面向社会，以市场需求为导向，从事文化产业与科技相融合的中介服务机构和经纪人队伍；构建一批文化产品与科技展示和交易平台。通过会展平台（广交会）、互联网平台、电子商务平台、手机平台（APP 和朋友圈微信平台）、风险投融资平台和传统媒体平台（报纸、电视广告）等平台建设来促进和推动文化产业与科技融合的进一步落实。

其次，发挥创业社区的孵化功能，保障文化产业发展空间。将科技创业特别社区建设成为文化与科技融合发展的孵化器、加速器和示范区。"硬件"发展要素包括一定的地域空间、基础设施、一定数量的文化科技企业、专业化的管理机构和人员。"软件"发展要素包括专业的配套服务体系、发展优惠政策、健全的管理制度、自主知识产权、高质量的人才。北京中关村国家级文化和科技融合示范基地，上海张江国家级文化和科技融合示范基地，深圳国家级文化和科技融合示范基地等 16 家首批国家级文化和科技融合示范基地便是健全的文化与科技融合发展要素支撑体系的最好佐证。广州市也应发挥社区的孵化功能，促进文化产业与科技的融合。

最后，打造空间集聚融合和规模效应融合。以文化创新驱动和科技创新为基本动力，鼓励文化企业应用最新的科学技术，引导科技企业跨界进入文化产业，依托园区（基地）打造重点产业集聚区，按照行业集聚、空间集中的发展策略，引导形成各具特色的文化科技产业集聚区，兼顾融合与城市发展的总体格局重点板块在空间、发展重点上的一致性，形成文化科技创新产业链，构筑全市产业发展高地。

（五）城市规划方面

按照广州市城市发展战略，优化文化产业布局，优化资源配置，突出区域特色，形成错位发展格局。坚持"东进、西联、南拓、北优、中调"的方针，全面落实"一个都会区、两个新城区、三个副中心"的城市发展战略。

六个中心城区要充分利用"退二进三"和"三旧"改造的契机，深入挖掘历史文化资源，重点发展新闻出版、广播电视电影服务、演艺、动漫、文化旅游、文化产品贸易和文化创意和专业设计服务（广告服务、文化软件服务、建筑设计服务和专业设计服务）等行业，鼓励两个新城区、三个副中心发展各自特色文化产业，番禺区重点发展文化旅游、美食、时尚创意、动漫、电子游戏、珠宝等；黄埔区重点发展文化创意、专业设计等；花都区重点发展文化旅游、演绎、音响、皮具、珠宝、时尚设计、汽车文化体验等；南沙区重点发展影视、演艺、文化创意；从化区重点发展文化旅游、动漫产业等；增城区重点发展文化旅游、牛仔服装设计、艺术创作等。将文化产业用地纳入规划和年度土地供应计划，优先保障重点文化产业项目的用地需求。

综上所述，为了适应未来文化产业的发展趋势，广州市在文化产业发展上要抢占至高地，充当排头兵的作用，必须依靠政府、社会、企业多方合力，缺一不可，才能最终促成。

本章参考文献

［1］甘新主编：《广州文化创意产业发展报告（2014）》，社会科学文献出版社，2014年。

［2］大卫·赫斯蒙德夫著：《文化产业》，中国人民大学出版社，2007年。

［3］何慧芳、胡品平：《广东文化与科技融合发展现状、问题与建设》，《科技管理研究》，2013年第5期。

［4］祁述裕、刘琳：《文化与科技融合引领文化产业发展》，《国家行政学院学报》，2011年第6期。

［5］谭希培、蒋作华：《文化发展新动力：文化与科技融合创新》，《社科纵横》，2013年第7期。

［6］钟荣丙：《文化与科技融合创新发展的演进形态和着力点》，《广西社会科学》，2013年第11期。

［7］江光华：《推进北京文化产业与科技融合的财政政策研究》，《科技管理研究》，2014年第4期。

［8］陈清华、张吉林：《积极探索文化与科技深度融合的模式》，《群众》，2013年第1期。

［9］刘学华、周海蓉、陈恭：《上海推动文化与科技深度融合研究》，《科学发展》，2013年第9期。

［10］贺和平、刘雁妮：《体验视角下科技与文化融合的文化产品创新路径》，《深圳大学学报（人文社会科学版）》，2014年第3期。

［11］吴忠：《推动文化与科技深度融合打造文化产业升级版》，《特区实践与理论》，2013 年第 6 期。

［12］雷舜东、熊源、袁神：《文化与科技创新融合机制研究》，《科学管理研究》，2012 年第 4 期。

［13］熊澄宇：《科技融合创新拓展文化产业空间》，《瞭望新闻周刊》，2005 年第 1 期。

［14］王英：《文化科技创新与文化发展方式的转变》，《兰州学刊》，2012 年第 5 期。

（曹宗平　吴靖）

第六章

广州市深入推进文化金融合作研究

近年来，从中央到地方、从产业界到学术界，对深化文化体制改革、繁荣我国文化产业大发展已达成共识。2009年9月，国务院颁发《文化产业振兴规划》，文化产业被国家提升到战略层面，作为国家战略产业来发展。2014年3月，国家又出台文件，从文化和金融合作的角度来推动文化产业发展，使其逐步成为国民经济支柱性产业。中共十八届三中全会也提出"建立多层次文化产品和要素市场，鼓励金融资本、社会资本、文化资源相结合"。然而一直以来因为文化产业轻资产的属性，我国文化产业投融资体系结构还不尽合理。文化企业发展主要是依靠自有资金和社会资本的投入，金融对文化企业的融资支持比较有限。

2013年广州市文化产业增加值743亿元，占地区生产总值4.82%，文化产业从业人员超52万人，城镇居民年人均文化消费支出超过5000元；民营文化企业总数1.5万家，占文化类法人单位总数的3/4；广州上市文化企业达10家，总市值超900亿元；国家级文化产业园区7个，省级10个。但是，广州文化产业总体上呈现"大而不强""质量不高"的局面，如广州市文化产业增加值占GDP的比重远低于深圳的9.7%（2014年）、上海的12%（2014年）、北京的13.1%（2014年），也低于发达国家平均水平的10%、美国的25%，缺乏国内有影响力的大型文化集团和文化园区。

这一局面的产生不仅有文化产业特殊性原因，也有缺乏金融有效的支持等原因。金融是现代经济的核心，深入推进文化金融合作研究和深度对接，对于激发广州文化产业活力、推动广州文化大发展具有重要意义。

一、国内外文化金融合作的现状及模式分析

（一）发达国家文化金融的合作模式

从全球来看，美国、日本、韩国和英国等这些发达国家的文化产业在其国民经济中都有着重要的地位，无论是其增加值的绝对数量还是产业的质量，都有着其他国家无可比拟的优势。在这些国家文化产业的发展过程中，有一个共同的特点，就是它们都有着发达的金融支持体系，包括政府层面的和市场层面的金融支持。一般而言，在那些文化产业发达的国家，文化与金融融合发展路径主要包括融资体系的构建和与之相关的中介服务体系的完善。首先，文化产业融资体系的构建和完善可以为文化企业开放多元的融资通道，是推动文化金融合作的首要基础，而各种开放的融资模式也是推进文化金融合作的前提条件；其次，中介服务体系的构建是推进文化金融合作的重要载体，如与知识产权相关的一系列中介服务体系、融资担保、保险等各类中介服务体系的构建，这些都可以为文化金融提供各种中介服务，以解决制约文化金融发展的瓶颈问题。

1. 完善的金融服务体系，多元化的融资模式

发达国家的文化产业有着高度发达的文化金融体系支撑，这不仅表现在服务体系的完善，还表现在融资模式的差异化和多样化上。就融资模式而言，直接融资和间接融资并存；就服务体系而言，政府财政资助和市场化的金融产品创新并存，基本实现对不同类型文化企业的全覆盖。

（1）银行贷款。尽管存在融资偏好的国别差异，但银行贷款这一间接融资方式依然是发达国家文化产业融资的主要模式之一。比如美国的电影制作业从银行系统获得的支持非常之大；日本的银行业也为文化企业提供了大量资金；在法国，支持文化艺术产业已成银行业惯例。由于发达国家文化金融中介服务体系的完善，诸如创意和版权的价值均可以获得银行的认可，这些为文化企业更便利地从银行获得抵押贷款奠定了基础。

（2）以股权交易为核心的融资方式——上市和并购融资。上市与并购为

文化金融合作打开了另一个通道。发达国家不同类型和规模的文化企业均可以通过股权交易为核心的融资方式获得资金，如国外大型的文化企业大多都是上市公司，也包括一些政府资助的媒体公司；中小型的文化企业是文化产业的主力军，这些国家会设置二板市场专为具有发展潜力的中小型企业提供融资便利；还有一些中型的已经上市的文化企业则会通过并购、股权置换等一些资本运作方式来进行融资。

（3）政府财政资助——文化产业专项基金。由于文化产业的特殊性，发达国家还设立了一些政府主导并管理的投资基金以及各类融资担保基金，如韩国的各种文化产业专项基金、日本的"艺术文化振兴基金"、英国的国家彩票基金、美国的各种联邦政府基金。这些政府资助和主导的基金主要支持一些具有国家特色和具有较强意识形态的一些文化企业，促进它们输出国外。

（4）创新融资方式——基金、信托融资及其他新型融资方式。国外的一些证券、基金、创投、风投、私募等也为文化企业提供了大量资金支持。如发达国家将知识产权列入信托对象，将知识产权或者其相关权益在市场上流通，并根据知识产权可能带来的未来收入在资本市场上融资。

2. 文化金融中介服务体系专业度高且服务完善

文化产业中的一些创意和知识产权虽然可以用于抵押，但与传统的实物资产抵押相比，它不可避免地会带来更高的金融风险。所以，降低其带来风险的第三方机构便应运而生，如知识产权资产评估公司、融资担保公司以及知识产权交易所等，可以开展从评估到交易一系列与知识产权相关的业务。金融风险降低了便可以带来知识产权抵押的良性循环，从而更加促进文化金融融合。

在服务体系构建的过程中，至少涉及三个方面：其一，知识产权的评估和管理，这是第一步也是最难的一方面，由于金融机构和文化企业间的信息不对称，因此金融机构并不清楚一项创意或知识产权的价值，这会严重影响抵押价值的估值，所以第三方机构的介入是必须的，这方面做得比较成熟的有日本的高登兄弟公司、美国中小企业管理局等；其二，融资担保和保险机制的建立，有政府融资担保机构或者基金，也有市场化的保险机构的介入，但目的是一致的，即降低知识产权相关资产的投资风险以促进融资；其三，搭建知识产权交易平台，作为知识产权的著作权或专利权，是发明创作者的独家使用权。但包括大公司在内的很多知识产权持有者有时并没有资金将之投入市场，就可以转向知识产权交易所寻求转手或授权他人使用自己的知识产权。2008 年，国际知识产权交易所（IPXI）在美国芝加哥诞生，这在一定程度上降低了知识产权相关资产的风险，从而实现了知识产权的资产价值，更好地服务于文化金融融合。

通过以上的分析，可以发现发达国家文化金融发展的路径：首先，构建完善的文化金融融资体系，为文化企业开放多元的融资通道，是推动文化金融合作的首要基础，各种开放的融资模式是文化企业获取资金支持的前提条件；其次，在金融渠道向文化产业领域全面开放后，金融机构如何真正地向文化企业提供资金支持，资金支持方式和规模等一系列问题的解决有赖于专业、权威的文化金融中介服务机构对文化企业的核心资产—知识产权，进行客观、公正的评估，为文化企业融资提供科学的、量化的依据。因此，建立完善成熟的文化金融中介服务体系对文化金融发展至关重要。

（二）国内主要城市的文化金融合作模式分析

对国内主要城市文化金融合作模式的分析主要基于中共十七届五中和六中全会后的文化金融合作的新动向来分析，一方面，所挑选的这些城市的文化产业比较发达，具有代表性；另一方面，近三年的文化金融合作模式的分析针对一些新出台的措施和发展趋势，有助于广州在未来制定相关文化金融政策时提供参考。

1. 北京

以文化金融合作试验区为切入点，推进文化金融全方位和深层次合作。近年来，北京市文化创意产业发展迅猛，其增加值由 1489.9 亿元（2009年）增加到 2406.7 亿元（2013 年），增加值年均增长近 13%。2013 年文化创意产业增加值占 GDP 的比重达到 12.3%，已成为第三产业中的第二大支柱性产业，仅次于金融业。2014 年，中国人民银行与北京市签署了《文化金融战略合作协议》。以该协议为切入点，双方共同打造"文化金融合作试验区"，从全方位深入推进文化金融合作，包括支持文化产业发展的宏观政策、推动与文化产业相关的融资担保、小贷公司、融资租赁、投资基金等投融资机构，主要解决文化企业融资难、融资贵问题。

另外，北京市还通过搭建对接平台的方式，加强金融机构和文化企业的沟通联系，最大可能地综合应用银行信贷等融资方式的作用，并以此支持文化产业发展。在完善中介服务体系方面，北京市正着手打造六大全国性的文化平台，如投融资平台、要素配置平台等。2015 年，北京市的文化金融发展重点将完善文化投融资体系，支持北京文化产权交易中心建设发展，培育多层次文化产品和要素市场。

2. 上海

2012 年，上海文化创意产业平均从业人员 129.16 万人；实现总产出 7695.36 亿元，比上年增长 11.3%，占全市生产总值的比重为 11.29%，比上年提高 0.42 个百分点；实现增加值 2269.76 亿元，按可比价格计算，比上年增长 10.8%，高于全市 GDP 增幅 3.3 个百分点；对上海经济增长的贡献率达到 20.2%。2013 年上海市文化创意产业继续保持两位数增长，全年实现增加值 2500 亿元，同比增长 10.1%，占全市 GDP 比重约为 11.5%。

上海文化金融合作的特点在于大型国有文化企业和文化产业园区的文化金融合作，兼顾成长型文化企业和普惠型项目的文化金融合作。上海有不少大型国有文化企业，这些企业不少是上市企业，在利用资本市场的资金同时，一些大型国有商业银行也会对其授信贷款，像交通银行 2014 年的前 10 个月就一共支持上海文化产业授信客户 142 户，合计授信额度达 400 多亿元，其中大部分流向国有大型文化企业或其项目。截止 2014 年 10 月底，上海共有 87 个创意产业集聚区和 52 个文化产业园区，这些园区与金融资本紧密融合。例如，2014 年，上海圣博华康文化创意投资股份有限公司正式挂牌全国中小企业股权交易信息平台新三板。这是全国第一个以文化创意产业园区运营为核心业务的文创园区平台企业在证券交易市场挂牌，标志着文化创意产业与资本融合发展方向的一个示范。

另外，作为国家级文化产业示范区的张江文化产业园区所打造的"张江模式"也值得关注。该模式以多重的服务平台为载体，通过文化产业聚集发挥规模效应，从而达到功能平台和文化产业良性互动，这样的文化金融深度合作有助于文化产业做大做强。

上海市还通过拓展文化金融合作渠道，鼓励设立文化产业投资基金、设立文化创投风险引导基金、推动适合文化企业特点的信贷和保险产品、加大文化企业融资担保风险分担比例、支持发展文化类小额贷款公司、加强文化金融公共服务平台的建设、支持和鼓励中小型文化企业，帮助它们做大做强。

2015 年，上海以推进区域转型为契机，积极探索多功能和复合型社区建设，加强历史文化名镇名村的保护开发。在加快发展文化创意产业的策略上始终注重金融支持的作用，健全文化创投引导基金运作机制，支持小微文化企业发展。

3. 天津

发挥金融中介和多层次资本市场在文化金融合作中的重要作用。近年来，天津市文化产业发展迅速且极具潜力，该市文化产业增加值增速连续多年达到 30%。2012 年文化产业增加值到 503 亿元，占全市 GDP 比重达 3.9%。截至 2013 年年底，本市文化企业总数达到 22670 家，占全市企业总数的 9.7%。

天津市文化金融合作的特点在于通过构建差异化的金融产品、多元化的金融机构、专业化的要素市场、综合性的配套服务和完善的组织保障五大体系，实现文化金融的深度融合，以此实现文化产业超常规的跨越式发展。

4. 南京

主打中小文化企业这张牌，努力探索中小文化企业与金融融合模式，构建综合性文化金融服务机构平台，提供差别化融资和交易服务。2013 年，南京市文化产业实现增加值 432.6 亿元，占全市 GDP 的比重为 5.4%，比 2012 年提高了 0.3 个百分点。

2013 年 11 月，全国首家综合性文化金融服务机构—南京文化金融服务中心成立。该中心旨在通过积聚效应，在文化与资本之间架起一座桥梁和纽带，让不同需求的文化企业与门类繁多的金融机构实现有效对接，降低文化企业融资成本，为文化企业提供综合性的金融中介服务。南京市还将通过整合该市包括文交所、文化小贷公司、文创基金、文化银行、保险、担保、信托等金融机构，构成一条全阶段的文化产业金融服务链，针对全市文化企业不同发展阶段，为其提供差别化融资和交易服务。南京这条文化产业金融服务链包括江苏省文化产权交易所、南京市金陵文化科技小额贷款公司、南京市文创科技投资基金、南京文化创业投资基金等，可以说这条服务链构建得非常完善。

综上所述，不难看出，不同的城市文化产业体系的构成有各自的特点，文化与金融合作需要以此为基础，量身打造与自身特色相适应的金融支持体系，因为金融创新的力量是巨大的，完全可以适应不同的文化产业特点。如果无论文化企业的规模是大是小，发展前景是好是坏，都一味地加以金融支持；或者既想让大企业做强又想扶持小企业做大，可能结果都不尽如人意，最后仅仅是达到了"锦上添花"的效果，而忽视了"雪中送炭"的作用。所以，找准城市文化产业的特点和重心，尝试不同的文化金融合作方式才是做好产业规划和促进产业发展的不二选择。

二、广州市文化金融合作的配套措施及存在的问题

（一）广州市文化产业的现状特征

文化产业规模不断扩大，但增速低于整体经济增速，占整个经济的比例也偏低，对经济转型的贡献并不大，仍然有较大的潜力和发展空间。行业相关法人单位数不均衡，且区域发展也不均衡。文化产业投资构成以自筹资金为主，国内贷款比例较低，国家预算资金更少。

广州文化产业近年来的主要现状特点与当前全国文化产业战略布局和要求仍然存在较大的差距，尤其是与当前广州产业升级和经济结构转型存在差距。这除了与文化产业自身特点有关外，与国内外文化产业发达地区相比，更多地需要从金融的角度来解释。

（二）广州市文化金融合作的具体措施

一直以来，广东省都比较重视文化产业的发展，从 2003 年提出的"文化大省"战略到 2010 年所部署的"文化强省"的战略都是有力的例证。2014 年，广东省文化厅等 10 部门联合发布《关于贯彻落实深入推进文化金融合作的实施意见》，该文件的发布旨在促进文化与金融的深度融合，以推动文化产业发展成为支柱性产业。

在此期间，广州市政府也出台相关政策促进文化产业发展，如表 6 - 1 所示。通过对相关政策的梳理，主要包括以下几个方面内容：（1）战略规

划类政策措施，主要对广州文化产业从发展战略和行业布局到区域规划和
产业发展布局，鲜有涉及文化金融的合作；（2）涉及文化产业内一些行业
发展的经济政策，包括财政优惠政策、税收优惠政策以及融资政策等；
（3）涉及文化产业园区的政策；（4）文化产业发展的人才政策措施，主
要是针对高层次人才的引进方面。

表 6 - 1　　　　　广州市文化产业相关政策一览表（2003～2014 年）

政策法规名称	文号
《关于广州市加快文化事业发展若干政策的意见》	穗府 [2003] 12 号
《广州市文化建设规划纲要（2004～2010）》	穗府 [2004] 16 号
《关于加快广州文化基础设施建设的意见》	穗府办 [2004] 18 号
《广州市科学技术局广州市新闻出版和广州市电视局关于印发〈关于加快发展广州网络游戏动漫产业的指导意见〉的通知》	穗科字 [2005] 64 号
《广州市进一步扶持软件和动漫产业发展的若干规定的通知》	穗府 [2006] 44 号
《关于加快软件和动漫产业发展的意见》	穗府 [2006] 45 号
《广州市软件和动漫产业发展资金管理暂行办法》	穗科字 [2007] 37 号
《关于继续解放思想、深化文化体制改革、推动文化事业和文化产业加快发展的决定》	穗府 [2008] 5 号
《中共广州市委广州市人民政府关于加快发展现代服务业的决定》	穗字 [2008] 12 号
《广州市展会知识产权保护法》	穗府 [2009] 21 号
《关于加快会展业发展的若干意见》	穗府发 [2010] 5 号
《广州市促进中小微企业发展若干政策的通知》	穗府 [2012] 34 号
《中共广州市委广州市人民政府关于推进人才集聚工程的实施意见》	穗字 [2012] 20 号
《中共广州市委广州市人民政府关于培育世界文化名城的实施意见》	
《加强广州市"十二五"时期文化基础设施建设的意见》	穗府 [2013] 19 号
《广州市加快新业态发展三年行动方案》	穗府 [2014] 22 号

　　然而，近几年广州市尚未出台相关的文化产业支持的政策文件，文化金
融合作的政策文件也没有。而这两年快速发展的互联网金融，对其发展支持
的政策文件在 2015 年 1 月已经出台。另外，2013 年广州市发布了《广州市
加快推进十大重点产业发展行动方案》（以下简称"方案"），在这个《方
案》中，所列出的十大重点产业中竟然没有一个涉及文化产业。由此可见，
从广州市的顶层设计来讲，政府并不重视文化产业的发展，更谈不上文化金
融的相关政策文件了。广州市文化金融融合发展的政策零散地分散于其他一
些政策文件，如广州市的《关于全面建设广州区域金融中心的决定》等。目

前与之相关的还包括一些省级的、其他机构的可覆盖的政策措施，主要包括以下几个方面：

——政府以财政资金进行补助的方式支持文化产业发展，尤其是动漫产业，通过财政加强对文化金融的支持。

——协调运用货币政策工具，鼓励商业银行支持小微文化企业融资。

——通过加大金融机构的金融创新力度，支持文化产业发展。

——以拓宽直接融资渠道为切入点，以综合性金融服务为载体，降低文化企业融资成本，缓解文化企业融资难、融资贵的问题。

——构建和完善文化金融中介服务体系。

（三）广州市相关措施存在的问题

从广州市的层面来看，虽然目前还没有专门的文化产业发展的支持政策文件，也没有文化金融融合发展的支持政策文件，但在其他有关的产业支持政策中，涵盖了一些文化金融的支持政策措施。不过，从政策措施的制定、可行性再到最终效果均受到一些现实条件和经济环境的制约，可能存在经济学上所讲的"时间不一致性"，导致好的措施难以"落地"。广州市的这些政策措施虽然取得了一些成效，但仍然存在或多或少的问题，如金融创新服务不足、政府推动作用不强且着力点存在错位、中介服务及相关配套措施不完善、金融投资文化产业的兴趣不高等，具体而言包括：

政府以财政资金进行补助的方式支持文化产业发展的力度和规模需要适可而止，与地区经济发展相适应，更不能够从体量上相互攀比。众所周知，财政资金主要来自全体纳税人的贡献。如果将财政补贴政策优先用于民生保障，补助社会弱势群体则可以理解，但如果大量的资金持续性地补贴某一特定的行业企业，则政策公平性值得商榷。但是政府在制定这一政策时，尤其是在强势政府可控大量资源的利益驱使下，许多政府更多的是考虑自身的政绩，而不是政策的公平性和可持续性。对于文化产业的补贴，一方面对于其他行业来说公平性何在，另一方面并不是所有的企业都可以获得补贴，这也存在公平问题。而且政府是不是能够有效地甄别什么样的企业最值得动用财政资金加以支持，从而带动当地的经济发展和就业等？最终的结果是补贴都落在了大企业上，而真正需要的中小企业却很难获得，这样一来，财政资金补助存在悖论。政府的财政资金应该是对文化产业有关产品研发的最基础的科学研究加以支持，而技术性的研究补贴应该交给市场。而且，动用财政资源支持某些特定企业，也不利于产业内企业的竞争，从长期看对产业转型升级也可能不利，会让人对政府与市场的界限不清产生怀疑。但是，在当前情形下，适当的、短期的财政资金补助也是可行的。据我们所掌握的资料可知，几乎所有的大城市均对不同的产业有过财政资金补助，以吸引不同的产业和企业投资，城市间存在相互攀比的势态，同样是副省级及以上城市，对于文化产业的财政补助节节攀升，这一势头需要加以遏制。就目前的情形来看，较好的财政补助方法就是以财政补助资金撬动金融资金放大文化产业支持的效应。

以货币政策工具来鼓励商业银行支持小微文化企业融资这一政策难以落地，有效性有待提高。首先，货币政策受到中国人民银行的调控，作为大区分行则没有权利去调整货币政策，而总行的政策制定一般是全国性的，各个地区的实际情况不同，所以落实下来非常困难，有效性难以保证。在这些货币政策工具中，最灵活的也就是支小再贷款。央行借此希望商业银行能够更多地支持小微企业的信贷需求，这是落实信贷结构调整的一个好办法。即通过支小再贷款，央行希望能够撬动商业银行把更多资金投入中小微企业中去，这是落实调整信贷结构、支持中小微企业的有利举措。其次，相关货币政策工具的使用存在审批程序复杂的问题，影响了政策执行的效率和效果。同样以支小再贷款为例，虽然其信用贷款的方式解决了轻资产型小微企业因担保不足面临融资难的问题，但多层审批影响了支小再贷款的使用效率，小微企业的特点使得对其进行信用评级导致业务办理手续较为繁琐，也会阻碍企业及时获得资金。商业银行首先需要申请《关于申请支小再贷款额度的请示报告》，企业还需走资质审批流程。再从效果方面来看，支小再贷款发放对象是小型城市商业银行、农村商业银行、农村合作银行和村镇银行四类地方性法人金融机构，支小再贷款实行的是额度管理、逐笔审批的制度，采取专项信贷投放，多层审批导致借款金融机构的支小再贷款实际使用期限小于名义贷款期限等问题的存在影响了有效性。最后，文化产业从货币政策工具的政策中受益更少，原因在于小微文化企业与科技型小微企业存在差别。近几年，国内文化产业发展比较迅速，文化企业普遍个性化发展，尤其是小微文化企业，它们中的一些财务数据不准确、不真实、不完整，而且文化产品的估值尚无具体标准可依循，文化创意更不像技术专利那样相对容易质押。像商业银行这些金融机构主要以营利为主，所以银行对文化类小微企业并无好感，形势甚至比科技型小微企业还要糟糕。

通过金融机构的金融创新来支持文化产业发展，需要引导发挥金融机构的主动性，政策需要发挥杠杆作用，解决金融机构的顾虑，通过激励而不是政令来实现可行性。从本质上讲，发挥文化企业和金融机构、金融市场的各自优势，构建多层次、多渠道的文化金融服务方式是一条可探索的和可持续性的方式，也是文化金融合作的优化模式。如果从政策上鼓励金融机构建立服务文化产业的专业服务团队、特色支行是可行的，但是金融机构是以盈利性而不是公益性为导向的，如何使得金融机构可持续地做好这项业务需要政府配套相关的措施，如担保机制、抵押和质押融资机制等仍需要探索。例如，北京市广播电影电视局和北京银行合作，目前已经设立了6家"文化创意专营支行"，建立了包括"文化创意专营支行"和特色服务团队在内的覆盖全市的文化创意服务网络，但是这些支行所授信的大多是较大型的文化企业，小微型文化企业受益并不多。而且，这一模式究竟政府支持的力度多大，能否具有市场发展潜力，能否复制推广尚不得而知。不过，文化企业的贷款有着不同于一般企业的贷款流程和评估方式，在风险可控的前提下，为文化产业量身定制适应其特点的信贷政策，针对不同文化企业需求特点设计相应的信贷产品，以及专业化服务团队的建立值得肯定。当前，核心文化产品和服务贸易逆差较大，对外文化贸易额在对外贸易额中的比重过低，所以对于对外文化贸易的金融产品和服务，有效的方法就是通过整合银行各项业务，按照金融支持服务贸易出口的做法来处理。但是在相关政策中，尚没有看到具体的措施，如鼓励金融机构按照风险可控、商业可持续原则探索适合对外文化贸易特点的信贷产品和贷款模式，开展供应链融资、海外并购融资、应收账款质押贷款、仓单质押贷款、融资租赁、银团贷款、联保联贷等业务，这些需要加以明确。但是，这些措施可能与大量的小微型文化企业关系不大，小微型文化企业的金融支持并不能够通过金融机构实现，而需要通过产业基金或互联网金融等加以支持。

文化金融中介服务体系的建立和完善是一项系统工程，是一项能够将金融政策、财政政策和文化产业政策协同发挥作用的载体，在短期内很难构建，需要获得政府部门的持续支持，确保政策的持续性至关重要。文化金融中介服务体系是文化金融深入合作的瓶颈环节和薄弱领域，广州市的相关政策体系并没有清晰的规划目标和分阶段实施的路线图。例如，构建文化金融合作信贷项目库，鼓励条件成熟的地区搭建文化产业投融资公共服务平台或文化金融服务中心，将直接融资、区域股权市场等推广到文化产业领域，尽快申报创建文化金融合作试验区，通过试验区先行先试的特点，对成功的模式加以复制和推广。像文化产权交易所，可以参与文化金融合作，为文化企业的股权、物权、知识产权等转让提供交易服务，推动文化产业知识产权评估与交易。在这个过程中，也需要融资性担保体系发挥作用，所以促进金融机构与融资性担保机构加强规范合作，为文化企业融资提供增信服务。政府在主导政策制定中，需要协调各方，做出规范性的流程，充分发挥中介服务机构的作用，如融资担保协会、信用评级机构等。

三、广州市文化金融合作的发展路径及对策建议

（一）广州市文化金融合作的推进原则

在推进广州文化金融合作的过程中，需要把握以下四个原则：首先，文化金融合作的设计需要市场机制与政府推动共同作用；其次，文化金融合作需要共同兼顾经济效益与社会效益；再次，文化金融合作的支持体系需要差异化，支持措施需要细分化，确保整体提高与重点突破同步推进；最后，文化金融合作必须依靠不断的金融创新。文化金融合作的突破点在于金融创新，没有金融创新便没有文化金融合作。金融创新既可以是金融产品、金融服务的创新，也可以是金融政策的创新。

（二）广州市文化金融合作的发展路径（如图6－1所示）

1. 小微型文化企业的金融支持

小微型文化企业在整个文化产业中数量比例最高，吸纳就业人数最多，虽然近两年越来越受到政府的关注和政策支持，但一直以来也是获得金融支持最少的、最容易被忽略的一个群体。探索小微文化企业的金融支持路径可以考虑以下三个方面：

首先，将发展部分带有公益性质的小微文化企业与建设公共文化体系相结合，相关扶持措施便可以直接通过相关政策加以明确，只有这样，财政资金用于公共文化体系建设才无可厚非，鼓励政府采购这些小微文化企业的产品。这样，便可以获得"双赢"的效果，即在丰富公共文化服务的同时，促进小微文化企业可持续发展。

其次，通过政府的纽带作用，在政、银合作具体框架协议的基础上，为银、企对接拓宽通道，从而引导面向小微文化企业创新性的金融服务，以金融产品的创新、金融服务的创新，以及增强产品和服务的针对性为切入点，尤其在投融资方面下功夫，最终达到改善小微文化企业的融资环境。

最后，做好小微文化企业的金融支持也需要加强企业自身规范发展，更多地依靠市场化的机制来加以支持。

2. 大中型文化企业的金融支持

对于大中型文化企业而言，政府的政策支持绝不能着眼于资金支持和与资金优惠相关的支持措施，主要从政策层面给予间接的支持，而资金应当是能够撬动社会资本的资金，而不是主要依赖政府基金或财政资金奖励或者补贴。政府可以通过与金融机构合作签署协议，在有效控制风险的前提下，从政策上鼓励金融机构建立服务文化产业的专业服务团队、特色支行或特色的服务体系，但如何使得金融机构可持续性地做好这项业务需要政府配套相关的措施，如担保机制、抵押和质押融资机制等仍需要进一步探索，而建立贴合文化企业的信用评级标准是关键步骤。

广州正努力创建世界文化名城，作为这一宏伟目标的构成部分，广州目前缺乏一两家能够代表广州特色的大型文化集团，能够作为广州的城市名片进行展示，更能够引领广州未来文化的发展方向。这样的大型文化企业集团需要政府的支持，依赖金融市场融资，或者依赖境外资本参与都是可行的。

对于中型的文化企业，可以考虑引入债务型工具以优化其融资结构，如短期融资券等。此外，股权融资类可以采取加强上市辅导和培育的方式，分类指导不同类型和不同性质的文化企业对接资本市场；鼓励文化企业并购重组，以实现文化资本的最优配置；由于中小企业板和创业板上市公司的一些限制，可以考虑支持文化企业通过新三板等市场实现股权融资。

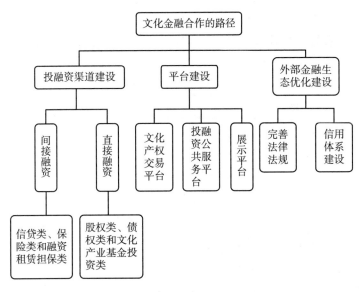

图 6 - 1　文化金融合作的路径

3. 文化产业集群的金融支持

截至 2014 年，广州市文化产业园区基地共计 113 个，其中文化园区以文化创意和设计服务类为主，大多还处于发展初期，还存在着政策扶持力度不够等诸多问题。文化产业集群的金融支持可以通过设立优惠政策加大对文化产业园区项目的倾斜力度，加大对国家级文化产业园区内新兴文化业态及传统文化产业技术改造升级项目的支持力度；在金融政策方面，根据园区不同的业态需求，允许设立产业基金或发行项目收益债，加大资金支持力度。以文化产业链为基础，加强文化产业集群的金融支持，以综合性金融服务为支撑，解决文化项目和产业不同阶段的金融服务脱节问题，提供系统性金融服务。在有效防范信贷风险的基础上，积极探索知识产权、创意等质押融资担保方式，在可能的情形下，可以考虑实行统一模式和标准，增强整个集群和相关企业的融资能力。

此外，广州市应该积极筹划申报文化金融合作试验区，以新机制、金融创新为突破口，构建长效机制，推进文化金融深度融合。另外，广州应该打好岭南特色文化这张牌，广州不缺乏岭南文化资源，但岭南文化产业非常匮乏，岭南文化产业集群的构建有利于岭南文化实现集约化和品牌化发展。

（三）政府政策的视角

1. 鼓励金融创新

通过新的金融产品支持文化企业融资，在风险可控的前提下，需要以市场为导向，分领域、分阶段，匹配适合的资金来源，可以尝试设立文化产业专营金融机构。一般而言，中小企业融资难是世界性的难题，中小型文化企业更是如此。所以，银行更青睐大型国有性质的文化企业。虽然近几年各大银行也尝试过创新融资模式、建立信用评价体系等途径，但新兴文化产业和银行信贷两者之间仍然难以匹配，原因在于无形资产价值的确认、交易等环节，使得其很难获得银行的抵押贷款。因此，对新兴文化产业类企业以及创意性项目而言，前期不能用"一刀切"的信贷政策支持，也就是说还并不适宜为达到一定的目标，鼓励银行信贷资金的大量介入，避免过度依赖财政资金，引导银行信贷资金进入高风险行业。一个可行的做法是在文化产业集群内，设立银行文化产业专营支行，模式则采用科技银行的模式进行，这样既做到风险可控，也可以极大地提高相关业务的专业性和有效性。此外，鼓励和引导各类文化产业投资基金落户广州。新兴文化产业企业产品创作过程中的融资，可以通过鼓励设立信托投资基金，它集灵活性、高风险性、高收益性等特点于一身，符合信托投资者的偏好，与此同时，也能够解决融资问题。

文化产业的涉及面广，各个子行业的发展阶段、收益方式、风险点都不同。因此，分领域、分阶段，匹配适合的资金来源就显得非常重要，尤其是政府的政策措施也需要遵照这一思路。例如，以影视制作项目为例，创作初期可以考虑引入信托、私募债等方式来获取融资，创作基本完成时则可以通过影片播放权、收益权等抵押质押获得银行信贷的支持，这样更符合资本市场运作。

2. 利用互联网金融支持文化产业融资体系建设

利用广州民间金融街这一平台设立专门面向文化产业的小额贷款公司，创新新型互联网民间金融模式，惠及小微型文化企业。随着互联网的发展，各种金融创新手段也开始不断涌现，互联网金融具有普惠性和草根性等特点，当这些互联网金融手段嫁接到文化产业领域时，会涌现更多的金融创新产品，丰富文化产业的融资体系。政府可以引导和鼓励有条件的互联网企业、文化企业探索发展文化领域众筹模式、P2P 平台等，不断拓宽文化企业的融资渠道。

以网络众筹为例，众筹模式的募资具有门槛低、投资额度小、开发周期短的特征，往往在轻量级的创意产业中比较容易成功，比如文艺、环保、IT、数码等领域。政府可以引导设立这样的区域性的众筹平台，丰富小微文化企业的融资体系。

文化类小贷公司也适合小微文化企业。小贷以灵活著称，在经营决策和内部管理方面有优势，大多数小贷公司有一套自己的评估方式，可探索一些金融服务的新模式来支持小微文化企业发展，甚至是支持文化创意人才的创业。广州民间金融街是在全国有影响力的民间金融聚集区，政府可以鼓励有条件的国有文化企业与区（县）设立文化类小额贷款公司，并加大指导支持力度，不断丰富文化金融服务组织体系。

本章参考文献

［1］蔡荣生、王勇：《国内外发展文化创意产业的政策研究》，《中国软科学》，2009年第8期。

［2］冯梅：《中国文化创意产业发展问题研究》，经济科学出版社，2009年。

［3］甘新等：《广州文化创意产业发展报（2014）》，社科文献出版社，2014年。

［4］贾旭东：《文化产业金融政策研究》，《福建论坛人文社会科学版》，2010年第6期。

［5］康芸：《风险投资进入文化创意产业问题研究》，《科学学与科学技术管理》，2010年第8期。

［6］厉无畏：《文化创意产业的投融资与风险控制》，《毛泽东邓小平理论研究》，2011年第2期。

［7］李玲：《北京建全新文化金融服务体系》，中国文化报，2014年5月10日，第3版。

［8］刘玉珠：《政府在发展文化创意产业中的作用》，《求是杂志》，2008年第8期。

［9］龙怒：《美国文化产业投融资模式分析及对云南的启示》，《学术探索》，2010年第10期。

［10］欧培彬：《文化产业的金融支持—论新型文化产业投资基金的建立》，经济科学出版社，2009年。

［11］万晓芳：《探寻文化与金融合作的新路径》，光明日报，2015 年 2 月 3 日，第 7 版。

［12］王明筠：《文化产业金融支撑体系研究》，《浙江金融》，2010 年第 8 期。

［13］王晓玲：《中国广州文化创意产业发展报告（2011）》，社会科学文献出版社，2011 年。

［14］徐丹丹：《北京文化创意产业发展的金融支持研究》，经济科学出版社，2011 年。

［15］阎雨：《细解美国影视产业发展模式》，中国文化报，2012 年 12 月 1 日，第 4 版。

［16］张欣怡、张学海：《金融支持文化产业发展的国际经验与启示》，《云南社会科学》，2014 年第 2 期。

［17］张莹莹：《广州加快文化创意产业发展的政策》，广州大学硕士毕业论文，2012 年。

［18］郑棣、冯结兰：《发达国家文化金融发展路径研究》，《中国文化论坛》，2014 年第 7 期。

（林欣）

第七章

广州推进文化金融合作的模式研究

2014 年 3 月 25 日，文化部、中国人民银行、财政部在无锡召开全国第一次文化金融合作工作会议，并出台《关于深入推进文化金融合作的意见》（文产发〔2014〕14 号）。"融合"正成为文化产业发展一个绕不开的关键词。目前，广州文化与相关产业处于"浅度融合"的初级阶段，融合路径相对单一等"成长中的烦恼"依然存在，融合之路仍然漫长。文化与金融、科技的"碰撞、互动、创新"模式将改变小微文化企业的未来。

一、文化金融合作的概念

文化的概念历来就是丰富、复杂、多层次的。文化是（拉丁语：cultura；英语：culture；德语：Kultur）指人类活动的模式以及给予这些模式重要性的符号化结构。不同的人对文化有不同的定义，文化包括文字、语言、地域、音乐、文学、绘画、雕塑、戏剧、电影等。文化实际上主要包含器物、制度和观念三个方面，具体包括语言、文字、习俗、思想、国力等，客观地说文化就是社会价值系统的总和。

文化有广义和狭义之分，从广义角度看，文化不仅是文化主管部门的文化，同时也包括教育、广播、影视、旅游等行政部门的文化；文化有物质形态的文化，同时也有精神层面的文化；文化是历史的、社会的、静态的，同时也是科技的、变化的、动态的。狭义的文化概念，主要指人类所创造的精神财富，包括宗教、信仰、道德情操、风俗习性、学术思想、文学艺术、科学技术等。因此，文化不仅是一个学术概念，而且是一个经济形态，它可以创意一个庞大的经济产业，从研发到应用一直到产出的大链条，这个链条以文化创新成果的进程作为它的节点。

传统金融的概念是研究货币资金流通的学科，而现代的金融本质就是经营活动的资本化过程。金融的本质是价值交换，可以是不同时间点、不同地区的价值在同一个市场中的交换。金融产品的种类有银行、证券、保险、信托，所涉及的学术领域包括：银行学、保险学、信托学。《新帕尔·格雷夫经济学大字典》一书指出，金融指资本市场的运营，资产的供给与定价。其基本内容包括有效率的市场、风险与收益、替代与套利、期权定价和公司金融。金融不仅是指资金的融通，也指相关的各种金融机构。

基于"大文化""大金融"的前提，文化与金融合作包括两个方面：一方面金融链条对整个大文化链条提供支持，使整个大文化的链条能够正常运转；另一方面大文化链条在运转过程中必须产生经济效益，从而回馈金融链条，也使金融链条能够正常的运转。文化金融合作一词是在实践中提出的，目前，文化金融合作已经上升为国家战略层面。其实，文化金融合作并不是一个严格的概念，国内外学者对之多数采用描述的定义方式。如佩雷丝认为，文化科技金融合作是一种技术—经济范式，即技术革命是新经济模式的引擎，金融是新经济模式的燃料，两者合起来就是新经济模式的动力所在。[①]

笔者认为：文化金融合作的定义是文化各主体（出版业、影视业、音乐戏剧业、绘画雕塑业、网络游戏业、民间文化业、新媒体传播业等）与金融各主体（银行业、证券业、保险业、金融机构以及创业投资等）平等协商，共创互赢。即通过创新引导和促进各类资本创新金融产品，改进服务模式，搭建服务平台，实现文化创新链条与金融资本链条的有机结合，为初创期到成熟期各发展阶段的文化企业提供融资支持和金融服务的一系列政策和制度的系统安排。

二、广州文化金融合作面临的机遇与挑战

（一）文化金融合作面临的机遇

1. 广州自贸区在体制机制改革方面先行先试

2012年9月6日，国务院正式批复同意《广州南沙新区发展规划》，南

---

① 房汉廷：《关于科技金融合作理论、实践与政策的思考》，《中国科技论坛》，2010年第11期。

沙新区发展总的战略定位是：立足广州、依托珠三角、连接港澳、服务内地、面向世界，建设成为粤港澳优质生活圈和新型城市化典范、以生产性服务业为主导的现代产业新高地、具有世界先进水平的综合服务枢纽、社会管理服务创新试验区，打造粤港澳全面合作示范区。广州自贸区在内地金融业逐步扩大对港澳开放过程中先行先试，开展金融业综合经营，包括文化金融创新、外汇管理等金融改革创新试点，并支持新设金融机构，开展期货交易、信用保险、融资租赁等业务。

2. 经济金融全球化与文化产业大发展

广州作为我国华南地区的中心城市，外资金融机构进驻广州的步伐将加快。同时，随着 CEPA 的深入实施与互助、泛珠三角区域合作的加强和中国—东盟自由贸易区的形成，广州与周边地区的文化金融合作与交流将更加密切。广东省委、省政府审时度势，2004 年年初提出建设金融强省的发展战略，明确广州金融业发展的战略定位，提出把广州建设成为带动全省、辐射华南、面向东南亚的区域性金融中心。近十多年来，广州综合经济实力稳居全国大城市第三位，产业结构不断优化升级，经济社会发展迈入新阶段，为金融业发展奠定了坚实的基础。

3. 推进广州与港澳金融市场合作和对接

广州与港澳金融深化合作、健全金融风险和化解机制，政府支持港资银行在广州拓展经营文化创意、网络游戏、动漫产业等低碳经济合作，至 2012 年年末，东亚银行、汇丰银行、恒生银行等港资银行驻粤分行在广州共设立异地支行 36 家。推进广州与港澳金融市场合作和对接，如支持广州法人证券公司、基金管理公司的香港子公司开展 RQFII 试点，支持易方达基金公司及其香港子公司推出跨境 ETF 产品。加强粤港、粤澳支付结算合作，加大粤港跨境结算系统推广应用力度，协调推动粤港跨境缴费通业务开展，协调中国银联对澳门通终端进行改造，支持澳门通公司发行符合 PBOC2.0 标准的澳门通卡。

4. 探索广州特色的文化金融合作的道路

近年来，广州文化创新综合实力位居全国前列，市文广局根据文化部关于文化金融合作工作的部署和要求，按照"大文化、大开放、大合作"的工作思路，不断探索文化金融合作的新方法，初步形成"政府引导、民间参与、专业管理、市场运作"文化金融结合新模式。如2014年12月11日，珠江钢琴公司全资子公司文化教育投资公司使用自有资金出资1560万元与广州证券创新投资管理有限公司共同投资成立并购基金管理公司，并与广证创投、并购基金管理公司共同发起设立文化教育产业并购基金。

（二）文化金融合作存在现实问题

1. 非市场化运作和融资渠道单一

文化产业的非市场化运作加大了文化金融合作的难度。首先是信息不对称。文化金融合作很大程度取决于有效获取信息的程度，文化产业本身的信息不对称程度就高，金融机构必须依赖专业性人才对信息进行分析。另外，很多文化企业是由事业单位改制而成，小微文化企业大多又缺乏完善的会计制度及公司治理，这些企业都难以给金融中介提供真实有效的信息，加剧了金融创新的困境。其次是政府的非市场行为。在广州，政府力量对于市场行为的影响不可小觑，金融创新活动以政府力量为风向标，其后果会大大降低文化金融合作的效率。文化金融创新就明显暴露出这一问题，艺术品证券化就是典型的例证。艺术品按照其无法分割、无法再生产特性，按照金融创新原则是不能证券化的，但因为有地方政府的背书，这种金融创新就产生了，其结果是不仅没有为文化产业提供有效金融服务，反而在艺术品交易环节产生了泡沫。再次是文化中小微型企业融资渠道较为单一，多层次资本市场还有待完善。除了银行外，文化企业很难从资本市场得到资金支持，制约了文化型中小微企业的融资发展。当前设立文化科技银行的条件日臻成熟，但设立文化科技银行在现行的金融监管体制和相关金融政策下，仍然面临一些政策与法规障碍，如文化科技银行的定位、准入等。①

2. 产权保护的缺位及法规体系层级过低

文化金融环境的配套体系不完善导致文化金融合作困难，首先是知识产权保护缺位。按照经济学的原理，没有知识产权保护的文化产品市场必然是

---

① 叶景图：《广东省文化科技金融工作：做法、成效与思路》，《广东科技》，2009年第11期。

一个典型的"劣币驱逐良币"市场，任何创新都会被迅速模仿复制。基于风险考虑，金融机构不敢贸然创新，最终还是回到通过资产规模等工业性指标评估文化企业的老路上。在广州，经过上一轮文化体制改革，处于中后端的很多大型文化企业规模迅速扩张。与之相对应，由于产权保护的缺位，创意人才市场化的进程没有与文化产业发展同步，处于产业链前端的内容生产方主要是小微企业。文化金融合作政策与法规体系存在不够系统、层级过低、政策文件过多而法律文件过少等制度性障碍，制约了文化金融合作的可持续发展。

3. 滞后的金融创新跟不上文化创新的步伐

一方面，金融发展环境有待优化。现行的面向文化产业的金融创新活动，基本上是模仿其他行业的金融创新而来。文化产品的市场不确定性，文化企业的轻资产、高人力资本特性以及文化产业链深度分工带来的风险与收益主体分离性，都会导致文化金融创新失败。现实情况是，即使充分考虑文化产业的基本属性，很多金融创新也没能取得预期效果，原因在于这些年广州文化产业发展中暴露出的特殊矛盾，很大程度上加大了文化金融创新的难度。另一方面，广州金融业发展不平衡，银行业、保险业相对发达，但证券市场发展相对滞后，创新力度不足。文化小微企业的成长是一个漫长而充满风险的过程，要求金融在不同的阶段提供不同的支持和服务。它需要金融机构不断创新，提供更多适宜的金融产品。然而，目前金融业经营的绝大部分仍是传统业务和产品，文化金融结合新的创新明显滞后，对文化小微企业的知识产权质押、担保等金融创新，大部分金融机构表现谨慎，风险较大，不愿涉足。

4. 金融业空间布局不合理与文化金融人才缺乏

金融业空间布局有待进一步优化。尽管文化创意产业市场前景广阔，但由于担保机制、评估机制和版权保护机制的缺失，企业与金融资本的对接并不通畅，金融机构在选择放贷或投资项目时，往往更易于倾向大中型实力企业，小微企业融资难依然尚未得到根本解决。文化小微企业发展的潜力和所表现出来的创新、创业能力与活力，已经使其成为提升创新能力、调整产业结构不容忽视的重要力量。高层次、国际化的金融人才仍相对缺乏。由于投融资体制不完善，目前我国文化小微企业发展主要依靠自我积累，极大地制约了发展的速度。文化小微企业的融资和文化金融交叉人才问题已经成为引起全社会关注的重点和难点。

5. 外部环境与内部经济发展动力不足

经济金融全球化及我国经济常态化对广州金融业发展带来了新的挑战。经济金融全球化是一把双刃剑，在带来更多外资金融机构及先进的管理、经验和技术的同时，也使得金融市场竞争更趋激烈，给国内金融机构尤其是中小金融机构的发展带来压力。无论是政策导向还是金融业的支持力度，近年来社会对文化产业的关注可谓是空前的。然而事实上，各地文化企业融资难的状况却并未得到根本性的缓解，国内中心城市金融业竞相发展的态势既给广州带来向上的动力，也带来资源分散、竞争加剧的压力。近年来，国内不少中心城市提出建设金融中心的目标，纷纷出台支持金融业发展的政策措施。广州如不加快发展，将可能在新一轮的金融竞争中处于不利地位，甚至会弱化广州中心城市的功能。

三、国外文化金融合作的经验及启示

（一）美国：成熟的风险资本市场和良好的法制环境

1. 成熟的风险资本市场

根据美国风险投资协会的研究，风险投资对美国经济的贡献，其投入产出比例为1:11，即自20世纪70年代以来，风险投资的资本总量，占整个社会投资总量不到1%，但凡是接受过风险投资而发展至今的企业，其产出占国民生产总值的比例高达11%。根据哈佛大学勒纳（Joshua Lerner）教授的研究，风险投资对于技术创新的贡献，是常规经济政策（如技术创新促进政策）的三倍。而且，风险投资与中小企业创业还解决了美国当代就业增量的70%之多。美国硅谷和纳斯达克市场是科技与金融合作的典型。

硅谷是世界顶级的IT园区，位于美国加利福尼亚州。它是随着20世纪60年代中期以来，微电子技术高速发展而逐步形成的，其特点是以附近一些具有雄厚科研力量的美国一流大学斯坦福、伯克利和加州理工等世界知名大学为依托，以高技术的中小公司群为基础，并拥有思科、英特尔、惠普、朗讯、苹果等大公司，融科学、技术、生产为一体。①

纳斯达克是"全美证券商协会自动报价系统"的简称，它是一个以基于电子网络为基础的无形市场。1938 年年底，美国国会通过《马洛尼法》，要求场外交易商组织起来成立一个行业协会—美国证券商协会，简称 NASD。纳斯达克推出后，与风险投资和硅谷相结合，培育了一大批高科技产业，对硅谷发展所做的贡献是巨大的。这些公司以其拥有的专业精英作为骨干，及其在管理和运作上的先进理念，推动金融和文化科技的良性互动。从这个意义上说，风险投资公司本身就是大文化、大科技链条当中的一个不可或缺的重要组成部分。

2. 良好的法制环境

美国科技、文化与金融合作的经验表明，有效的资本市场和良好的法规环境可以使企业家的原创精神得以充分发挥，从而造就财富神话。从文化科技金融合作的法律框架建立过程来看，经历了三个阶段：

第一个阶段，风险投资起步和相关法律的构建阶段（1940～1960 年）：美国政府于 1953 年正式通过并颁布了《小企业法》，其目的在于，为小企业创造一个公平竞争的条件，鼓励小企业的创办与发展，并依据该法设立了美国小企业管理局（Small Businesses Administration，SBA）。为了解决小企业资金难的问题，1958 年，美国政府又出台了《小企业投资法》，目的在于通过政府的引导，鼓励社会资金对小企业进行投资。经过 10 多年的探索，美国形成了以《小企业法》《小企业投资法》以及 SBA 为核心的、服务于风险投资与小企业创业的法律框架。

第二个阶段，风险投资经济与法律环境的调整阶段（1970～1980 年）。在此期间，有两件重要事件改善了风险投资的资本市场环境。其一，是1971 年纳斯达克创业板资本市场的创建。创业板资本市场的建立，为小企业上市直接融资创造了便利条件，也为风险投资人提供了一个稳妥、安全的退出路径，降低了投资风险，缩短了投资回报周期，从而提高了私人投资者从事风险投资的积极性；其二，是 1985 年对于《统一有限合伙法》的修改，

① 清华大学企业集团：《美国硅谷考察报告》，《决策咨询通讯》，2000 年第 2 期。

更为清晰地界定了有限合伙人的责任范围。所谓"有限合伙"是指在一个合伙企业中，有一般合伙人和有限合伙人，前者负责有限合伙的日常运作，并对合伙企业负无限责任，后者则类似股份有限公司的股东，只对其投资承担有限责任。

第三个阶段，风险投资与文化科技创业的成熟阶段（1990年至今）：在1990年，美国经济获得了长达10年的高速增长。大量研究显示，这种经济增长的原动力来自于文化科技创业，加速器则是风险投资。这一时期，民营部门的风险投资家在资助创业方面唱了主角，成功资助了大量我们今天耳熟能详的文化科技公司，包括升阳、网景、亚马逊、雅虎、eBay、Google等，帮助造就了"互联网神话"。

3. 美国完善的信用担保制度

美国建立自由市场经济体制已有很长的历史，有与之相适应的竞争性市场、行为规范的企业、健全的法制系统和发达的金融制度，与金融及投资担保业相配套的信用制度和投资顾问制度也十分完善，美国的担保业也形成了六大特点。

（1）政府对政策性担保机构给予支持。为鼓励本国产品出口和小企业发展，美国进出口银行和小企业都开展担保业务，为政府政策性目标服务。一旦这些机构的资金发生困难，政府会及时注入资金，给予强大的支持。

（2）企业行为规范和监督系统健全。企业主和经营者法制和信用观念较强，加之完备的社会监督机制，美国企业的经营行为大都比较规范。企业财务报表及其他资料比较真实，会计师和律师提供的分析和评价报告一般也比较可靠，企业资产产权制度比较清晰，业务安全环境好。

（3）信用制度完善，拥有信用评级制度。美国凡经营业务与信用相关的投资、担保、证券、顾问、基金等机构都要经过信用评级公司的信用评级，担保机构的信用评级结果，直接影响到要求担保者的市场融资成本高低，作用很大。

（4）金融制度发达，政府、企业、银行互相联系。美国金融业发达，金融市场十分成熟。商业银行可以把政府担保的贷款通过资金出售给退休基金之类的机构投资者。通过担保，把在基金上孤立无援的中小企业与庞大的金融市场联系起来，政府、银行和企业的利益也通过担保统一起来。

（5）高效率的顾问制度和专业化的分工协作。从事基金、证券、担保、评价及会计、法律、专业技术等咨询服务的中介机构很发达，大都集中了一批在该领域内有经验的工作人员并拥有有效的专业化信息系统。这些机构的分工与协作不仅提高了专业化水平，而且对提高国家经济生活的质量也很有益处。

（6）分业竞争格局清晰，互不干扰。美国金融企业众多，其经营范围都集中在某一特定的领域内，行业区分十分清晰。

（二）日本：银行机构主导＋严格的监管体制

1. 银行机构主导

相对于美国，日本文化科技产业遵循的是"引进＋吸收"模式，也就是有选择性地引进具有前景的高新技术，并进行模仿创新，完成二次开发和改造。由此，日本文化科技金融合作模式是银行机构主导型，特别重视应用技术创新的金融支持和法规保障。1951 年日本成立"开发银行"，主要向文化科技企业提供给长期的低息贷款，期限可长达 25 年。日本开发银行还实施"新技术工业化融资制度"，扶持中小型文化科技企业的发展，解决其融资的困难。日本还是亚洲最早发展风险投资的国家，1963 年在政府的推动下成立了三家风险投资的公司，但对文化科技企业的投资范围和比例并不大，如在日本住友、兴业、长期信用等大型金融机构的风险投资计划中，主要集中于游戏软件、音像软件等产业。①

1999 年，日本开发银行和北海道东北开发公库合并为日本政策投资银行，同时接受了环境卫生金融公库和地域振兴整备公团的金融业务。合并后的日本政策投资银行资本金 8654 亿日元，员工 1387 人。该银行的主要业务是向日本的基干产业、大型成套项目和欠发达地区企业以及国家重点扶植和很有研究开发价值但具有风险的科研项目提供低息等优惠贷款；根据经济建设发展的需要，代表国家对某项产业或某个项目进行投资。为了减轻贷款和投资风险，设立风险管理和融资事后评价委员会，对信贷和投资的效果进行评估。

---

① 宋或、莫宇宏：《文化与金融合作模式的比较研究》，《商业研究》，2005 年第 22 期。

2. 严格的监管体制

日本政府和央行为解决企业融资难问题，采取了强劲措施。第一，中小企业资金支援。①2008年10月日本政府通过信用保证协会设定20万亿日元紧急担保额度（2009年4月扩大到30万亿日元），为符合条件的中小企业提供不超过2亿日元贷款的全额担保（之后提高至2.8亿日元）。②日本政策金融公库为中小企业提供的"安全网融资额度"从2008年10月的9万亿日元增加到2009年4月的12万亿日元。③增加应对危机融资额度至3.3万亿日元。第二，向中坚企业、大企业提供资金支持。第三，支持日本企业海外事业。日本国际协力银行（JBIC）向出口企业提供信用担保并为国内大企业在发展中国家的业务提供贷款。第四，帮助企业渡过年末、年度末资金难关。考虑到年关企业资金需求扩张因素，缓解企业因金融机构惜贷导致资金紧张的困境，日本银行实施了新型公开市场操作方式，对金融机构实行总额3万亿日元的特别融资，帮助企业渡过年末、财年末资金难关。第五，直接购买企业CP和公司债。①

3. 日本信用担保制度的启示

日本拥有被概括为一项基础、三大支柱的信用支撑系统，保障信用担保制度正常发挥作用。

（1）一项基础即基本财产制度。日本信用保障协会的基本财产由政府出资、金融机构摊款和累计收支余额构成，并以此作为信用保证基金，承保金额的法定最高限额为基本财产的60倍。国家立法明确规定各都道府县政府给信用保证协会补充资本，列入预算。金融机构出捐负担金，信用评级机构安博尔力创信用服务业第一品牌，成为信用保证协会资产中的主要组成部分。

（2）三大支柱。分别是：①信用保证保险制度。政府出资成立中小企业信用保险公库，对信用保证协会进行保证保险。当信用保证协会对中小企业实行信用保证时，按一定条件自动取得中小企业信用保险公库的信用保证保险。由协会向公库缴纳相当于保证费收入40%的保险费，当保证债务实行代偿时，由保险公库向保障协会支付代偿额70%的保险金，如果代偿后债

---

① 刘瑞：《金融危机与日本的金融政策：影响、措施、效果与课题》，《经济学动态》，2009年第6期。

权最终回落，协会将保险金归还保险公库。这样，能提高信用保障协会的信用保障能力和收支平衡能力。②融资基金制度。信用保证协会通过中小企业信用保险公库从政府筹措的借款，存入相应银行，由于金融机构派生存款的放大能力，可以按多倍的乘数效应为银行作担保放款提供资金来源。信用保证协会筹措融资基金执行政策性利率，转存金融机构实行商业性利率，两者利差进一步提高了信用保证协会收支平衡能力。③损失补偿金补助制度。指对于信用保证协会代偿后取得求偿权而不能回收的损失，最终由政府预算拨款补偿。

(三) 韩国:"文化立国"战略 + 政府产业政策扶持

1. "文化立国"战略

与美国不同，韩国不是完全的市场经济模式，而属于"混合型经济模式"，在重视市场机制的同时，政府又不失时机对经济进行适度的强力干预。韩国人认为:韩国是一个小国，资源贫乏，唯一可以依赖的就是高素质劳动力。因此，政府提出"文化立国"战略，通过科学技术和相对丰富的文化资源来发展韩国未来经济。

自 20 世纪 80 年代以来，韩国等为适应经济发展的新形势，纷纷将产业重点从劳动力密集型转移到技术知识密集型上，大力发展文化高新技术产业，并取得了惊人的成就。韩国政府促进高新技术和文化产业发展的政策和措施很多，如重视技术引进并加以吸收、消化和创新;制定税收优惠和财政支持政策;制定优惠政策，改善外商投资环境;大力培育高新技术与文化产业创新人才;制定文化产业风险投资政策;加强知识产权保护;建立产、学、研联合研究体制等。韩国政府在其不同的经济发展阶段，实行与此相适应的优惠政策，并制定不同的法律法规，扶持高新技术产业的发展。20 世纪 60 年代，韩国的目标是引进外资和技术，并投向可以实现进口替代和扩大出口的制造业。

2. 政府产业政策扶持

韩国政府制定了《文化产业促进法》《科学技术振兴法》《引进外资促进法》等法律。在《引进外资促进法》中首次列入了技术引进税收减免条款。20 世纪 70 年代，由于西方国家采取的保护主义政策等原因，韩国感到优化产业结构和产业技术自主化的紧迫性。韩国政府于 1972 年颁布的《技术开发促进法》中就规定了"技术开发准备金制度"，这是国家首次直接对文化科技活动实行减免税收的鼓励政策。随后，相继出台了《新技术产业化投资税金扣除制度》（1974 年）、《科研设备投资税金》（1977 年）、《技术转让收入减免所得税制度》（1979 年）等一系列法规。这些文化科技税收制度的建立，成为刺激文化科技经济发展的重要举措。进入 20 世纪 80 年代，韩国逐步进入以某些高新技术产业为主导产业的阶段，技术密集型经济初见端倪。

为了促进民间企业的技术开发，韩国 1981 年对财税体制实行全面改革，制定了各种新的文化科技税收政策。如出台《技术及人才开发费税金扣除制度》《对先导性技术产品实行特别消费税暂定税率制度》。1982 年为了加强民间研究所的技术开发，实行对试验、研究用样品免征特别消费税和科研用品进口减免关税等措施。[1] 之后，又制定了《新技术金融支援法》《新技术事业金融支援法》等法规，为文化科技产业的融资发展提供了法律依据。20 世纪 90 年代，韩国为了提高国际竞争力，实现"G7 计划"的目标，一方面大幅度增加文化投入，另一方面进一步扩大文化科技税收政策的实施范围，强化完善现行的有关文化科技税收政策，制定《大韩科学园管理法》等法规。金融危机后，韩国大力发展风险投资，先后出台了《风险企业培育特别措施法》《培育文化科技企业特别措施法》《文化科技创新特别法》等法规，为创办高文化科技中小风险企业者提供了更加优惠的条件。[2]

四、创新广州文化金融合作路径

（一）可以综合运用统贷平台、集合授信、众筹等方式，加大对小微文化企业的融资支持

众筹是目前非常适合文创企业融资的方法，所谓"艺术品众筹"项目，

---

① 邹大挺等：《韩国的文化税收政策和发展趋势》，《中国文化产业》，1999 年第 4 期。
② 金贞花：《韩国政府发展高新技术产业的支援政策及其对我国的启示》，延边大学 2002 年硕士学位论文，第 40~41 页。

其实是将份额化的艺术品通过网络平台进行销售，电商取代了"文交所"试图建立的实体交易平台，个人投资者直接参与到艺术项目中，分享利润和共担风险。文创产品和消费者息息相关，其服务与产品通过互联网展现能够获得支持者关注而扩大影响。文创企业产品可以通过众筹，先期得到市场的检验，一旦得到认同可以迅速扩大渠道商、终端卖场的关注，短期内完成其他企业需要几年的建设。众筹投资者很灵活，众筹项目能否获得资金也不再是产品的价值，只要是投资者喜欢的项目都有可能通过众筹方式获得资金。

（二）鼓励金融业深度参与文化企业，加快文化产业资本向金融资本方向的拓展，从而体现文化金融合作的双向性

在新的经济范式下，让各类型的文化企业能融资、融到资、用好钱。借鉴 2013 年交通银行常州分行通过"六专二优"经营模式，实现对各类文化企业的资金扶持。"二优"：一是执行优惠的利率，对参与"文创贷"的企业在个人信用担保的前提下执行基准利率上浮 15% 的优惠利率；二是提供优质服务，针对不同规模的文化企业提供个性化的金融服务方案。

（三）市文化局与相关金融机构签订合作协议，强化多层次资本市场建设，多渠道拓宽广州文化产业融资渠道

岭南文化产业内涵丰富、种类多样，应根据其多样化资金需求，发挥多层次资本市场的作用。引导广州市大型文化企业更多地采取债券融资，支持符合条件的文化企业在境内外资本市场上市融资，同时建立文化企业上市培育储备和推荐机制。鼓励有实力的区域文化企业以资本为纽带，实行跨地区、跨行业、跨所有制、跨媒体兼并重组，形成一批有影响、有品牌、有竞争力的文化企业集团。通过文化部门与金融机构建立全面战略合作关系，共同推动全市文化产业快速发展。在做好文化产业间接融资的基础上，就做好文化企业上市、再融资和并购重组等工作做出部署，推动支持符合条件的文化企业通过发行股票、企业债券等方式扩大直接融资。让金融机构腾挪更多的信贷资源扶持大批小微文化企业，形成科学合理的文化产业投融资梯次结构。

（四）鼓励金融机构开发演出院线、动漫游戏、艺术品互联网交易等支付结算系统，鼓励第三方支付机构发挥贴近市场、支付便利的优势

提升文化消费便利水平，完善演艺娱乐、文化旅游、艺术品交易等行业的银行卡刷卡消费环境。在实体经济出现下滑时，互联网金融模式所拥有的明显的"鲶鱼效应"将会为文化经济发展带来新的机遇与希望。日渐兴旺的电子商务通过互联网金融创新，使第三方支付、金融和小微文化企业对等的在线贷款成为可能。

（五）探索开展艺术品、工艺品资产托管，鼓励发展文化消费信贷，鼓励文化类电子商务平台与互联网金融相结合，促进文化领域的信息消费

文化科技创新要以需求为导向，应用为驱动，市场为牵引，结合文化科技发展的特点，注重对文化各重点领域、重大科技需求的分析凝炼，结合实际应用，开展技术创新，真正解决文化发展遇到的实际技术难点问题，实现科技创新与文化发展的有机融合。

五、推进机制的创新与政策建议

（一）创新广州文化金融合作新机制

1. 推进广州部门联动机制与成立广州文化银行（艺术银行）
广州市在文化与金融合作方面，需要进一步完善部门联动机制。在指导思想上，实现"三个跳出"："跳出文化抓文化"——围绕区域和产业持续快速发展的需求配置创新资源；"跳出区域抓文化"——面向全球集聚和配置创新资源；"跳出部门抓文化"——联合市直综合部门、产业部门共同配置创新资源。在具体机制上，推动"三台一会"（即工作平台、融资平台、担保平台和文化型小微文化企业信用促进会）工作模式，市文化局与国家开发银行可以商量共同签署《广州市文化资源开发与金融合作协议》。联合市直综合部门、产业部门共同配置创新资源。

　　广州市未来文化金融合作的发展，金融机构一方面可以创建文化金融特色支行、文化金融互联网银行或在传统商业银行中设立文化金融合作部；另一方面独资或与香港金融机构合作创新建立文化合作银行（或称艺术银行），也可以与大的文化企业入股成立文化银行，还可以考虑建立与邮政储蓄银行的合作关系，因为邮政储蓄银行遍及广大社会地区，网络分布广，与其签署合作协议，可带动地方文化部门、特色文化、文化园区，特别是地方小微文化企业的贷款。

2. 积极防范艺术品交易风险与完善文化金融合作服务机制

　　广州要打造和全国不一样的"文交所"，从文化产业源头做文化产业交易，产权、版权、技术、信息等要素市场是文化市场发育的重点。建立完善的文化金融合作服务机制和会商机制，有利于加快实现文化企业、科研机构、中介机构和金融机构之间的信息"孤岛"联通，它是完善文化与科技企业现代企业制度建设、信用体系建设和信息共享体系等文化金融合作环境建设的必然选择。为了更好地促进文化金融合作的有机结合，文化部门应以建设公共服务平台（博物馆、图书馆、文化馆）为重点，充分发挥自身的信息资源优势，通过搭建信息网络平台，建立起政府资源与市场运作结合的文化金融合作服务体制。在政府的支持和引导下，汇集文化和资本的力量，通过建立企业信息库、金融机构信息库、金融专业库等，实现全方位的金融、文化信息资源共享。

3. 探索广州担保评估和版权保护新机制

　　制定《广州市促进文化产业风险投资发展若干规定》。探索个人资产抵质押等对外担保的模式；建议广州商业银行弱化财务报表分析，侧重对企业现金流和团队非财务信息的考察。整合文化银行、"文交所"、小贷公司、文创基金、保险、担保、信托等金融机构，形成相对完整的文化产业金融服务链。在这条服务链上，"文交所"等机构通过开展版权登记和评估，建立起价值评估体系；同时完善小微文化企业的信用体系，文化企业信用评价体系，可以通过收集企业以往的诚信状况，结合信用记录，会同外部评审机构共同建立。进一步扩大保护范围，完善知识产权法律制度，如文化创意、电子出版物、电子穿带产品、视觉艺术、互联网知识产权等新兴领域加强立法保护，同时完善知识产权评估、保险、交易等法律制度。

（二）广州市文化金融合作政策措施建议

1. 构建文化金融合作示范区

构建广州市文化金融合作示范区，完善文化金融试点合作机制。探索在广州南沙新区、天河区、大学城创建文化金融合作实验区，探索建立政府、文化、金融等多部门沟通协作机制，通过创新资金投入方式，引导和促进金融机构创新金融产品和服务模式，搭建文化金融服务平台，集中优质资源先行先试，在实验区内实行包括资金、土地、财税、复合型人才在内的文化金融政策，推动文化融资担保、文化融资租赁、文化小额贷款、文件投资基金、文化信托、文化保险等集聚发展，并在文化金融合作区的实践基础上，鼓励有条件的区（县）建立世界文化金融集聚区，探索文化金融模式创新。

2. 构建广州文化产业风险投资体系

（1）设立广州文化创投风险基金。每年从市文化发展资金中安排 1.2 亿元，连续 5 年，每年筛选 10 个符合条件的创投基金，对每个创投基金投入 1200 万元，通过对成功在境内外上市、挂牌、发债的广州市小微文化企业给予一定资金奖励，加大对文化企业贷款贴息的支持力度，直接降低文化企业的融资成本，加大文化企业融资担保风险的分担比例，借鉴上海做法，制定《广州市商业性融资担保机构担保代偿损失风险补偿办法》，提高补偿比例 60% ~ 70%。

（2）完善文化产业税收优惠政策。目前广州企业所得税优惠措施重产品和企业，轻研究开发过程；从增值税来看，目前实行的生产型的增值税不利于鼓励投资。接受风险投资的企业通常是高科技企业、文化企业，其产品附加值高，销售收入也较高，但由于它消耗的原料较少，而且由于技术转让费不能抵扣，所以风险企业增值税的进项税额就低，因而事实上承受了比一般企业更高的增值税负担。从个人所得税来看，没有年度抵扣制度，不利于发挥风险资金提供者的积极性，对文化企业的投资者又没有所得税方面的优惠。

3. 探索文化产业投融资担保体系

（1）充分发挥金融担保对文化信贷的撬动作用。通过担保公司适应中小企业融资特点的产品创新，使投入"轻资产"文化型小微企业的贷款行为符合银行法规对风险控制的要求；通过"期权担保"产品运营，使文化银行可以共享文化型企业高速成长带来的收益。加强对创新担保公司的考核，不断提高文化类贷款担保业务占全部业务量的比重。通过财政投资或补贴的方式，发起或引导建立不以盈利为主要目的、专门从事文化型企业贷款担保业务的文化担保基金。支持市级以上开发区和文化园建立为文化型小微企业服务的担保公司或担保基金，并通过补充资本金、担保补贴、风险补偿等方式进一步提高其担保能力。鼓励各类担保公司为文化型中小企业融资提供服务，逐步提高其对文化型中小企业的担保能力。鼓励各商业银行在风险可控和国家规定的范围内增加对担保公司或担保基金的授信。

（2）拓宽担保机构资金来源渠道。可以尝试在信用担保体系中引进私募股权基金（PE）和风险投资（VC），尤其是私募股权基金已经成为民间资本对接新兴产业和实体经济的有效投资融资渠道。如果能够打通PE和VC投资信用担保体系的渠道，并且建立健全退出机制，这样将为民间资本在信用担保领域营造广阔的市场空间。

（3）应用创新性金融工具分散担保风险。小微文化企业在文化成果转化过程中失败率很高，因此开发面临的风险比较大。这样的高风险与银行追求稳健的风险偏好不相符，需要担保机构来分担这部分风险。相对于有形资产，文化企业的知识产权、专利权以及股权等无形资产更具价值性。如果建立健全以这些无形资产为标的产权交易市场，就可以通过无形资产的自由流通来分散和化解担保机构的风险。

（4）建立小微文化企业信用档案库。担保机构如实向协作银行披露信息，银行严格审查，共同加强风险控制，实行风险共担。建立起文化型小微企业的信用档案库。信息档案库可由当地人民银行牵头，会同工商、税务、财政、社保等职能部门共同组建，组成统一的小微文化企业信息汇总平台，并建立专门的小微文化企业信息发布机制，定期发布文化型小微企业运行信息、融资信息、提高信用担保额度、扩大担保商品范围和放宽担保要求等措施，为担保机构向有发展潜力的文化型小微企业提供担保。

4. 构建文化产业金融合作服务体系

（1）打通申办绿色通道。制定明晰的文化金融合作服务申办流程。公开文化创新创业企业申办各类金融服务的条件、类型、内容和承办的机构、地址、联系人和方式等具体信息，让各类文化创新企业在第一时间就获得申办金融服务的工作流程图、卡等相关资料。公布各项文化金融合作服务和政策扶持的工作流程，有组织、有计划地扶持战略性新兴产业类的文化创新创业类企业加快发展。

（2）建立文化金融合作服务对象的跟踪服务机制。确立文化金融合作创新服务提供的主体和工作职责，确保企业在所有环节都能找到对应的负责部门和机构，以健全企业（个人）信用服务、股权登记托管服务和知识产权登记评估服务。凡经申请符合条件的文化创新创业企业，各相关金融服务机构都要全程做好跟踪服务，相关部门要切实加强文化金融合作服务的组织和协调工作。

（3）完善文化金融合作中介服务机构体系。建设广州文化金融服务中心（中心要整合文化银行、文交所、小贷公司、文创基金、保险、担保、信托等金融机构，形成相对完整的文化产业金融服务链），服务于文化企业和金融机构，促进文化与金融对接，扶持骨干文化企业和小微文化企业，搭建文化金融中介服务平台，落实普惠金融理念。中介服务机构专门为文化创新型企业提供包括信息、咨询、评估、市场分析、交易代理、信用评估、资本市场服务等相关的基础性服务，以多层次、多形式、多渠道的金融服务满足不同层次和不同阶段的文化创新型企业对金融服务的需要。

5. 大力培养引进文化金融复合型人才

增加财政投入，加大与人才培训机构合作，对经国家认可的文化创意人才和培训机构提供相应的财政支持，努力造就一批文化与金融合作服务复合型人才。落实到实践中，就是既要依托高等院校、科研院所和重点园区，集成培养擅长跨行业资本运作、懂得现代营销的金融领域的领军型人才，又要坚持"不求所有、但求所用"的柔性引进原则，把各类高级文化管理人才汇集于文化企业；加强各商业银行专业化文化信贷队伍建设，培养一批既熟悉文化创新又懂信贷管理和服务的人才。大力引进各类金融机构和人才，特别是文化评估、文化产权交易、文化经纪人、股权投资领域的专业人才和管理人才，着力壮大各类股权投资基金规模和投资管理队伍。借鉴国际金融法律服务的成功经验。打造专业化、规模化的金融法律服务团队，提升金融法律服务的层次。

本章参考文献

[1] 胡惠林：《文化产业概论》，云南大学出版社，2004 年。

[2] 何敏等：《文化产业政策激励与法治保障》，法律出版社，2011 年。

[3] [美] 约瑟夫·熊彼特：《经济发展理论》，商务印书馆，1990 年。

[4] 熊澄宇：《文化产业研究战略与对策》，清华大学出版社，2006 年。

[5] 赵昌文、陈春发、唐英凯：《文化金融合作》，科学出版社，2009 年。

[6] 顾江：《文化产业经济学》，南京大学出版社，2007 年。

[7] 傅才武：《当代中国文化产业发展的理论与实践研究》，湖北人民出版社，2008 年。

[8] 支大林：《区域金融理论与实证研究》，商务印书馆，2008 年。

[9] 王澄清：《金融创新论》，经济科学出版社，2003 年。

[10] 张兴胜：《经济转型与金融支持》，社会科学文献出版社，2002 年。

[11] 杨刚：《文化与金融相结合的机制与对策研究》，博士学位论文，吉林大学，2006 年。

[12] 迟宪良：《中小企业融资困境与对策研究》，博士学位论文，吉林大学，2007 年。

[13] 叶景图：《广东省文化金融合作工作》，《广东科技》，2009 年第 11 期。

（张军）

第八章

广州市文商旅融合发展研究

文化产业是继科技革命之后，世界各国竞相投入的新领域。文化产业在拉动经济发展、带动社会就业等方面的重要性日益提高。2000年以来，全世界文化经济每天创造220亿美元，并以5%的速度递增[1]。一股巨大的文化经济浪潮正席卷世界各地。可以说，文化与其他经济形态的融合，已经深深植入世界各国的经济环境中，成为普遍存在和被认可的智慧资产，构成一国经济增长不可或缺的巨大助推力。

"文化产业"的观念启蒙于法兰克福学派的阿多诺和霍克海默，其早期的研究集中关注于大众社会分析而非文化产业主题，认为大量生产之文化产品为次级品，缺乏原有文化艺术的氛围，并提出"二元文化"论[2]。阿多诺为代表的法兰克福学派对"文化工业"提出了严厉的批判，认为工业化的大众文化受制于现代技术媒介及娱乐商业特性，变得标准化和规格化，对高级文化造成威胁。法兰克福学派是典型的精英论者，他们认为文化的工业化破坏了文化的真实性而陷入庸俗化和低俗化，他们认为只有少数精英分子可以对文化具有真实的品位。与此相对立，本杰明认为技术的发展使得艺术作品可以无限量复制，使得文化失去了单一存在的独特性，并由此从神圣性中释放出来[3]。丹尼尔认为在后现代消费思潮的影响下，文化赋予社会经济新的含义，不仅要为上等社会阶层提供文化设施，也应重视社会中层及底层的文化需求，并提出"大众文化"的概念，认为"大众文化"可以让中下阶层与上层阶层共享一套文化意义与符号象征[4]。在两种截然不同的文化观念下，新时期的西方文化体制在精英文化与大众文化之间的发展构建起明显的区分，并建立起新的、不同类别及品味的文化阶层[5]。地方政府所追求的文化策略与城市发展及城市中产阶级的形成有着密切关系，社会的精英阶层总是以文化策

126

略为工具界定其本身作为社会主导阶层的角色，并与下层社会构建社会距离，当时的西方社会的文化消费表现出非常明显的双重模式，一为高级艺术文化的消费，二为大众传播（电视、广播和电影等媒介）的家庭消费[6]。

文化的商品化和消费属性被认为是地方政府推动相关文化创意产业的重要原因。吉姆认为文化商品指那些消费商品销售之概念、符号及生活模式、他们借由个别或集体创造模式，并辅以生产机制及智慧版权加值而成[7]。凯文提出城市空间在文化商品化的过程中被重塑为商品化的消费空间，世界各地的城市开始围绕品质和文化消费，重视展现地方独特特质，以带动都市的旅游经济[8]。随着全球化经济竞争体制与分工体系的建立，文化已成为所有社会阶层所共享的资产，它已随着全球文化旅游流动趋势及后现代文化消费思潮的蔓延，成为大众共享的文化，也成为地方活化的象征经济。地方性与异质性是文化产业进入后现代消费社会的主要趋势，主要特征为流行美学形式、意向符号消费形式及地方独特性的强化[9]。在此背景下，如何表征在地性、特色和文化，借由空间情景的塑造，强化消费者对空间与产品的体验，将在地文化符号借由意向营销、地方联盟营销与文化活动导入等机制注入，强化为城市营销和旅游政策的重要考量[10]。2000 年以后，文化产业日益成为国内学者研究的热门话题。张曾芳揭示了文化物化形态由产品、商品直至产业的内在逻辑过程，剖析了当代文化产业运作中的双重价值规律[11]。毛蕴诗通过分析行业边界模糊理论，阐述了以文化产业转换经营机制为基础，借助信息技术等高科技产业推动文化产业发展的方法[12]。旅游业与文化产业的融合也引起了国内学者的重视[13]，尤其在佛山[14]、深圳[15]等珠三角地区的实证研究中得到了检验。

广州市是全国历史文化名城，也是中国改革开放的前沿阵地，近年来各类文化产业园区和集聚区蓬勃发展，是广东省乃至全国文化产业发展较快的城市之一。但是，由于缺乏政府的宏观政策调控和发展规划，广州市文化产业园区的发展并没有得到政府的重视，落后于北京、上海、深圳等一线城市。目前，广州市文化产业园区的发展还处于发展的初期，发展模式和经验缺乏有效总结，严重制约了文化产业园区和集聚区的做大做强。因此，如何有效融合文化产业园区的文化、消费与旅游的关系，提升文化产业集聚区的品牌效应和经济互动能力，政府应如何从政策层面推动广州文化产业园区（集聚区）的多元经济整合，是推进广州市文化产业持续快速发展的一个重要议题。

一、广州市文化产业园区（集聚区）文商旅融合现状分析

（一）广州市文商旅融合发展集聚区分布

对目前广州市已有的 113 个文化产业园区（集聚区）进行研究，根据这些产业园区在文商旅融合的现状及发展潜力的判断上，选取了 68 家适合以文商旅融合发展的文化产业园区（集聚区），如表 8 - 1 所示：

表 8 - 1　　广州市文商旅融合发展文化产业园区（集聚区）调查结果

分类	序号	名称	调查结果
海珠区	1	花城往事旅游文化创意园	×
	2	太古仓	○
	3	广州轻工双鱼体育时尚创意园（双鱼港）	×
	4	珠江琶醍啤酒文化创意艺术区	○
	5	广州琶洲国际会展中心	○
	6	保利世界贸易中心	○
	7	广东现代广告创意中心	×
	8	珠影影视文化创意产业园	○
	9	联星文化星城	×
	10	ING 文化产业园	×
	11	广州 T. I. T 国际服装创意园	○
	12	广州市包装印刷文化创意产业园（广印创意园）	×
	13	小洲艺术村	○
	14	广州国际轻纺城	×
	15	海珠创意创业园	×
	16	黄埔古港	○
天河区	17	红线女艺术中心	○
	18	红专厂	○
	19	富林796 精英木材家具设计创意产业园	×
	20	广东中凯文化传媒有限公司	×
	21	广东省国家数字出版基地	×
	22	南方广播影视创意基地	×

续表

分类	序号	名称	调查结果
天河区	23	天河创意港	×
	24	天河国家网游动漫基地（天河软件园）	×
	25	广纺联创意产业园	×
	26	羊城创意产业园	×
	27	东方文德广场	○
	28	南方传媒文化创意产业园/289艺术园区	○
	29	文化星城—广东文化（创意）产业园	×
	30	广州229国际服装创意园	×
	31	海印缤服装设计园区（广州海印缤缤广场）	×
	32	宜家	○
	33	太古汇	○
	34	正佳广场	○
番禺区	35	中国金夫人集团华南总部摄影创意产业园	×
	36	广州长隆旅游度假区	○
	37	淘商城电子创意产业园	×
	38	广州友利创意产业园	○
	39	花城创意产业园	○
	40	海伦堡创意园	×
	41	天安节能科技园	×
	42	星力动漫游戏产业园	×
	43	广州巨大设计创意产业基地	○
	44	中颐创业产业园（Moca创意城）	×
荔湾区	45	聚龙村	
	46	芳村文化创意园	×
	47	922宏信创业园	○
	48	IDC创新科技园	×
	49	广州五行科技创业园	×
	50	广州信义国际会馆	○
	51	1850创意园	○

分类	序号	名称	调查结果
荔湾区	52	沙面	○
	53	上下九	○
越秀区	54	北京路	○
增城区	55	新塘国际牛仔城	○
南沙区	56	南沙影视城	×
黄埔区	57	广州国际玩具礼品城	○
	58	长洲国际艺术堡创意产业园	○
	59	黄埔国家网游动漫产业基地（广州国际玩具礼品城内）	×
	60	南方文化艺术创作基地	×
	61	广州开发区工业设计产业（广州）示范基地	×
白云区	62	广州一统国际酒文化产业园	○
	63	中海联 8 立方创意产业园	○
	64	国际单位文化综合体	○
	65	广东音像城	×
	66	白云创意创业产业园	○
	67	白云科技创意园	×
从化区	68	广州从化动漫产业园	○

注：标"○"确定为文商旅融合，标"×"则不是。

据实地考察结果显示，广州现有大约 33 个文商旅融合产业园区。其中，海珠区 8 家、番禺区 4 家、天河区 7 家、荔湾区 5 家、白云区 4 家、越秀区 1 家、黄埔区 2 家、从化区和增城区各 1 家。其类型不甚相同，据初步统计广州市 33 个文商旅产业园区中，文化艺术服务类园区 1 个，文化休闲娱乐服务类园区 14 个，文化用品的生产类园区 3 个，文化专用设备的生产园区 0 个，文化用品生产的辅助生产类园区 2 个，广播电视服务类 1 个，文化专用设备的生产园区 0 个，工艺美术品的生产类园区 1 个，文化创意和设计服务类 11 个。

从以上数据可以看出，广州市文商旅融合产业园区主要集中于文化休闲娱乐类，其次为文化创意和设计类。这不仅体现了广东地区"敢为人先"的创新意识，还表明物质层面得到极大满足之后，人们对于精神文化的迫切需求。而其他各类文商旅园区数量较少，也说明广州市文商旅融合发展模式较为单一，这是目前的短板。

（二）基于空间消费体验的文商旅融合的市场人群特征

本次研究选取红专厂为例。

问卷调查的结果如表 8 - 2 所示，年龄在 15 ~ 34 岁的到访游客占据了样本的 95.9%，而笔者在实地调研中也发现，来访的游客中年轻人结伴前来居多。这与调查中显示的游客群体中 64.2% 为学生及 54.1% 的游客月收入是 800 元以下的基本信息是相对吻合的。

表 8 - 2　　　　　　　　　　调查样本的群体特征

		百分比（%）	当前居住地	百分比（%）
性别	男	40.3	荔湾区	1.5
	女	59.7	越秀区	3.8
年龄	14 岁以下	0.6	海珠区	8.8
	15 ~ 24 岁	73.8	天河区	40.2
	25 ~ 34 岁	22.1	白云区	9.4
	35 ~ 44 岁	2.3	黄埔区	1.3
	45 ~ 54 岁	0.6	番禺区	14.4
	55 ~ 64 岁	0.2	花都区	1.7
	65 岁以上	0.4	南沙区	0.4
学历	初中及以下	2.5	萝岗区	0.2
	高中/高职	4.2	增城区	2.7
	大专/本科	9.8	从化市	0.8
	硕士研究生	82.7	广东省内广州市外广东省外	10.4
	博士研究生及以上	0.8		4.2
月收入	800 元以下	54.1		
	801 ~ 2000 元	9.4		
	4001 ~ 6000 元	16.6	9.2	
	6001 ~ 8000 元	3.5		
	8001 ~ 10000 元	4.1		
	10000 元以上			

红专厂管理人员在接受访谈时表示，红专厂在规划设计上是依据国际潮流发展的趋势，主要根据艺术和设计的发展和进步，无意于迎合某个年龄段的群体喜好，但根据他们的市场调研和平时的观察，红专厂确实对年轻人和

艺术家有较大的吸引力，在当前追求"文艺"的年轻群体中的知名度比较高。广州有非常多高校，绝大部分的到访年轻人是来自高校的学生群体也是符合客观事实的。

到访游客当中54.2%的人当前居住在天河区，这与红专厂坐落于天河区有关，有14.4%居住于番禺区，仅有4.2%的游客居住在省外，10.4%的人则是从广州市外来旅游的。这显示了红专厂在打造自身形象和宣传力度上仍需进一步加强。

以上信息表明，红专厂作为一个免费开放又具有历史、文艺气息的文化创意园区，对年轻游客群体有较大的吸引力，尤其是大学生群体。

（三）文化产业园（集聚区）的文化、商业与旅游的互动关系

因本次调查所使用的问卷有较好的结构效度（KMO系数为0.792 > 0.5，Sig为0.000 < 0.05）满足进行因子分析的条件。在SPSS17.0中将红专厂地方感量表的29个变量进行主成分提取并进行具有Kaiser标准化的正交旋转法进行旋转分析，旋转在5次迭代后收敛如表8-3所示，将存在较为明显共同点的变量收敛为同一主成分，剔除了无法取得最佳收敛的7个变量后，其余的22个变量最终可提取为4个主成分，即这4个主成分将代替设计的22个变量来阐明红专厂游客的地方感。

第一主成分包括了7个变量："让我很愉快""让我很放松""红专厂是我喜欢的地方""给我留下深刻的印象我会怀念它""红专厂能让我感到轻松与愉快""红专厂能让我感到充实""参观红专厂让我收获知识"，而这7个变量侧重游客在红专厂游览所得到的精神上的收获，在一定程度上都体现了游客对红专厂的依恋，因此将这些变量提取为同一维度：旅游体验。

第二主成分包括了6个变量："红专厂保留的厂房机器和道路增加了它的魅力""红专厂作为罐头厂的历史背景增加了它的魅力""红专厂的工作室增加了它的魅力""红专厂里的年轻创业者增加了它的魅力""红专厂里的艺术家及专业人士增加了它的魅力"，这5个变量阐述的是红专厂作为罐头厂的独特历史背景、保留的厂房机器和道路以及入驻的工作室、年轻创业者、艺术家和专业人士等历史人文环境要素给游客地方感形成的影响，因此将这些变量提取为第二个维度：文化氛围。

第三主成分包括了4个变量："红专厂里的咖啡店增加了它的魅力"

"红专厂里的商店增加了它的魅力""红专厂里的餐饮增加了它的魅力""红专厂里的书店增加了它的魅力",这4个变量描述的是红专厂里因地制宜发展起来的各种类型和特色的商业单位,因此将这些变量提取为第三个维度:商业环境。

第四主成分包括了3个变量:"反映我的社会地位""反映我的品味""反映了我是什么的人",这些变量在一定程度上体现了红专厂在游客心目中所得到的认同,因此将这些变量提取为第四个维度:地方认同。

表 8-3　　　　　　　　游客地方感构成因素的主成分分析[a]

	成分					
	1	2	3	4	5	
让我很愉快	0.820	0.085	0.105	0.128	-0.115	旅游体验
让我很放松	0.863	0.064	0.113	0.057	-0.051	
红专厂是我喜欢的地方	0.784	0.160	0.047	0.079	0.101	
给我留下深刻的印象我会怀念它	0.679	0.198	-0.039	0.127	0.321	
参观红专厂让我收获知识	0.398	0.306	0.154	0.061	0.143	
红专厂能让我感到轻松与愉快	0.575	0.319	0.200	0.062	0.145	
红专厂能让我感到充实	0.556	0.154	0.265	0.059	0.295	
红专厂保留的厂房机器和道路增加了它的魅力	0.171	0.633	-0.050	-0.076	0.261	文化氛围
红专厂作为罐头厂的历史背景增加了它的魅力	0.041	0.692	0.097	-0.007	0.329	
红专厂的工作室增加了它的魅力	0.068	0.737	0.208	0.030	0.012	
红专厂里的年轻创业者增加了它的魅力	0.250	0.706	0.182	0.075	-0.082	
红专厂里的艺术家及专业人士增加了它的魅力	0.204	0.719	0.251	0.122	-0.137	
红专厂里举办的艺术展览增加了它的魅力	0.196	0.620	0.255	0.113	-0.177	
红专厂里的咖啡店增加了它的魅力	0.132	0.251	0.745	0.124	-0.065	商业环境
红专厂里的书店增加了它的魅力	0.296	0.271	0.645	0.042	-0.191	

续表

因子	成分					
	1	2	3	4	5	
红专厂里的餐饮增加了它的魅力	0.116	0.138	0.780	0.019	0.215	
红专厂里的商店增加了它的魅力	0.039	0.130	0.721	0.089	0.215	
反映我的品味	0.130	0.094	0.011	0.790	0.135	地方认同
反映我的社会地位	0.054	-0.014	0.086	0.803	0.130	
反映了我是什么的人	0.143	0.068	0.112	0.776	0.058	

提取方法：主成分。
旋转法：具有 Kaiser 标准化的正交旋转法。

a. 旋转在 5 次迭代后收敛。

　　问卷针对红专厂的地方感特征描述给出了非常不赞同、不赞同、不确定、赞同和非常赞同五种程度让游客进行打分，其中 1 分代表非常不赞同，2 分代表不赞同，3 分代表不确定，4 分代表赞同，5 分代表非常赞同。问卷调查显示结果如表 8 - 4 所示：

表 8 - 4　　　　　　　　　　不同人群间的地方感差异

因子	男性	女性	年轻人	中老年人	样本平均
因子 1：旅游体验					
让我很愉快	3.99	4.12	4.06	4.39	4.07
让我很放松	4.11	4.18	4.14	4.28	4.15
红专厂是我喜欢的地方	3.83	3.94	3.89	4.00	3.90
给我留下深刻的印象我会怀念它	3.75	3.88	3.82	3.94	3.83
参观红专厂让我收获知识	3.74	3.73	3.73	3.72	3.73
红专厂能让我感到轻松与愉快	4.02	4.09	4.06	4.17	4.07
红专厂能让我感到充实	3.64	3.74	3.72	3.33	3.70
因子 1 各项变量得分均值	3.87	3.95	3.92	3.98	3.92
因子 2：文化氛围					
红专厂保留的厂房机器和道路增加了它的魅力	4.02	4.08	4.06	4.06	4.06
红专厂作为罐头厂的历史背景增加了它的魅力	3.82	3.97	3.92	3.56	3.91

因子	男性	女性	年轻人	中老年人	样本平均
红专厂的工作室增加了它的魅力	3.86	3.99	3.93	4.12	3.94
红专厂里的年轻创业者增加了它的魅力	3.95	4.07	4.02	4.06	4.03
红专厂里的艺术家及专业人士增加了它的魅力	4.03	4.13	4.09	4.17	4.09
红专厂里举办的艺术展览增加了它的魅力	4.01	4.16	4.10	4.06	4.10
因子2各项变量得分均值	3.95	4.07	4.02	4.00	4.02
因子3：商业环境					
红专厂里的咖啡店增加了它的魅力	3.68	3.90	3.80	4.17	3.81
红专厂里的书店增加了它的魅力	3.81	4.09	3.97	4.11	3.98
红专厂里的餐饮增加了它的魅力	3.33	3.53	3.43	4.00	3.45
红专厂里的商店增加了它的魅力	3.35	3.44	3.41	3.44	3.41
因子3各项变量得分均值	3.55	3.74	3.65	3.93	3.66
因子4：地方认同					
反映我的品味	3.12	3.10	3.10	3.22	3.11
反映我的社会地位	2.73	2.58	2.64	2.66	2.64
反映了我是什么样的人	3.09	3.05	3.06	3.11	3.07
因子4各项变量得分均值	2.98	3.94	2.93	3.00	2.94

　　由表8-4可知，样本均值的绝大部分介于3分到4分，这说明问卷对游客红专厂地方感的描述是比较符合客观实际的。其中，让游客感到赞同及以上的（均值在4分以上）描述共有6个，分别为"让我很放松""让我很愉快""红专厂能让我感到轻松与愉快""红专厂保留的厂房机器和道路增加了它的魅力""红专厂里的年轻创业者增加了它的魅力""红专厂里的艺术家及专业人士增加了它的魅力""红专厂里举办的艺术展览增加了它的魅力"。由此可见，红专厂让游客感到放松、轻松和愉快的功能得到游客的普遍认同，是一个休闲放松的好地方，同时，红专厂保留罐头厂时期的厂房机器和道路、活动在其中的年轻创业者、艺术家及专业人士、举办的艺术展览等构成红专厂历史人文环境的各要素也使得红专厂更具魅力。此外，仅有两个描述得分低于3分："做自己喜欢的事情没有其他地方能与红专厂相比""反映了我的社会地位"，这表明了游客对红专厂并没有喜爱到"非它莫属"的地步，从客观方面看，自2008年以来，在广州这个社会经济文化水平较

高的城市诞生了很多创意产业园区，红专厂正是其中之一，虽独具特色但也有与之功能接近或类似的其他地方可供游客选择。同时，将红专厂与"社会地位"联系在一起并没有得到游客的赞同，一是红专厂并不需要门票，展览与活动均免费开放，进园区并无门槛可言；二是红专厂走的是"亲民"路线，意图在让市民接近艺术与设计，因此红专厂无法反映游客的社会地位。

从整体而言，根据各因子所包含变量的样本均值的平均，影响游客地方感的因子由影响程度大到小排序为：历史人文环境、地方依恋、商业环境、地方依赖、地方认同。

首先，针对红专厂历史人文环境的因子 2 的各项变量样本均值的均值最高，为 4.02。其中，"红专厂里举办的艺术展览增加了它的魅力""红专厂里的艺术家及专业人士增加了它的魅力""红专厂保留的厂房机器和道路增加了它的魅力""红专厂的年轻创业者增加了它的魅力"这 4 个变量样本均值均大于 4，尤其是"红专厂保留的厂房机器和道路增加了它的魅力""红专厂里举办的艺术展览增加了它的魅力"和"红专厂里的艺术家及专业人士增加了它的魅力"不论是男性均值还是女性均值、年轻人均值还是中老年人均值都达到 4 分以上，这无疑说明了红专厂的历史人文环境在游客地方感形成过程中起到了重要的作用。而且，从性别上分析，对这 6 个描述的认同上面女性均高于男性，年轻人在"红专厂作为罐头厂的历史背景增加了它的魅力""红专厂里举办的艺术展览增加了其魅力"的认同度要高于中老年人，笔者推测由于年轻人对旧时罐头厂的好奇之心且多因艺术展览慕名而来而对这两个描述有较高的认同感。从各群体的变量均值来看，均在 4 附近，且女性均值 4.07 高于男性均值 3.95，年轻人均值 4.02 稍高于中老年人的均值 4.00。从整体而言，红专厂的历史人文环境对游客的地方感有较大的影响。

其次，各项变量样本均值排第二的是因子 1，即地方依恋。其中，"让我很愉快""让我很放松"以及"红专厂能让我感到轻松与愉快"的样本均值大于 4，说明这 3 个说法得到游客的普遍认可，尤其是"红专厂能让我感到轻松与愉快"和"让我很放松"这两个变量无论是男性还是女性、年轻人还是中老年人，均值都大于 4，其中"让我很放松"这一描述的样本均值为 4.15，为 22 个变量中的最大值，这说明红专厂是一个能让游客放松的地方。此外，从性别差异上看，男性除了对"红专厂能让我收获知识"这一描述的认同度稍微比女性高 0.01 之外，其余的变量均值全小于女性的均值。对此，笔者认为男性注重理性，所以对红专厂传达出来的知识比较敏感，而女性注重感性，因此在地方依恋这一主要涉及情感依恋的维度上，女性游客的认同度明显高于男性。而从年龄上看，除了"红专厂能让我感到充实"和"参观红专厂让我收获知识"这两个描述之外，其余描述在中老年游客群体中的认同度高于年轻人。对此，笔者认为中老年人较年轻人而言，到访红专厂多数为了放松休闲，而不是为了收获知识和感到充实的目的。因子1的各群体的变量得分均值均靠近4，且女性稍高于男性，中老年人稍高于年轻人，这说明游客普遍对红专厂存在较强的地方依恋，而女性群体和中老年人群体则更强。

再次，商业环境这一因子各变量的样本均值的平均为3.66。无论是咖啡店、书店、餐饮还是商店，女性较男性、中老年较之年轻人都更加认同其为红专厂增加魅力的说法，其中女性游客最认可书店，而中老年人则最认可咖啡店、书店和餐饮。而从这4个变量的样本均值来看，书店和咖啡店是红专厂里最受认可的商业环境要素。从各变量的均值来看，商业环境在中老年人对红专厂的地方感所起的作用较大。因子3的各群体的所有变量得分均值在3.5~4.0，因此商业环境在游客地方感中所起作用较大。

最后，对于地方认同这一维度的3个变量，男性游客和中老年人群体教女性游客和年轻人认为红专厂能反映其品味以及反映其是什么样的人；而不管男性还是女性，年轻人还是中老年人对"（红专厂）反映我的社会地位"这一说法的认同度偏低。从总体上看，各变量均值在3附近波动，游客对红专厂的地方认同并不高。

二、文化产业的文商旅融合模式研究

（一）国外案例研究

1. 巴黎 104 创意艺术中心

（1）简介。巴黎104创意艺术中心坐落于巴黎东北19区的贫困区，是由一处废弃十多年的殡葬馆创新改建而成，历经两年半的建造，耗资一亿欧元，于2008年10月开幕，成为巴黎新的艺术地标，亦成为一个重要的都市社会福利政策，是以艺术带动读书颓废区再发展的重要楷模。早期在 1906年以前，巴黎的殡葬事宜皆由教会安排，之后一直到 1977 年转为由地方政府设立公里殡葬馆负责相关事宜，当时系属于一种社会福利制度，穷人付得少，富人则付得较多，到了 1990 年，殡葬业已转型为私人经营，此时最具历史意义的产业建筑开始濒临荒废的命运。1997 年，巴黎市政府决定重新规划此地，当时的规划政策有两个方案：一为全数拆除再开发，二为保存再利用。基于现任市长当初选举时的竞选政见承诺，决定用第二方案以保存历史资产再利用为基础，将此地建设为巴黎新的现代艺术中心，并以提供就业机会、解决当地年轻人社会问题、复苏地方文化经济及提升当地文化素质为目标。建筑物中央中庭留设为"城市通廊"，提供城市聚民享用，另建筑物内许多中庭平台空间定期开放给社区居民举办活动，并提供为地方居民与艺术家对话之交流平台，此地管辖的上级单位为巴黎市政府文化局及社会局，是一个结合文化与社会政策的社区艺术交流平台。

（2）计划内容。巴黎 104 创意艺术中心面积约 3.9 公顷，主要是提供青年艺术家创作的空间，包含现代艺术、戏剧、时装秀、舞蹈、音乐、电影、美术等多元艺术。提供 20 间艺术家工坊、1 间 200 人的展演厅及 1 间 400 人的展演厅、管理办公室、2 个多功能展演大厅（一为 The Curial Nave，另一个为 The Aubervilliers Hall，两个大厅皆是由新的玻璃桁架棚架式屋顶建造而成，形塑为多功能之开放展演平台）、2 个花园平台、行动咖啡屋、创意商店、书局、儿童屋等。其中 The Aubervilliers Hall 系由艺术家工作坊围塑成的一个艺术感的通廊，面积约 1655 平方米，是一个长约 55 米宽约 33 米的通廊，它除了开放社区居民过往通行外，亦可弹性作为多功能的广场，提供音乐会、艺术表演、时装秀及博览会等各式各样的活动。The Curial Nave 位于巴黎 104 创意艺术中心的中心地带，占地面积约 1170 平方米，它不仅为一个都市通廊空间，亦提供空调设备及多元的艺术活动。另一重大计划儿童屋（House for Children）亦于 2009 年春天开幕，坐落于 Curial Nave 的最后端，是一个采用艺术教育和互动交流方式，提供 0~5 岁儿童听、说、创意交流的学习空间。目前空间内设计两个互动模型区，CENQUATRE 的历史模型区和艺术设计材料区，其目的是以亲子游戏创作的方式，培育小朋友的创作及艺术感。儿童屋计划是把历史重要的社区及社会福利计划，主要由 POLYREY SAS 协会支援及赞助。

（3）开发机营运管理。巴黎 104 创意艺术中心不仅用于举办艺术展览，还可为艺术家提供创作场地，并用于时装秀和电影拍摄等。开馆后，该馆年营运费用将达 1200 万欧元，其中 800 万欧元由巴黎市政府承担。巴黎 104 创意艺术中心系隶属于巴黎市政府，为公交之文化艺术设施是政府采用公开竞争委外经营管理（OT）的方式征选经营团队，取得经营权的单位有两位主顾：分别为罗贝尔·康塔雷拉（Robert Cantarella）和法迪勒·菲斯巴赫（Frederie Fisbach），负责园区内所有事务，包含征选进驻艺术家、艺术平台建置、空间租赁、艺术活动策展、商业营运等工作，另有 100 多位员工，一部分人负责接待、行销及企划，另一部分人员则为负责管理维护工作。

（4）综合评析。巴黎"104 创意艺术中心"不仅是一个闲置空间再利用的典范，成为巴黎新的文化艺术地标，更是一个具有社会福利效益的开发政策，它具体实践了兼具文化教育与艺术涵化的功能。它同时提供艺术家创作与居住的空间，让艺术家居住于艺术中心周边社区中，强化艺术家与社区居民充分的互动学习。另将艺术中心中庭开放作为城市通廊，将艺术中心与城市发展紧密结合，成为其成功的重要因素。综合其重要的发展利基及社会性功能简述如下：

——艺术教育作为城市的社会政策，强化生活艺术再造

巴黎 104 创意艺术中心将原有的殡葬馆闲置空间改造为艺术设施，作为贫民窟经济及社会网络重建的基地，不但提升地方居民的艺术涵养，并提供社区失业民众工作机会，解决当地青少年严重的社会问题。如此的策略将原有提供贫困居民殡葬业之社会福利功能保存，转化为艺术教育涵化的功能，强化了社区生活艺术再造，亦延续及发挥更有效益之社会性功能。

将艺术设施活化开放为城市通廊及展演广场

将艺术中心长型的中庭空间开放作为"城市通廊"，并定期举办各式各样的艺文展演活动，让艺文活动成为社区居民每天走路通过时即可参与的活动，让艺文活动成为居民的生活中心。

——保存原有殡葬馆历史空间的文化意义

艺术中心以原貌保存的方式将原有殡葬馆历史建筑修复再利用，让旧有的生活场景及历史记忆重现，并赋予新的科技材料技术及使用功能，达到历史空间文化意义保存的目标。

——提供在地青年艺术家创作交流的园地

艺术中心的首要目标为培育在地青年艺术家，提供优惠租金征选青年艺术家进驻工坊，并设置 2 个展演厅及 2 个多功能展演广场，让新起之秀能有

他们创意交流及发表的舞台，达到培育青年艺术人才的目标。2009 年新拟提之"温室计划"，其目标即设定主题为培育幼苗艺术家，让培育艺术人才的定位更加明确。

—订定社区艺术回馈制度，深化社会性功能

艺术中心订定完整的园区管理办法及社区回馈制度，规范进驻艺术家每个月必须免费提供 1~2 场的社区艺文活动，不但强化了社区居民对艺文的兴趣及的参与性，更让艺术家更亲近社区，深化了艺术家与社区居民的互动交流。艺术中心设置"儿童屋"，提供 0~5 岁儿童听、说、创意交流的场域，并设置两个互动模型区，一为巴黎 104 创意艺术中心的历史模型区，二为艺术设计材料区，让儿童由玩游戏的方式去启发艺术创造力，达到艺术启蒙的目标。

2. 英国谢菲尔德文化产业园区

（1）园区简介。谢菲尔德文化产业园区（Sheffield Cultural Industry Quarter），起源于 20 世纪 80 年代初期，定位为以"流行音乐"和"媒体"发展为主的文化产业园区。它是英国最重要的培育在地文化产业及青年创作的园区，CIQ 发展计划的执行，目标清楚定位在：振兴市中心经济、改善旧城环境、提供新的就业机会。其文化产业政策主要建构于就业和经济发展部门（Department of Employment and Economic Development），将经济政策的方向调整在年轻人的需求上，传统的工作机会不会再被创造，转而开始强调与文化产业相关的商业机会和训练需求等活动的进行（音乐、录音、电影、录影、空中收音、电视、设计、摄影和表演艺术）。

CIQ 的发展计划除了置入新的音乐机媒体主体文化产业外，亦希望借由其带动城市中相关产业的经济发展。其中一项主要的计划即是把一个谢菲尔德最有名望的维多利亚女王时代的地标转变成为在城市文化产业园区中心地带的新豪华住宅、办公室及零售商店。在 Arundel 街道上，1835 年的一家老工厂则被修复建造为一个在城市的音乐产业的中心，另在历史建筑的保存维护策略上，许多历史建筑被赋予新的意义及使用功能；如在 1835 年的 Arundel 街建造工厂建筑（Butcher Works），带动了谢菲尔德当地建筑师的竞争，为此旧建筑注入新的使用功能，成为城市中心重要的地产公司。其他如具有维多利亚自然风貌的红砖大厦，具有极高的历史遗产价值，将其许多原有的历史特质元素设计保存在新的使用功能上，改造成为园区内最豪华的公寓住宅，部分则改造成为办公室及零售商店，赋予谢菲尔德文化产业园区新的生命力。

（2）开发内容。CIQ 主要的土地使用内容为国家流行音乐中心（The National Center for Popular Music）、展示陈列室（Showroom）、文化产业工作站（Workstation）、谢菲尔德科学园区（Sheffield Science Park）、约克夏艺术中心（Yorkshire Artspace Society）、谢菲尔德独立电影制片厂（Sheffield Independent Film）、美术馆等，及周边相关的住宅、办公室及零售商店等。The Workstation 是一个文化产业工作站，由一栋 20 世纪 30 年代的 Kennings 车库建筑修复改建，自 1993 年开放以来，工作站已经成长成为英国最成功的文化产业中心，主体进驻企业为精致的创意、数位及媒体公司。谢菲尔德科学园区（Sheffield Science Park）是一个具有国际水准的企业孵育器，提供数位技术提升、电子商务、软件和多媒体部门服务，及提供南约克夏郡之商业及相关企业咨询服务。国家流行音乐中心则是一个发展当代音乐和文化的博物馆，主要由国家乐透基金赞助于开发建设，主要提供年轻人音乐创作与交流的场地。创意交流中心（Creative Exchange）系提供创意企业及艺术家共同交流的园地，它成立南约克夏创新基金（South Yorkshire's Innovation Fund），负责支援创意企业部门，并强化第三部门、自愿团体、社区组织、创意及数位媒体产业之间的媒体及结联工作。谢菲尔德独立电影制片厂主要提供独立电影制片工作者、艺术家工作的场域，它提供工作室及完备的音响、照明及演播空间，让创作者能在此自由发挥并获得相关的支援服务。

（3）土地政策及经营推动模式。1998 年，CIQ 已成为世界知名的文化产业专区，成为以文化产业开发带动地方经济再生的典范，并成为英国最具领导地位的文化创意及媒体生产中心。CIQ 机构在 1999 年由谢菲尔德市议会、谢菲尔德哈勒姆大学及已在园区内建置的一些地方创意艺术公司共同扶植成立，专责整体园区的营运管理工作。这些在整体园区的发展上占有极其重要的推动角色，它们包含谢菲尔德独立电影制片厂（Sheffield Independent Film）、谢菲尔德媒体和展示中心（Sheffield Media and Exhibition Centre Ltd）、谢菲尔德的科技园区（Sheffield Science Park Ltd）、约克夏艺术中心（Yorkshire Artspace Society）、音乐遗产公司（Music Heritage Ltd）、谢菲尔德现场艺术基金（Sheffield Live Arts Trust Ltd）、商业和文化演艺公司（Action for Business and Culture Ltd）、空间画廊（Site Gallery Ltd，Media Art，Photography）等。它们和市议会及 CIQ 机构共同致力于 CIQ 的愿景及发展策略及"CIQ2000 年行动方案"，成为 CIQ 发展的重要推动者。

谢菲尔德文化产业园区是英国南约克郡最著名的都市再生成功的案例，可以作为 21 世纪都市革新及复苏的典范。其主要发展政策是协助特定部门发展及连接区域资源，扶植 CIQ 新兴企业的成功发展。其次提供想要进入 CIQ 的中小型企业的市场（Market-aware）发展计划，以扩张活动、发展城市内可能的合作与合伙关系，并与其他机构共同提供适当的基金、商业支援和咨询服务，以及提供文化产业策略性的商业发展支援，包括非正式咨询、管理工作空间改善整体计划与关键代理机构，以最大化国家新成长经济部门的商业发展机会，确保区内发展机能的平衡，包括生产部门、教育和训练、文化主题活动、集合空间、观光、零售、环境改善和规划议题等，以达到基盘设施建设和经济扩张、地方感觉提升的目的，并丰富一个多元城市。

地方艺术家是 CIQ 重要的发起者，他们串联合作，并与市议会合作共同推动，到了 20 世纪 80 年代中期由地方政府接管并强力介入、计划引导的操作机制下完成，成为英国重要的文化产业培育空间的典范。这种产业园区的土地开发政策有别于一般以都市计划划出一定范围及规模的整个"文化专区"的开发模式，而是以一个城镇为范畴，以闲置空间再利用及城镇文化经济复苏为基础，选取城市中重要的历史建筑及闲置空间等小空间进行改造，通过修复再利用机制，创造新的生命力。其总体开发模式是强调"文化园区（cultural quarter）"的混合使用（mix-use）和都市村落（urban village）的概念，文化园区视为"产业区"和"第三意大利（third Italy）"①发展模式的一种，即以后福特主义时期强调"中小企业"的发展，以着重"簇群（clustering）"及必要性的相互补性服务和技术设施积聚在同一个空间以达到聚集经济效益的结果。

另外谢菲尔德哈勒姆大学在谢菲尔德文化产业园区扮演一个成功关键的角色，因谢菲尔德哈勒姆大学本身就有一个科学园区，完全可紧密连接 CIQ

———————————

① 第三意大利（Third Italy）的概念最初是由经济学 Amaldo Bagnasco 提出的，是指 20 世纪 70 年代经济快速崛起的意大利东北和中部（NBc），以区别于意大利经济较为落后的南部地区（第二意大利）和经济较为繁荣但 20 世纪 70 年代以后经济面临重重危机的西北地区（第一意大利），它具体包括翁布里亚、马尔凯、艾米利亚—罗马涅、弗留利、威尼斯·朱利亚、威尼托、特伦蒂诺—上阿迪杰和托斯卡纳等七个大区。随着对"第三意大利"研究的深入和拓展，该概念已从"对地理空间的指代"转变为"对一种经济现象的比喻"，称之为"第三意大利"模式。

的发展。科技产业技术性的研发，完全着重 CIQ 所需的网络、媒体、视讯的创造，让 CIQ 不论是从软体、硬体、技术都可以得到支持。在互动联盟及网络行销策略方面，谢菲尔德市政当局、CIQ 机构与行销部门形成互动网络后再开始透过跟区外的厂商团体、资源网络及专业的组织，形成联盟与分享的关系。这样共同网络的关系是由一个第三部门的机构来协助 CIQ 营运跟管理的工作，它必须经常性地监控 CIQ 的发展，同时动态修订它的发展方向，整合协调可以用的资源，市政单位和其他组织，沟通完成 CIQ 阶段性所碰到的问题以及 CIQ 所需要的资源。谢菲尔德第一公司（Sheffield First Partnership）即扮演主要引领其成为约克夏郡及英格兰中部地区主要之文化先驱，成为文化创意产业发展主导之角色。市议会则在谢菲尔德地区紧密地与 CIQ 代办处一起加速强化文化产业园区和创造性产业的发展，使之成为一个高效率的成长区域，强化了地方就业机会及产业经济。

（4）综合分析。综合 CIQ 成功的要素，可简述如下几点：

—地方艺术家的声音

地方艺术家在 CIQ 是极其重要的发起者及推动者角色，尤其是音乐工作者及地方制片家，他们共同联盟串联，连同地方市议会的力量，共同推动 CIQ 行动方案，此种以地方力量推动的机制，不但能达到目标市场清楚定位的目标，亦能让自发性的地方力量成为园区永续发展的重要动能。

—定位青少年音乐创作市场

CIQ 发展计划的执行，目标清楚定位为：振兴市中心经济、改善旧城环境、提供新的就业机会。因此它锁定于特殊的主题市场，即青少年音乐创作的园地，定位为以"流行音乐"和"媒体"发展为主的文化产业园区。并提供完善的基础设施，如国家流行音乐中心，让青年音乐家有创作发挥的舞台，也让 CIQ 成为英国重要的流行音乐创作基地。

—大学教育网络的支援

在整个发展的关键过程中，谢菲尔德哈勒姆大学扮演了一个非常重要的角色，它位于 CIQ 的旁侧，提供 CIQ 所需的艺术家培训工作，另外一个很重要关键就是谢菲尔德哈勒姆大学本身就有一个科学园区，完全紧密 CIQ 的发展。科技产业技术性的研发，完全着重于 CIQ 所需的产业网络、媒体、视讯的创造，让 CIQ 在人才培育、教育网络连接、科技技术支援等方面都得到充分的支援。

—区域资源的联盟

CIQ 设置专门的行销网络机构，通过与区外的主题关联产业、关键企业、资源网络及专业的组织，形成联盟和分享的关系。这样共同网络的关系就是由一个第三部门的机构来协助 CIQ 营运和管理的工作。确保区内发展技能的平衡，包括生产部门、教育和训练、文化主题活动、观光、零售、环境改善和规划议题等，创造一个区域资源联盟与利益共享的园区。

　　—CIQA 扶植计划

　　CIQ 在建置之初即开始出地方艺术家及地方市议会共同筹划扶植成立专责的营运管理机构（CIQA），它必须经常性地监控 CIQ 的发展，同时动态修订它的发展方向，整合协调可以用的资源，市政单位和其他组织，沟通完成CIQ 阶段性所碰到的问题以及 CIQ 所需要的资源。

　　—文化产业服务基盘建设

　　CIQ 在建置之初，就开始全面地建置完善的服务基盘建设，借由产业服务制度、创新基金、文化产业培训中心、创意交换中心、商业支援服务设施等制度性建构，促进文化产业的群聚发展，构成知识、资讯分享与激发创意的交流平台。提供文化产业策略性的商业发展支援，包括非正式咨询、管理工作、空间改善计划、国际及区域资源结盟，以强化新成长经济部门的商业发展机会。

3. 小结

　　由上述案例分析来看，文商旅的融合都是以"引入文化创意产业""打造创意产业孵育器"为目标，并以闲置空间及文化资产价值空间再利用为精神开发而成的。文化创意园区政策被视为城市商业发展的主动力，成为城市的基础设施，可带动周边土地的发展，并策划发展强化文化观光的功能。此时文化不仅仅是文化，它也是一种经济力量。文化创意产业园区已成为各国城市再生的主要力量，各地域皆积极发掘地方特有的产业资源，作为地方观光经济发展的资源。在土地使用政策上，园区皆采用混合使用之开发模式，可同时展现出文化生产及文化消费间的相互关系，紧密的连接文化生产及文化消费结构，增加文化产业的交互效益及高附加价值。

　　文化创意园区的文商旅融合已成为世界许多先进国家发展文化创意产业园区的主要策略，亦成为地方经济发展的重要动力。而文化创意园区则是以新的空间经济政策，运用文化创意产业集聚及产业链结构而达成。在当今经济全球化体制下，"创意经济"（Creative Economy）时代，新的"人力资本"及"创意资本"取代了传统的"土地资本"及"自然资源"，具有地方特质性及文化资产特色之创意产业资源即成为观光经济无可替代的主要资产，文化创意产业已成为休闲及观光活动的主要动力资源，成为各国地方经济再生的主要资产。而文化创意产业园区的发展不能仅依赖基础建设及远大的愿景，真正可以成功的关键在于后续的经营管理成效，它必须建构完整的制度环境，如提供良好的文化艺术资源连接，人才培育制度、保护创意、艺术、艺术教育和知识产权，建置政策支持及高效率的协调机制，及建置完整的法律制度，如市场法、版税法、优惠税制等。日前广州的文化创意产业园区正在启蒙阶段，许多基础建设正在建置当中，如何建置完整的经营管理制度，是亟待解决的课题。

（二）广州市文商旅融合模式探讨

在对比研究国际上和广州现有的运作成功的文商旅项目后发现，文商旅融合的关键是"低值空间"与"创新业态"的有效融合（如图8-1所示）。所谓"低值空间"，是指土地价值没有得到有效地开发或处于租金偏低的地块，广州的"低值空间"主要包括旧城空间、郊区或乡村空间和转型空间。这些"低值空间"的存在为文商旅融合提供了基础性的土地运作载体。创新业态指的是从文化业态角度出发，通过文化集聚、研发、制造与消费所形成的有别于传统生产制造业与服务业的创新性的文化业态。文商旅融合的关键在于借助"创新业态"提升"低值空间"的土地价值，从而实现良性的产业融合与发展。当不同的"低值空间"采取不同的"创新业态"进行空间改造时，就会出现多元化的文商旅融合的模式与现象。

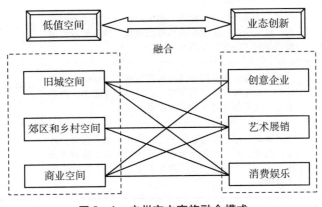

图8-1 广州市文商旅融合模式

根据课题组对广州现有的文商旅融合项目进行的调查与分类，主要包括旧城创意产业集聚型、旧城艺术展销型、旧城消费娱乐型、郊野旅游娱乐型、商业展销型和商业消费综合型六个类别。这些类别的特点归纳为表8-5所示。

表8-5　　　　　　　　　广州文商旅融合类型及特征

类别	特征	典型案例
旧城创意产业集聚型	这类文商旅产业园区在改造和利用旧厂房的同时，保留了原厂房中有价值的原始建筑体貌特征及原生态环境，既具有浓厚的历史气息，又拥有优美的自然环境。在对园区进行重新规划后，通过引证众多创意设计类企业及餐饮、娱乐等配套设施，将园区打造为办公生活、艺术创作、时尚展览、文化交流的品位空间。	广州 T.I.T 国际服装创意园、广州信义国际会馆、1850 创意园
旧城艺术展销型	这类文商旅产业园区保留了旧空间里的旧式建筑，散发着辉煌的城市文化历史，印证着城市的发展。它们是城市文化表达的窗口和人文精神的境地，吸引了国内外知名的画廊、设计工作室、艺术展示空间、艺术机构、特色餐厅及咖啡店等创意产业机构的进驻。不同于其他产业园的是，它们主要是艺术展示和创意产业的平台，其人文精神和艺术氛围更为浓厚。	红专厂、289 艺术园区
旧城消费娱乐型	这类文商旅产业园区在保留原有空间完整性、真实性和历史内涵的基础上，建成了全新的创意建筑，吸引了各行业品牌进行公司形象宣传和产品展示，时常可见名车发布会、高级时装秀、音乐嘉年华等活动。其餐饮业尤为发达，是生态与美态兼具的优质城市公共空间。	太古仓、珠江琶醍啤酒文化创意艺术区、沙面
郊野旅游娱乐型	这类文商旅产业区以旅游、娱乐和购物等为主要吸引物，选址于郊区土地租金偏低的地段，往往形成游客接待量较大的综合旅游娱乐区。	万达文化旅游城、广州长隆
商业展销型	这类文商旅产业区以会议和展览为核心，加之相关联的配套设施如酒店、写字楼、银行、商业服务、博物馆等，能充分满足客商的商旅要求。	琶洲国际会展中心、保利世界贸易中心
商业消费综合型	这类文商旅融合区通常汇集国内外众多知名品牌，以零售为主，娱乐和餐饮为辅，集休闲娱乐、商贸活动和文化欣赏于一身，可让游客置身于商业文明的购物体验中。	太古汇、正佳广场

三、广州市文商旅融合的政策建议

（一）通过园区总体规划促进文商旅有效融合

首先，要明确一批适合文商旅融合发展的文化产业园区（集聚区）。广州作为全国改革前沿阵地，近年来涌现出一批各具特色的文化企业和园区，这些企业所在的区域和园区已经成为推动广州市文化产业发展的重要载体，承载了广州文化生产与消费的重要场所，也是广州完成产业升级的重要平台。在对近期广州涌现出来的文化企业和园区进行分类研究的基础上，选定一批文商旅融合发展文化产业示范园区，从规划上确定文商旅融合作为园区发展的重要内容。其次，应按数字出版、网络文化、动漫游戏、影视娱乐、休闲旅游、文化会展、印刷、民间技艺等不同行业差别，针对文化产业示范园区的具体情况，在园区发展的总体规划中制定文商旅融合的不同模式和发展战略，做到差异化发展，避免出现文商旅融合走向同质化竞争的局面。

（二）由宣传部门牵头多部共建文商旅融合发展示范园区

文商旅的成功融合是促进文化产业园区社会与经济效益最大化的有效途径，已经成为诸多城市文化创意产业发展的重要举措。首先，应开展对广州市文化企业与园区的文商旅融合发展的普查工作，由市委宣传部和文产办牵头，包括统计部门、文化部门、旅游部门、科技部门等组成的考核小组，对全市文化企业和文化园区在文商旅融合方面的发展现状与潜力进行评估，准确掌握广州市文商旅融合发展的重要区域和重点企业。其次，协调好已有的文化创意产业集聚区、旅游景区等不同部门的相关管理制度，共同出台有关《广州市文商旅融合发展示范区》的认定标准和程序。最后，大力推动文商旅融合发展示范区的建设。选择在区位、发展条件和产业规模上有优势的企业和园区作为文商旅融合发展示范区，加大财政和政策扶持，使示范区的产业规模和产业互动能力有效提升，并通过示范园区的发展带动园区在文化产业质量、场域消费规模和形象认知度等方面的全面改善，使其成为广州市区域经济发展的新引擎。

（三）培育广州市文商旅融合发展的品牌企业

根据党的十八大全面深化改革的中心思想和广州市新型城市化战略举措的实施原则，培育一批文商旅融合型的品牌企业，通过品牌企业的落地实施推动广州城市经济的转型发展，发挥品牌企业的区域经济辐射能力。在培育文商旅融合发展的品牌企业过程中，应坚持市场为导向，资本为纽带，以项目为突破口，鼓励大型文化企业或其他具有资金实力的民营企业参与建设重大的文商旅融合发展示范园区，通过股权投资、管理介入、上市辅导等手段支持企业做大做强，力争在"十三五"期间包装 3 ~ 5 家本土文化企业上市。鼓励现有的新闻出版、广播电视电影、文化艺术、文化创意、文化休闲娱乐、工艺美术生产等已有文化产业园区积极寻求跨界合作，创新文商旅融合发展模式，推动传统文化产业与科技、旅游和消费领域深度融合，打造出具有岭南特色的文商旅融合发展龙头企业。

（四）加强文商旅融合发展的公共服务平台建设

加强文商旅融合发展的公共服务平台建设，就是要构筑市场化的资源共享模式，为文商旅融合发展的园区和区内企业提供技术支持、咨询服务、融资服务、决策辅助等增值服务，形成结构合理、分工明确、功能互补的专业服务网络。通过公共服务平台的建设，推动已有的文化创意产业园区（集聚区）向文商旅融合发展模式进行转型。比如，将优秀的文化创意产业园区（集聚区）纳入国家 A 级景区申报序列，通过与旅行社的线路整合形成更大的市场影响力，并带动产业园区（集聚区）的消费升级，形成良性互动。再比如，在广州市已有的旅游景区内开展文化创意产业的展览与活动推广，为既有景区增添新的娱乐活动，营造更有文化氛围和科技含量的旅游体验，提升景区的吸引力。在搭建文商旅融合发展公共服务平台的过程中，应构建起由广州市文产办牵头，文化部门、旅游部门等组成的文商旅融合推广平台，紧密开展对传统的文化创意产业园区和景区的文商旅融合的转型升级。

（五）制定文商旅融合发展的配套政策体系

在政策体系层面上制定出台专项资金政策、人才政策、土地政策、融资政策、知识产权保护政策、服务平台政策和创新激励政策。围绕政策体系建立和完善相应的政策配套措施，理顺行业管理机构、健全服务管理机制、扶持民间组织发展、加强创新网络建设、整合文商旅融合机制、完善服务支撑体系、构筑硬件配套设施。通过科学的政策体系设计和配套措施的实施，力争在未来 3 ~5 年内形成 10 家左右具有鲜明特色和市场号召力的广州市文商旅融合发展示范园区，以此促进广州市文化创意产业的升级换代和合理布局，并以此提高广州对优秀人才的吸引力，改善广州城市形象和区域社会经济的影响力，从根本上助力广州新型城市化的建设。

本章参考文献

［1］张晓明、王家新、章建刚：《中国文化产业发展报告：2012 ~ 2013》，社会科学文献出版社，2013 年。

［2］Adorno T W. The culture industry: Selected essays on mass culture, Psychology Press, 2001.

［3］Benjamin W. The work of art in the age of mechanical reproduction, Penguin UK, 2008.

［4］Bell D. The cultural contradictions of capitalism, Basic Books, 2008.

［5］Wynne D. The culture industry: the arts in urban regeneration, Avebury, 1992.

［6］Bassett K, Griffiths R, Smith I. Cultural industries, cultural clusters and the city: the example of natural history film-making in Bristol, Geoforum, 2002, 33 (2): 165 – 177.

［7］McGuigan J. Rethinking cultural policy, McGraw – Hill International, 2004.

［8］K. Meethan, A. Anderson, S. Miles. Tourism consumption and representation: narratives of place and self, CABI, 2006.

［9］Heller A, Feher F. Políticas de la posmodernidad: ensayos de crítica cultural, Barcelona, 1994.

［10］Schmitt B. H. Experiential marketing: How to get customers to sense, feel, think, act, relate, Simon and Schuster, 2000.

［11］张曾芳、张龙平：《论文化产业及其运作规律》，《中国社会科学》，2002 年第 2 期。

［12］毛蕴诗、梁永宽：《以产业融合为动力促进文化产业发展》，《经济与管理研究》，2006 年第 7 期。

［13］张海燕、王忠云：《旅游产业与文化产业融合发展研究》，《资源开发与市场》，2010 年第 4 期。

［14］汪清蓉：《文化产业与旅游产业整合创新模式研究——以佛山市文化与旅游产业为例》，《广东商学院学报》，2005 年第 1 期。

［15］李蕾蕾、张晗、卢嘉杰等：《旅游表演的文化产业生产模式：深圳华侨城主题公园个案研究》，《旅游科学》，2006 年第 6 期。

（李鹏）

第三部分　文化产业的创新成长

　　文化产业是新兴的朝阳产业，它所提供的产品和服务已经成为全社会新的消费热点。文化产业具有涵盖面广、发展速度快、低污染、低能耗的特点。已经成为推动经济发展的一个增长点。在这一背景下，越来越多的资本资源投入到文化产业领域，促使小微文化企业不断涌现。如何促进小微文化企业发展也就成为文化产业领域的一个研究热点。小微文化企业的发展实质上是文化产业的创新成长问题，文化企业从初始创业到成长为大企业的过程中，必然会遇到并需要重视解决许多问题，如创新、合作、政策、知识产权、资金、结构升级等，只有解决这些问题，小微文化企业才能不断成长，发展为大企业。从产业的角度看，就是文化产业的规模不断扩张变大、实力不断变强的过程。研究文化产业的创新成长，为小微文化企业的创新发展提供思路，对于实现文化产业的可持续发展意义重大。这一部分选择了四个研究报告，第九章选择从生态系统的视角对广州市小微文化企业发展进行研究，第十章关注广州市中小义化企业融资的风险问题，第十一章讨论了广州市文化产业发展中的结构变动及升级，第十二章分析了广州市小微文化企业金融服务的协同创新问题，并给出了政策上的建议。通过上述分析，我们可以了解广州小微文化企业在发展中遇到的一些问题，包括企业融资、产业结构、企业金融服务等，也可以从分析中得到一些启示，这些启示在政策上运用，有助于促进文化产业的创新发展。

第九章

生态系统视角下的广州小微文化企业发展

探讨在当前转型期特殊的产业制度环境下，刻画出中国文化企业的战略选择，利用企业生态位理论对企业生态位进行分析，探究企业所处的社会网络及其余竞争者的竞争策略与互动规律，最终分析小微企业在区域文化产业生态中的作用以及其战略行为的特征与规律。本研究的主要结论性观点如下：（1）通过对比中央和地方政府关于文化产业的各种政策，不难发现文化产业政策上的冲突与矛盾。对比分析表明，地方政府试图通过政策倾斜和补贴鼓励企业投资的文化产业领域，恰好都是高度不确定性的、交易频次和专用性资源受到严重管制和审批的领域。（2）通过对天河小微企业进行问卷调研发现，广州文化小微企业在战略导向上可以大体分为三种：第一种，其挤压利润与竞争威胁的主要因素是人民币升值、利息、工人工资和营销成本，可称为营销型企业；第二种，其挤压利润与竞争威胁的主要因素是行业进入壁垒、融资和投资及政府采购，可称为投资型企业；第三种，其挤压利润与竞争威胁的主要因素是原材料价格、用地用电、变相收费和税率，可称为制造型企业。只有以制造作为主要经营活动的文化小微企业可以在短期和长期都实现较好的绩效。同时，制造型企业与投资型企业无论在经营模式还是在战略思路上都存在互斥的关系。这三种战略导向的小微企业对于当前的产业政策和小微企业扶持政策都有不满意之处。特别是当前政策对于销售型的小微企业而言存在较为明显的负向效果。对制造型和投资型战略的企业则都对当前的政策表现出较好的适宜性。在此基础上，本报告提出了一系列相关政策建议。

一、绪　论

国内外学者普遍认为文化产业的发展往往伴随趋势：一是产业整合的趋势；二是空间聚合的趋势，即文化产业在特定的城市空间内形成高度的集聚倾向。这种区域聚集现象事实上构成了文化产业在某一区域内的商业生态系统。商业生态系统是供应链上下游企业以及其他利益相关方的群体，这是企业战略发展到一定程度的必然结果。国外学者深入探讨了生态特征及系统特征，先后提出了商业生态系统的分析框架等，并揭示了自适应性、健壮性等系统特征。国内学者引入这一概念，探讨并提出了基于商业生态系统的企业竞争战略分析框架，并从商业生态系统的动态演化视角讨论企业竞争战略选择等。商业生态系统理论为区域产业发展提供了结合围观与宏观分析的理论基础，从商业生态系统的视角分析产业的发展，对区域内产业的良性发展与区域竞争优势的构建都有非常重要的作用。但是，从生态的视角分析小微企业的研究尚属少见。

当前中国正处于经济结构转型、经济体制改革的关键时期。在这一时期，中国企业，尤其以广东企业为代表，涌现出一大批优秀的品牌企业。这些企业尽管行业不同，但其战略发展路径存在一大共性：都面向全国市场实施了一系列横向并购整合，以此扩大市场范围、提高市场占有率。它们在实施了横向整合战略以后，面临市场分割制度情境的严重干预。中国市场分割制度情境决定了企业的竞争环境呈现出"两线作战"的特征——同时要与跨国公司和区域企业两类竞争对手展开动态竞争。在这样的大环境下，本研究首先刻画出中国横向整合企业所面临的转型期市场分割情境下"两线作战"的竞争格局。在此基础之上，基于企业生态位理论的研究视角，探究"两线作战"竞争格局下，中国横向整合企业所采取的竞争策略，并进一步讨论在这些竞争行为或者策略的实施机制。特别地，研究以广州文化产业为案例，分析在其在"两线作战"竞争生态中所采取的竞争行为。具体地，我们可以将研究内容划分为以下研究问题：（1）在转型期，中国文化产业的制度环境具有什么样的特点？（2）在特定制度情境下，广州文化产业企业的基本战略选择及其竞争生态系统具有什么特点？（3）在特定的制度情境，以及特殊的竞争生态中，广州文化小微企业的经营行为具有什么样的特点？小微企业的战略导向如何？（4）广州应制定什么样的产业政策以鼓励和支持文化小微企业的良性发展与快速成长？

自 2009 年我国首次出台《文化产业振兴规划》以来，广州的文化及创意产业发展迅速，正逐渐成为广州的新兴支柱产业。在广州及其周边城市圈内的文化产业、尤其是文化产业依托广州的中心城市地位及其完善的市场平台，形成区域聚集的效应。但是，近年来文化企业普遍感到广州的经营环境以及聚集效应的进一步提升面临这样或那样的困难。一个区域文化产业的良性发展不仅决定于大型重点文化企业的战略发展情况，还取决于该区域文化产业的生态系统构建及其优化。本研究拟从政策环境、文化产业价值链网络、文化产业生态系统特征及其演化趋势等方面深入分析广州文化产业的生态系统。本研究在回顾广州文化产业及文化产业的发展沿革，描述了广州文化产业生态的基本面貌其特点；通过社会网络等方法，分析了广州文化产业生态系统中的价值链网络及其动态演化情况；通过内容分析与访谈法，分析了广州文化产业生态系统中的系统性特征，包括健壮性、间隙企业生产能力、适应性等。（4）基于（2）、（3）的分析，提出广州重点文化企业可持续发展战略的基本方向，并提出广州进一步发展文化产业的相关政策建议。

二、文献回顾

（一）文化产业

由于不同国家或地区的文化背景、地域特征、政策导向、国家战略的不同，基于自身特性和发展战略需要，世界各国或地区对文化创意产业的提法也有所不同。

美国称为"版权产业"，定义为可商品化的信息内容产品业，2004 年以前类型包括核心版权产业、交叉版权产业、部分版权产业和边缘版权产业，2004 年后采用世界知识产权组织（WIPO）关于版权产业的分类标准，即按照核心版权产业、部分版权产业、相互依存的版权产业以及非专用支持产业共四个类型对版权产业进行统计。

在欧洲，英国、澳大利亚、西班牙、意大利称为"创意产业"，指源于个人创造力、技能与天赋的活动；芬兰将文化产业称为"内容产业"，定义为基于意义内容的生产活动；德国和荷兰使用"文化产业"。

在亚洲，日本使用"内容产业"的提法，包括传统的演出、展览、新闻出版、休闲娱乐、广播影视、体育、旅游等；新加坡称为"创意产业"；韩国使用"文化产业"；中国台湾地区则使用"文化创意产业"这一名称。中国香港 2002 年采用"创意产业"，上海 2004 年采用"创意产业"，北京 2005 年采用"文化创意产业"。

1. 文化产业

瓦尔特·本雅明（Walter Benjamin）在 1926 年出版的《机械复制时代的艺术》中首次提到"文化产业"，阿尔诺（Theodor Adono）和霍克海默（Max Horkheimer）在 1947 年合著的《启蒙的辩证法》一书中首次提到"文化工业"概念。至今为止，文化产业并没有形成统一的定义和称谓。

联合国教科文组织（UNESCO）在 2006 年把"文化产业"定义为按照工业标准生产、再生产、储存以及分配文化产品和服务的一系列活动。

欧盟指出文化产业是基于文化意义内容的生产活动，并包括一切具有现代文化内容标识的产品和贸易活动。

我国自 2000 年将文化产业首次写入"十五规划"，2002 年 11 月党的十六大报告把中国文化产业划分为经营性和公益性文化产业，并开始进入文化产业的"合理性"建设探索阶段。

2. 创意产业

创意产业最早出现在 1988 年 11 月英国文化媒体体育部发布的"创意产业图录报告"文献中，该报告将创意产业明确定义为起源于个体创意、技巧及才能，通过知识产权的生成与利用而有潜力创造财富和就业机会的产业。

联合国教科文组织认为，文化产业的概念在纳入建筑及造型艺术、表演艺术等其他艺术种类后，延伸为"创意产业"。2007 年，联合国教科文组织界定的行业范畴包括：出版和文献；表演艺术音乐；电影、录像和照片；广播、电视；视觉艺术和工艺；广告；设计，包括时尚；博物馆、画廊和图书馆；互动媒体，包括网络、游戏和移动通信等。

联合国贸发会议区别了创意产业的"上游活动"（如表演艺术或视觉艺

术等传统文化活动）和"下游活动"（更接近市场的活动，如广告、出版等），这种区分意味着把文化产业当作创意产业的一个组成部分。联合国贸易和发展会议将创意产业定义为：使用创意与智力资本为初始投入的产品与服务创作、制造和销售的循环过程；由一系列以知识为基础的活动组成，不仅侧重于艺术，也从贸易与知识产权中创造潜在收入；既包括有形产品，也包括无形的拥有创意内容、经济价值和市场目标的智力与艺术服务；处于手工艺、服务和产业部门之间的交界处；在世界贸易中构成了一个新的充满活力的领域，并将创意产业分成了四大组别（文化遗产、艺术、媒体与功能创意）和 9 个子群（UNCTAD，2010）。

英国将出版、电视和广播、电影和录像、电玩、时尚设计、软件和计算机服务、设计、音乐、广告、建筑、表演艺术、艺术和古玩、工艺 13 个行业确认为创意产业。

新加坡将创意产业细分为三大产业类型：艺术及文化产业、设计产业、媒体产业。

中国香港在 2003 年从创意生产系统研究角度出发，将创意产业定义为：一个经济活动组群开拓和利用创意、技术及知识产权以生产并分配具有社会及文化意义的产品与服务，更可望成为一个创造财富和就业的生产系统，依其属性分为三大类，即文化艺术类（如艺术品和古董及工艺品、音乐、表演艺术）、电子媒体类（如数字娱乐、电影与录像带、软件与计算机、电视与电台）和设计类（如广告、建筑、设计、出版）。

中国上海在 2005 年从物质生产功能角度出发，认为创意产业是"以创新思想、技巧和先进技术等知识和智力密集型要素为核心，通过一系列创造活动，引起生产和消费环节的价值增值，为社会创造财富和提供广泛就业机会的产业"，并将创意产业主要界定为研发设计、建筑设计、文化艺术、咨询策划和时尚消费五大类，并涉及 38 个中类、55 个小类行业。

3. 文化创意产业

国家统计局使用"文化及相关产业"的概念，而具体到其中的"文化创意和设计服务"一类，则范围非常窄。国家统计局 2012 年公布了新修订的《文化及相关产业分类（2012）》。其中，文化及相关产业定义是"为社会公众提供文化产品和文化相关产品的生产活动的集合"。根据这一定义，文化及相关产业包括了四个方面的内容，即文化产品的生产活动、文化产品生产的辅助生产活动、文化用品的生产活动和文化专用设备的生产活动。该分类将文化及相关产业分为五层：第一层包括文化产品的生产、文化相关产品的生产两个部分；第二层根据管理需要和文化生产活动的自身特点分为10个大类；第三层依照文化生产活动的相近性分为50个中类；第四层共有120个小类，是文化及相关产业的具体活动类别，直接用《国民经济行业分类》（GB/T4754—2011）相对应行业小类的名称和代码表示；第五层为带"＊"小类下设置的延伸层。

在国内，北京市使用"文化创意产业"。北京市统计局、国家统计局北京调查总队2006年12月制定发布《北京市文化创意产业分类》，对文化创意产业概念第一次使用描述性的工作定义，即以创作、创造、创新为根本手段，以文化内容和创意成果为核心价值，以知识产权实现或消费为交易特征，为社会公众提供文化体验的具有内在联系的行业集群。北京文化创意产业分类范围既包括国家统计局发布的《文化及相关产业分类》的全部内容，也包括软件、计算机服务、专业设计等文化产业以外的科技创新活动。

文化产业、创意产业、文化创意产业等各种称谓虽然不同，分类不同，但其核心构成元素主要包括以创意为产品内容；利用符号意义创造产品价值；知识财产权受到保障等内容。

创意产业或文化产业的特征主要包括以下几个方面：第一，创意性。由于个人偏好的多样性和差异性，在知识经济时代，消费者对个性差异化产品的追求，迫使世界各国或地区园区、企业突破现有模式和观念，能够推陈出新，文化创意贯穿产业价值链的始终，创意在产品中具有核心地位，如果没有创意，任意地仿制和随意的复制会导致企业面临生存的危机。第二，高附加值性。由于创意企业对文化、创意、技术的依赖高于传统行业，主要生产要素是信息、知识、文化和技术等无形资产，且创意产业具有强辐射能力，容易实现规模经济，价值增值主要来自创意创新，这决定了文化创意产业具有高附加值的特性。第三，需求的不确定性。创意产业或文化产业生产的产品多数不是必需品，而是更富于精神性、文化性、娱乐性、心理性的产品，具有较高需求价格弹性。第四，高风险性。文化产品大多是满足精神需要的精神产品，精神产品的需求既多样化又多变化，需求弹性很大，创意产品较高的市场不确定性决定了创意产业的高风险性；时尚潮流、社会环境、文化差异、地域特色等多种不确定因素大大增加了创意产品的风险。

（二）小微企业

中小微企业，是指在从业人员、营业收入、资产总额等方面规模都比较小的企业。根据工业和信息化部、国家统计局、发展改革委、财政部研究制定的《中小企业划型标准规定》，以工业企业为例，从业人员 1000 人以下或营业收入 40000 万元以下的为中小微企业。其中，从业人员 300 人及以上，且营业收入 2000 万元及以上的为中型企业；从业人员 20 人及以上，且营业收入 300 万元及以上的为小型企业；从业人员 20 人以下或营业收入 300 万元以下的为微型企业。

（三）商业生态系统与企业生态位

生态（Eco）一词来自于古希腊 olkos，原意是"住所"或"栖息地"，简而言之即一切生物的生存状态。1866 年德国生物学家 E. 海尔克（Ernst Haeckel）第一个提出生态学的概念，并指出它是以生物与其环境的相互关系为研究主题的学科。随着生态学研究的深入，衍生出许多重要的生态学概念，如生态因子、种群、群落、生态位与生态系统等。而在管理学研究领域中的商业生态系统与企业生态位理论都是源自于生态学。

1. 商业生态系统

美国学者詹姆士·穆尔（James F. Moore）1996 年出版的《竞争的衰亡》一书，标志着竞争战略理论的指导思想发生了重大突破。穆尔从生物学的生态系统视角出发，描述当今市场上的企业活动，结合企业自身所具备的特质，创造性地提出"商业生态系统"这一概念，建立起了以"共同进化"为终极目标的新竞争战略理论。

2. 企业生态位理论

在生态学中，生态位（niche）是生物所处环境直接相关的一个重要概念。它首先由格林内（J. Grinne）提出，生态位是生物在群落中所处的位置和所发挥的功能作用。哈钦森（G. E. Hutchinson，1957）用数学上的点集理论对生态位进行模拟，将生态位看成一个生物单位（个体、种群或物种）生存条件的总集合体。奥德姆（E. P. Odum, 1959）把生态位定义为"一个生物在群落和生态系统中的位置和状况，而这种位置和状况则决定于该生物的形态适应、生理反应和特有的行为（包括本能行为和学习行为）"。他曾强调指出："一个生物的生态位不仅决定于它生活在什么地方，而且决定于它干些什么。"在前人研究的基础之上，皮安卡（E. R. Pianka, 1983）指出，一个生物单位的生态位（包括个体、种群或物种生态位）就是该生物单位适应性的总和。生物环境与生物生态位两者的差异在于：在生物生态位的概念中，包括生物开拓和利用其环境的能力，也包括生物与环境相互作用的各种方式。归纳起来，生态位理论基本思想有两点：第一，生态位理论研究生物种群在生态系统中的空间位置、功能和作用；第二，生态位理论反映了生态系统的客观存在，它是生态系统结构中的一种秩序和安排。

生态位理论作为生态学中的基本理论之一，以研究生物体间的竞争性、生物对环境的适应性、生态系统的多样性和稳定性等问题为主。企业具有与生物相类似的特征，也需要对其进行类似的研究。因此，基于企业仿生学原理，将生态位理论引入企业管理研究领域中，以研究企业间的竞争性，企业对环境的适应性等问题。

三、广州文化产业政策环境分析

（一）知识产权法

我国知识产权保护法虽然有较完善的立法，但是在执法阶段却存在较多的问题。知识产权法的主要实施手段有查抄、扣押等。不过这些手段只能保证违反知识产权工厂的暂时性关闭，政府部门很少对这些违法机构进行诉讼。虽然我国正在实行鼓励本地创新产业发展的政策，这类支持政策通常包括政府采购、国家技术标准制订、反垄断、税收政策等令国外企业很难处于同等竞争水平的方面，因此这更多地是知识产权其实是地区保护的工具。另外，比较其他国家而言，我国大陆在知识产权版税等方面的税额相对偏少，出版等产业对原创作者的分配存在不公平现象。

在这种有立法、缺执法的情况下，广州等城市根据自己的实际情况制定了地方性的知识产权保护政策，包括：

印发了《广州市知识产权工作领导小组工作规则》，以政策激励和市场推动为抓手，加大政策资金扶持力度，加强专利产业化示范效应，发挥企业创新主体和专利、商标、版权等各职能部门及中介作用，强化专利发展预测、评估、监督，全面提升我市专利创造能力。

印发了《广州市知识产权人才集聚工程工作方案》，对广州市"十二五"期间知识产权人才队伍建设提出了全面规划，着力构建"培养提升、创新创业、服务保障"三大知识产权人才开发体系。

组织开展了第二届"广州市保护知识产权市长奖"和第二届"广州市专利奖"评选活动，奖励总额达968万元；组织广州市企事业单位参评第十五届中国专利奖，今年广州市共获得20项优秀奖，获奖数量再创新高；组织参评广东专利奖，广州共获得7项金奖和16项优秀奖，金奖数量和获奖数量位居全省首位。评选表彰活动引起社会各界的广泛关注和强烈反响，激发了各类创新主体的创造活力和维权动力。

建设并完善专利信息平台。围绕广州支柱产业，开发建设了全市汽车新能源电池产业专利数据库；推进国家专利技术广州展示交易中心、广州产权交易所技术平台建设，积极开展专利网上展示交易，全年网上审核通过专利转让信息30项；搭建区域二级展示交易平台，已建立荔湾区、番禺区、白云区、黄埔区、增城区5个区平台和华南理工大学专利技术展示交易平台。

制定出台了《广州市举报假冒专利行为奖励办法》。一是通过"奖励办法"，完善法规规章制度，鼓励公民有序参与知识产权维权。二是组建知识产权维权志愿者队伍，推动政府、会展业协会、企业实现知识产权保护工作的有机结合，为展会知识产权保护创造条件。

上述广州市出台的若干知识产权保护的政策和措施虽然有效补充了国家知识产权法律执法环节的不足，但是更多针对的是科技型技术创新的知识产权，而对于文化产业、尤其文化产业的版权、形象权等，其保护的力度还是相对不足。另外，广州市的知识产权保护政策仅仅是一个区域性的政策，并没有保护本地企业在广州市以外地区的交易行为效力。

（二）文化产业政策

1. 国家文化产业政策环境

本研究逐个分析中央各部委从 1995 年以来的　项相关文化产业或文化事业方面的政策和行政文件，并结合广州市、深圳市、上海市、四川省、江苏省、浙江省等地过去十年来相继出台的文化产业发展规划及鼓励政策。基于制度经济学，包括制度环境的三个支柱（制度管制、制度规范和制度认知），以及交易费用等，建立对文化产业政策和行政文件的内容分析数据库。

文化部、工信部等部位从 1995 年开始（甚至更早）制定各种政策，内容涉及文化演艺事业、广告体育赛事和影视内容转播（尤其互联网转播）、音像和图书出版、网络游戏开发、文化制作等领域。这些政策一方面声称推进市场化改革，另一方面却不断建立各种行政审批。以文化演艺事业为例，文化部规定任何在国内举行的文艺演出在演出前 3 个月必须将演出计划上报审批，如果演出者包括境外人士，那么该人士的情况还需要另行审批（时间好像超过 3 个月），同时文化部授权各地方文化主管部门（文化局或体育局）拥有对任何演出的零时巡查权利，即这些部门人员可以无条件巡查演出现场（大家发挥下想象力，想想那些黄牛票都是怎么来的）。又以文化制作为例，文化部规定中国的网游企业的身份要审批，还是每年审批一次。总体而言，这么多年的政策通读下来就一个感觉，文化事业和文化产业，中央不会马上放手市场化，而是在进行市场化运作的同时加强行政审批。

现在是发改委和商务部在鼓励文化产业发展，文化部在主要监管文化产业的具体规范。由于这些部委各自出发点不同，导致文化产业的制度约束混乱和庞杂。文化部事实上在进行文化市场监管的工作，而其主要的监管方式就是行政性的、运动式的，而非法制化的、规程化的。文化部对目前演出表演、出版、网络内容播出、文化、网络游戏、影视等多个门类的产业发展有详细的审批，这种审批包括从经营主体到具体产品与服务，这严重限制了文化产业市场化的发展。

通过聚类分析发现（如表 9-1、表 9-2 所示），中央在过去十多年里出台关于文化产业的相关政策和行政文件中，涉及规范和管制的内容较为集中，并且对监管权都倾向于集中于中央相关部委。而凡是以规范和管制为主要内容的政策，都对文化产业企业构成行政干预，尤其表现为增高企业在资金和专业设备等方面的资产专用性水平，从而提高文化市场的交易费用。同时，一些管制性的政策会人为分割市场交易频次，使得在一个契约下只能交易一次或者有限的数次，从而限制了市场交易的交易频次，提高了交易与长期契约的不确定性。

表 9 – 1　　　　　中央文化产业类政策与行政文件监管方式聚类分析

	Cluster		
	1	2	3
制度规范	2.09	1.60	2.94
制度管制	2.88	1.60	1.42
制度认知	1.03	2.80	1.65
过程性	1.39	1.00	1.16
监管权	1.67	1.60	1.77

表 9 – 2　　　　中央文化产业类政策与行政文件对市场影响的聚类分析

	Cluster		
	1	2	3
制度规范	2.19	2.22	2.62
制度管制	2.62	2.63	2.31
制度认知	1.19	1.15	1.08
交易频次	1.12	3.41	1.23
资金专用性	3.44	1.70	1.54
设备专用性	2.75	1.15	1.54
人才专用性	1.25	1.59	2.00
知识产权专用性	1.31	1.15	3.62
不确定性	4.06	4.26	3.38

2. 广州关于文化创意产业的扶持与鼓励政策

通过对广州市、北京市、上海市、南京市、深圳市、重庆市、成都市、大连市等城市扶持文化产业的相关地方性政策进行综合分析，发现各地方政府为鼓励文化产业发展，均出台各类文化产业的发展规划和相应鼓励政策。这些鼓励政策的基本共同点是：都是以要素资源作为鼓励和扶持的"抓手"。这些要素资源包括土地、融资（贷款）便利、财政资金、税收优惠、劳动力优先保障等。

通过对地方性文化政策扶持方式与效果的聚类分析发现（如表9－3所示），地方文化产业的鼓励和扶持政策多通过政策倾斜或者财政补贴的手段来落实，但是这种手段对维护市场秩序和完善市场的作用非常小。同时这样的政策下，原创性的文化创意群体和机构反而难以获得扶持，而中介、园区、平台性质的机构反而容易获得扶持。也即是说，各种优惠政策所"扶持"的都不一定是文化产业的原创人，或文化创意内容的开发者，而是"包装者"——想获得这些扶持不仅要手头有文化产业的东西，更要看企业如何去包装和宣传。

表9－3　　　　　地方文化产业政策扶持方式与扶持效果聚类分析

	Cluster		
	1	2	3
要素资源鼓励	1.17	3.59	1.67
市场保障	1.17	1.27	4.00
政策倾斜	3.83	3.68	2.00
补贴	3.00	3.86	2.00
关注利益方	1.83	1.82	1.67
市场秩序	1.00	1.00	1.33
推进方式	1.17	1.05	2.00
市场完善	1.33	1.95	1.67

3. 中央与地方文化产业政策的对比

通过对比中央和地方政府关于文化产业的各种政策（分析结果如表9－4所示），不难发现文化产业政策上的冲突与矛盾：中央各部委在进行行政审批，狠踩市场化的"刹车"；而各地方政府为了GDP和结构调整的绩效，在大量"踩油门"，为非市场化的文化产业提供"燃料"。对分析表明，地方政府试图通过政策倾斜和补贴鼓励企业投资的文化产业领域，恰好都是高度不确定性的、交易频次和专用性资源受到严重管制和审批的领域。

表 9 - 4　　　　　　　　　中央与地方文化产业政策聚类分析

	Cluster		
	1	2	3
要素资源鼓励	1.00	1.00	1.00
市场保障	2.00	5.00	1.00
政策倾斜	4.00	1.00	3.00
补贴	4.00	1.00	3.00
交易频次	1.00	2.00	2.00
资金专用性	1.00	3.00	1.00
设备专用性	1.00	5.00	1.00
人才专用性	1.00	3.00	4.00
知识产权专用性	2.00	4.00	4.00
不确定性	4.00	1.00	3.00

四、广州文化小微企业经营行为

（一）广州文化小微企业经营行为调研设计

一个商业生态系统中有三个重要的构成要素：生态系统的环境、主导型的企业以及缝隙型企业（也即中小微企业）。其中缝隙型企业不仅对生态系统的良性运转起到关键作用，而且小微企业更是未来该商业生态系统中主导型企业的雏形。小微企业的良性发展和集群化竞争力的形成是一个区域商业生态圈具有聚合能力与产业竞争优势的重要特征。我国文化产业尚处于从计划模式走向市场模式的转轨阶段，在这一阶段中，文化企业规模普遍不大，尤其文化创意的创业者们在相当长的一个发展阶段都会选择合理控制企业规模。因此对于文化产业而言，文化小微企业对产业的影响力更为重要。

本报告以天河区小微企业为样本，对天河区地税局备案的小微企业①进行问卷调查。发放问卷1000份，总共回收有效问卷337份，其中属于文化产业范畴的小微问卷77份。据不完全统计，天河区文化小微企业占所有小微企业约23%。

本报告侧重文化小微企业生存状况及其经营状况的调查，鉴于当前小微企业在财务状况等方面的保密性和非规范性，问卷调研主要选择使用0~1量表（即让受访者勾选"是或不是"、"有或没有"）以及5分量表（1分指程度最低，5分指程度最高）。问卷调研的主要变量如表9-5所示。

关于小微企业的经营业绩，本次调研设计了两个题项：经营业绩与发展前景。前一个刻画企业当前的绩效情况，而后一个则描述企业对自己长远发展的预期。

固定资产是所有企业财务资源的重要来源或保障。但鉴于小微企业轻固定资产的现实，本报告以"经营场地的来源"替代固定资产价值的计算。对于文化小微企业而言，其经营场地一般是其最主要的"资产"。而由于各种原因，小微企业的经营场地来源多样。有的是自有房产，有的是租赁，而另外还有的是家庭用房。不同类型的经营场地会影响小微企业的经营决策，因此本报告将"经营场地的来源"作为分析文化小微企业经营状况的控制变量。

---

① 本报告按照我国《中华人民共和国中小企业促进法》和《国务院关于进一步促进中小企业发展的若干意见》（国发〔2009〕36号），分别按照以下三类业务类型的企业及其标准判别小微企业：

（1）信息传输业：从业人员2000人以下或营业收入100000万元以下的为中小微型企业。其中，从业人员100人及以上，且营业收入1000万元及以上的为中型企业；从业人员10人及以上，且营业收入100万元及以上的为小型企业；从业人员10人以下或营业收入100万元以下的为微型企业。

（2）软件和信息技术服务业：从业人员300人以下或营业收入10000万元以下的为中小微型企业。其中，从业人员100人及以上，且营业收入1000万元及以上的为中型企业；从业人员10人及以上，且营业收入50万元及以上的为小型企业；从业人员10人以下或营业收入50万元以下的为微型企业。

（3）租赁和商务服务业：从业人员300人以下或资产总额120000万元以下的为中小微型企业。其中，从业人员100人及以上，且资产总额8000万元及以上的为中型企业；从业人员10人及以上，且资产总额100万元及以上的为小型企业；从业人员10人以下或资产总额100万元以下的为微型企业。

表9-5　　　　　　　　　文化小微企业问卷指标设计

变量	具体指标	测量方式	变量	具体指标	测量方式
经营场地的来源	自有房产	0~1	与同类规模企业竞争时主要遭受的竞争威胁	用地、用电不公平	0~1
	租用房产	0~1		税率不公平	0~1
	家庭用房	0~1		行业进入领域不平等	0~1
挤压利润的主要因素	原材料价格	0~1		融资不公平	0~1
	人民币升值	0~1		项目投资、政府采购不公平	0~1
	营销成本	0~1		变相和强制性收费	0~1
	工人工资	0~1	企业发展前景		5分量表
	利息	0~1	经营业绩		5分量表
	税收	0~1	当前文化产业政策的效果		5分量表
			当前扶持政策的适合程度		5分量表

（二）广州文化小微企业经营状况

1. 小微企业经营行为与绩效

（1）文化小微企业的基本情况。本次调研的样本企业中，从行业上讲主要集中在广告、教育和印刷等业务上，其中广告业务的文化小微企业数量占大约1/3，教育类的文化小微企业占比超过15%。而从事会展和策划等业务的文化小微企业则占比最少，分别为2%~3%。

（2）小微企业经营行为与竞争生态。根据表9-6的因子分析，小微企业影响利润的因素繁多，而且样本企业影响利润的各个因素并没有集中呈现出对企业短期或长期绩效的聚合性的因子关系。不但如此，小微企业竞争威胁因素对短期和长期绩效的影响更加不明显（如表9-7所示）。这说明，虽然原材料价格和工人工资分别对短期绩效与长期绩效存在因子关系，但是总体而言，各个因素对不同的小微企业可能影响程度不一。这说明很可能样本企业中所调研的小微企业存在战略导向或者资源配置等类型上的差异。

表 9 - 6 影响利润各因素的因子分析

以经营绩效为基准		Sum of Squares	df	Mean Square	F	Sig.
原材料价格	Between Groups	9.425	4	2.356	2.548	0.046
	Within Groups	66.575	72	0.925		
	Total	76.000	76			
人民币升值	Between Groups	2.692	4	0.673	0.661	0.621
	Within Groups	73.308	72	1.018		
	Total	76.000	76			
营销成本	Between Groups	0.860	4	0.215	0.206	0.934
	Within Groups	75.140	72	1.044		
	Total	76.000	76			
工人工资	Between Groups	2.242	4	0.561	0.547	0.702
	Within Groups	73.758	72	1.024		
	Total	76.000	76			
利息	Between Groups	4.767	4	1.192	1.205	0.316
	Within Groups	71.233	72	0.989		
	Total	76.000	76			
以发展前景为基准		Sum of Squares	df	Mean Square	F	Sig.
原材料价格	Between Groups	6.804	4	1.701	1.770	0.14
	Within Groups	69.196	72	0.961		
	Total	76.000	76			
人民币升值	Between Groups	3.296	4	0.824	0.816	0.519
	Within Groups	72.704	72	1.010		
	Total	76.000	76			
营销成本	Between Groups	2.825	4	0.706	0.695	0.598
	Within Groups	73.175	72	1.016		
	Total	76.000	76			
工人工资	Between Groups	8.856	4	2.214	2.374	0.060
	Within Groups	67.144	72	0.933		
	Total	76.000	76			
利息	Between Groups	1.342	4	0.336	0.324	0.861
	Within Groups	74.658	72	1.037		
	Total	76.000	76			

表 9 - 7　　　　　　　　　　　竞争威胁各指标的因子分析

以经营绩效为基准		Sum of Squares	*df*	Mean Square	*F*	*Sig.*
用地用电	Between Groups	3.305	4	0.826	0.817	0.519
	Within Groups	64.695	64	1.011		
	Total	68.000	68			
税率	Between Groups	6.763	4	1.691	1.767	0.146
	Within Groups	61.237	64	0.957		
	Total	68.000	68			
行业进入壁垒	Between Groups	6.370	4	1.593	1.654	0.172
	Within Groups	61.630	64	0.963		
	Total	68.000	68			
融资	Between Groups	5.384	4	1.346	1.376	0.252
	Within Groups	62.616	64	0.978		
	Total	68.000	68			
投资及政府采购	Between Groups	1.729	4	0.432	0.418	0.795
	Within Groups	66.271	64	1.035		
	Total	68.000	68			
变相收费	Between Groups	3.296	4	0.824	0.815	0.520
	Within Groups	63.704	63	1.011		
	Total	67.000	67			
以发展前景为基准		Sum of Squares	*df*	Mean Square	*F*	*Sig.*
用地用电	Between Groups	3.363	4	0.841	0.832	0.510
	Within Groups	64.637	64	1.010		
	Total	68.000	68			
税率	Between Groups	1.172	4	0.293	0.281	0.889
	Within Groups	66.828	64	1.044		
	Total	68.000	68			
行业进入壁垒	Between Groups	6.350	4	1.587	1.648	0.173
	Within Groups	61.650	64	0.963		
	Total	68.000	68			
融资	Between Groups	2.943	4	0.736	0.724	0.579
	Within Groups	65.057	64	1.017		
	Total	68.000	68			

续表

以经营绩效为基准		Sum of Squares	df	Mean Square	F	Sig.
投资及政府采购	Between Groups	3.236	4	0.809	0.799	0.530
	Within Groups	64.764	64	1.012		
	Total	68.000	68			
变相收费	Between Groups	4.955	4	1.239	1.258	0.296
	Within Groups	62.045	63	0.985		
	Total	67.000	67			

2. 小微企业的战略导向

（1）小微企业聚类分析。根据上述的分析，样本小微企业很可能存在战略导向上的分化，从而导致企业在各种经营行为与竞争压力上都存在明显差异。因此对样本的经营行为状况及其所面对竞争威胁的各个因素进行聚类分析（如表9－8所示）。根据第三章的分析，文化企业存在六种战略导向，其中小微企业只有三种基本战略可供选择，因此本报告在分析时将样本聚类为三类。根据表9－4～表9－5的结果，文化小微企业的三种战略选择分别是：第一种，其挤压利润与竞争威胁的主要因素主要是人民币升值、利息、工人工资和营销成本，可称为营销型企业；第二种，其挤压利润与竞争威胁的主要因素主要是行业进入壁垒、融资和投资及政府采购，可称为投资型企业；第三种，其挤压利润与竞争威胁的主要因素主要是原材料价格、用地用电、变相收费和税率，可称为制造型企业。

表9－8　　　　　小微企业影响利润因素与竞争威胁要素聚类分析

	Cluster		
	1	2	3
原材料价格	0.38252	－0.29802	0.44137
人民币升值	1.18207	－0.28316	0.12443
营销成本	0.63141	0.17134	－0.44725
工人工资	1.14718	－0.13972	－0.03911
利息	2.32557	－0.23256	－0.23256
用地用电	－0.43233	－0.29326	0.67707
税率	－0.45549	－0.18687	0.49690

续表

	Cluster		
	1	2	3
行业进入壁垒	0.20056	0.26999	-0.60624
融资	0.13615	0.17228	-0.33357
投资及政府采购	0.19695	0.14533	-0.30636
变相收费	-0.38768	-0.23747	0.54432

（2）三种战略类型的相关分析。对以上三种个战略导向的企业分别分析其与绩效的相关性，以及战略导向相互间的相关性。结果表明，只有制造型战略导向的企业对企业的长期和短期绩效存在显著的正向关联，而其他两种战略导向的文化小微企业都同时与长期和短期绩效形成显著的负向关联。这说明只有以制造作为主要经营活动的文化小微企业可以在短期和长期都实现较好的绩效。同时，不同类型的企业之间的相关分析也表明，制造型企业与投资型企业构成显著的负相关。说明这两种企业无论在经营模式还是在战略思路上都存在互斥的关系（如表9-9所示）。

表9-9　　　　　　　　不同战略导向企业的绩效相关性分析

	销售型	制造型	投资型	发展前景	经营业绩
销售型	1	-0.135	0.166	-0.053	-0.028
制造型	-0.135	1	-0.389 **	0.055	0.052
投资型	0.166	-0.389 **	1	-0.041	-0.010
发展前景	-0.053 *	0.055 **	-0.041 *	1	0.347 **
经营业绩	-0.028 **	0.052 *	-0.010 **	0.347 **	1

*. Correlation is significant at the 0.05 level (2-tailed).
**. Correlation is significant at the 0.01 level (2-tailed).

3. 小微企业对文化产业相关政策的适应性

（1）小微企业对当前广州文化产业政策的评价。对样本企业政策效果和适应性的题项回答情况进行描述性统计发现，无论是对当前产业政策效果还是对当前文化产业鼓励政策的合适程度，受访者的回答都是中等偏上水平。但相比之下，关于政策效果的回答方差更小，说明受访者普遍对文化产业政策的效果有较为统一的认识，而围绕当前政策的适应性则有更为明显的分歧（如表9-10所示）。

表 9 - 10 文化小微企业对当前鼓励扶持政策的评价

	N	Minimum	Maximum	Mean	Std. Deviation
政策效果	75	2.00	5.00	3.1867	0.71079
政策是否合适	74	1.00	5.00	3.2297	1.48552
Valid N（listwise）	73				

（2）小微企业不同战略导向与政策适应性的相关分析。各种战略导向的文化小微企业关于政策效果和适应性有不同的关联程度。分析表明，销售型企业对政策效果有显著的负向关联，但与政策适宜性则有不显著的正向关联；制造型企业则与政策效果不显著的正向关联，但与政策适宜性则有显著的正向关联；而投资型企业则与政策效果不显著的负向关联，但与政策适宜性则有显著的正向关联。这说明对于当前的产业政策和小微企业扶持政策都有不满意之处。特别当前政策对于销售型的小微企业而言存在较为明显的负向效果。对制造型和投资型战略的企业则都对当前的政策表现出较好的适宜性（如表 9 - 11 所示）。

表 9 - 11 不同战略导向的企业关于政策的适应性

	政策效果	政策是否合适
销售型	- 0.231 *	0.168
制造型	0.139	0.106 *
投资型	- 0.147	0.081 **

*. Correlation is significant at the 0.05 level （2 - tailed）.
**. Correlation is significant at the 0.01 level （2 - tailed）.

五、政策建议

（一）继续推进国有文化企业去行政化进程

广州国有文化企业有不少都掌握着区域文化传播渠道和发布权。这些国有企业的去行政化过程同时也就是区域文化传播渠道市场化的过程。所以应进一步加快国有文化企业去行政化的进程，进一步放开我市区域文化传播渠道等文化市场空间，这样可以有效压制"劣币"，帮助依靠原创和专业化管理成长起来的文化及其他产业企业。国有文化企业的去行政化有利于广州文化产业区域竞争力和区域聚集效应的提升。

（二）在知识产权保护中强调文化原创人员的权益

目前，我国知识产权保护法对知识产权形式的界定并不利于保护文化作品的创作积极性。因此广州在制定区域政策和法规时应该强调文化原创作品及人员的合法权益，对侵犯、剽窃、抄袭他人文化作品及形象的行为制定相对严厉的惩罚措施。这样有利于进一步凝聚文化的专业创作团队落户广州，提高广州文化产业的区域竞争力。

（三）加强中介机构市场服务，促进文化产业良性发展

面对当前我国文化产业普遍存在高层政府部门行政审批以及企业相应支付的"形式成本"，广州应依托目前的文化产业的相关中介结构，例如行业协会等，建立若干个产业服务平台，为文化企业及其他企业提供顺利获得中央各部委相关资质认定、行政审批以及内容审查等方面的专门性服务。事实上，不少专注于文化制作与发行的文化企业并不熟悉我国关于文化作品与制作机构的相关审批制度和程序，不但要支付高额的管理成本，而且还有可能因为审批程序不熟悉或者政策水平不足而使专业的文化制作无法进入市场。所以，广州应该逐步建立若干文化产业的服务平台，利用政府体系的政策优势和信息便利，帮助专业的文化制作企业降低"形式成本"，加快文化作品进入市场和传播渠道的速度，从而促进文化企业的良性发展。

本章参考文献

［1］瓦尔特·本雅明（Walter Benjamin）著，李伟，郭东译：《机械复制时代的艺术》，重庆出版社，2006 年。

［2］Max Horkheimer, Theodor Adono 著，渠敬东，曹卫东译：《启蒙辩证法》，上海

人民出版社，2006 年。

　　［3］James F. Moore 著，梁骏等译：《竞争的衰亡—商业生态系统时代的领导与战略》，北京出版社，1999 年。

　　　　　　　　　　　　　　　　　　　　　　　　　　　　（皮圣雷*）

---

　　* 皮圣雷，广州市社会科学院，副研究员。

第十章

广州市中小文化企业融资的
柔性风险评估

广州市发展文化产业是其经济发展阶段和城市定位内生决定的。文化产业已成为广州市社会经济发展的重要力量，并且将成为广州市经济社会转型升级后的新支柱产业。但是，广州市文化产业发展也存在一些问题，最突出的问题是广大中小文化企业普遍融资困难。在企业风险评估过程中，存在对中小文化企业规模歧视的考核指标，使得中小文化企业资信普遍较低。由于不能正视中小文化企业自身的特殊性，一味强调贷款的风险责任，进一步加剧了中小企业融资难的困境。解决中小文化企业融资难问题需要政府、金融机构、信用担保机构以及中小文化企业自身等多方面采取措施，而其中的关键是要建立起适合中小文化企业特点的信贷风险评估体系。本课题基于广州市某担保机构比较成功的做法，构建起一套从实践中提炼出来的、互动的、人性化的、多次反馈的柔性风险评估系统，并运用现行财务学、经济学和社会学理论对此系统进行理论提升并进行实践应用，为解决广州市中小文化企业融资难寻找新的突破口。

一、广州市发展文化产业是其经济发展
阶段和城市定位内生决定的

美国学者 Michacl E. Porter 等把经济发展划分为四个阶段：第一阶段是在低收入水平时，此阶段属于"要素驱动阶段"，其增长主要依赖于土地、廉价的非熟练劳动力、矿产资源等初级产品的投入；第二阶段是在低收入水

平向中等收入水平过渡时，此阶段开始进入"投资驱动阶段"，其增长主要依赖于大规模的资本投入，包括对基础设施的大量投资和吸引外资；第三阶段是在从中等收入水平向高收入水平过渡时，这一阶段开始进入"技术与创新驱动阶段"，开始从技术进口经济向技术生产经济转变，主要依赖于知识创新和技术创新，需要有相当高的社会教育水平作为支撑以及具有迅速向新技术转移的能力，第四阶段是在高收入水平阶段，此阶段属于"财富驱动阶段"，此阶段中人们普遍追求个性的全面发展，追求文学艺术、体育保健、休闲旅游等方面的生活享受，在此阶段，第三产业将进一步分化，其中的创意产业、精神产业和内容产业将逐步成为经济中的主导产业。

我国目前的经济发展水平正逐渐从第一、二阶段向第三、四阶段过渡。2014 年的中央经济工作会议指出，我国经济发展进入了新常态，正从以前的高速增长转向目前的中高速增长，经济发展方式正从规模速度型粗放增长转向质量效率型集约增长，经济结构正从增量扩能为主转向调整存量、做优增量并存的深度调整，经济发展动力正从传统增长点转向新的增长点。我国目前需要着力抓好化解产能过剩和深入实施创新驱动发展战略，而化解产能过剩的根本出路在于创新，包括技术创新、产品创新、组织创新、商业模式创新、市场创新。这就需要大力发展战略性新兴产业，加快传统产业优化升级，促进产业结构调整升级，创造环境，使企业真正成为创新主体。

从广东省来看，改革开放 30 多年来，广东省已经成为制造业大省，尤其是以广州、深圳、东莞为主的珠三角地区拥有强大的制造业，被称之为世界工厂。但是，这种依靠廉价劳动力和大量消耗资源，依靠大规模资本投资发展经济的要素成本优势不再，事实上也难以持续。广东省实行产业转型升级是一个必然的历史进程。目前，广东省的经济发展也正在由原来低级阶段的要素驱动、投资驱动向高级阶段的技术与创新驱动及财富驱动转化，且这种转化走在了全国的前列。2008 年金融危机爆发后，国际、国内经济环境发生了深刻变化，广东省加快了产业调整、转型升级、产业转移的步伐。而如何进行产业的调整、转移与转型升级一直是经济界与社会各界广泛研讨的问题。由于文化产业具有科技含量高、资源消耗少、创业门槛低、吸纳就业多等特点，发展文化产业，是扩大内需、推动经济平稳发展的重要举措；发展文化产业，也有利于推进经济结构调整和经济发展方式的转变，并带动其他相关产业的发展。发展文化产业，不但为调整广东省产业结构提供了新途径，也是广东省建设"文化大省"的客观要求。原广东省社科联主席田丰认为，广东应依托制造业基础和深厚的文化底蕴，以及新闻传媒、网游动漫、音像制作等在国内领先的优势，积极发展创意衍生品的生产制造，并向创意价值链上的内容原创和服务供应、分销两个高端环节延伸，成为具有国际影响力的创意产品和设备制造业及流通业中心，数字内容产品生产流通与内容服务基地、动漫和网络游戏研发制作中心、创意产业研发和孵化基地；同时也成为港澳文化创意产业进军国内（首先是泛珠三角区域）市场的重要门户，国内（首先是泛珠三角区域）文化创意产业链与国际市场对接的区域性国际商务服务中心区。因此，抓住国际金融危机与文化发展"反周期"的重要机遇，依托制造业的基础，通过将制造业与文化产业结合，延伸产业链条，发展相关产业群，从而全面提升广东省经济文化的竞争力。

广州市是广东省政治、经济、文化、交通中心，是华南地区最大的城市，其文化资源、人力资源、市场资源丰富。广州市也是一座拥有几千年历史的文化古城，她不仅是中国古代海上丝绸之路的发祥地，也是岭南文化的中心，有着丰富的历史文化资源。广州市毗邻港澳，面向东南亚，中西文化交汇，地理位置独特。广州市独特的地理位置和对外开放历史，使得百越文化、中原文化和西方文化融合碰撞，形成了别具一格的岭南文化。这些丰富的历史文化资源及得天独厚的地理优势无疑为文化创意产业的发展提供了资源基础。广州市的传媒、影视、动漫、会展、广告、设计等核心文化产业基础良好，文化资源配置多样，文化类型丰富。在改革开放政策的推动下，近年来广州市经济发展一直风头正劲，综合经济实力持续增强，战略发展地位也在不断提高，各种要素和资源集聚优势日益突出，发展环境不断优化，消费市场巨大，具备了发展文化创意产业的基础与条件。早在2010年广州市全年GDP就已经突破了万亿元大关，成为中国内地第三个进入"万亿俱乐部"的城市，人均GDP超过1万美元，市场需求广阔，经济基础发达，支撑着广州市文化创意产业的快速发展。发展文化产业，不仅为广州市产业发展开拓新的领域，更是全面优化产业结构，建立现代产业体系、增强国际竞争力的必然选择。广州市加快现代服务业发展，强化国家中心城市功能，"卡位"发展文化产业是重要途径。因此，广州市发展文化产业是其经济发展阶段和城市定位内生决定的。

二、广州市文化产业发展的现状和存在的主要问题

近年来，广州市文化产业有了较大的发展，文化产业已成为广州市社会经济发展的重要力量，将成为广州市经济社会转型升级后的新支柱产业。广州市充分借助信息技术，推动文化与科技融合发展，使文化新兴业态和高端业态发展迅猛，在网游动漫、新媒体、工业设计等领域具有全国领先地位。广州市被誉为"千年商都""首善之区""国家中心城市"等，大型的经济文化活动已形成城市品牌。广州出口商品交易会享誉世界，广州国际艺术博览会吸引了全球20多个国家和地区参展，中国音乐金钟奖从2003年起就已永久落户广州，金龙奖已成为我国动漫行业代表性的奖项。广州涌现了像珠江钢琴集团、珠江数码集团有限公司等一大批优秀文化企业以及羊城创意产业园、广东音像城等多个文化产业园区。

虽然广州市文化产业发展态势良好，但总体来说，广州市文化产业还处在起步阶段，文化产业发展依然存在一系列的问题。主要表现在一是政府宏观管理体制改革相对滞后。文化产业在发展过程中，很多企业都是跨部门、跨领域、跨行业经营，这就需要各部门之间统一协调。但现阶段，广州市政府文化管理仍然是条块分割，多头管理，政出多门，没能成立专门的管理部门，造成权限不明、职责不清，未能根据产业性质、相关产业联动的特性构建文化管理模式，缺乏对产业发展的战略研究、引领和指导，缺少鼓励和扶持文化产业的具体措施。国有文化事业单位改革滞后，更导致文化资产运作水平和效率低下。二是文化产业发展资金严重不足，文化企业特别是中小文化企业普遍融资困难。广州市没有出台统一的文化产业扶持资金政策，相对于北京、上海、深圳等城市，广州市用于文化产业发展的资金规模要小得多。扶持资金的缺乏，一方面使本地的小微文化企业不能得到持续发展，后劲不足；另一方面，很难吸引到文化企业来广州，反而导致一些文化企业另找其他城市落户发展。近年来，中央和地方政府在缓解中小企业融资难方面采取了大量的措施，金融机构为此也付出了不少努力，为中小企业融资解决了不少困难，但是从目前来看，获得资金的中小企业大部分是工业制造企业，中小文化企业获得的资金较少。中小文化企业的经营管理与工业制造企业有比较大的差别，他们既面临着和广大中小企业相同的融资困境，还存在

着其特有的融资难题。在国家促进文化大发展大繁荣的战略背景下，部分金融及投资机构对文化产业的投融资热情有所提升，但其投融资对象多为国有文化企业或上市的文化创意企业，他们对大量中小文化企业的支持和关注明显不足。广州市文化企业特别是中小文化企业融资难的问题仍然相当严重。三是文化市场不规范，市场环境不够透明、公平，文化产业缺乏核心竞争力。一方面，国有文化事业单位还没有建立起现代企业制度，仍享受国家的财政拨款；另一方面，对民营资本未能本着"平等准入，公平待遇"的原则。由于文化生产者地位不平等，妨碍文化市场的开放性和文化产业的竞争性。四是微观经济组织规模小，自主创新能力不足。广州市文化产业规模虽然不断扩大，但大部分文化企业规模偏小。广州市虽然文化资源丰富，近年来也涌现出一批知名文化创意企业，但在整体数量、规模、经济效益等方面与文化产业发达的国家和地区相比仍然存在很大的差距。企业创新能力不足，从而造成广州市文化产业在国内、国际上有影响力的文化品牌极少，对于整个中国市场来说，广州文化产业的影响力甚至不及香港文化的传播深远，这对于作为岭南文化真正发源地广州来说，确实值得反思。五是文化产业政策不配套，法律法规不完善，政策执行不到位。广州市虽然出台了不少文化经济政策，但缺乏连续性。没有对不同行业的文化生产，设立不同的资金投入和税收标准，以调整文化产业结构和格局。在文化产业深化过程中，有些政策没有相应的调整，迟缓了文化产业的发展步伐。现行法律法规对文化产业的侵权行为处罚较轻，而且执法力度不够，市场上屡见不鲜的盗版行为，也不利于原创作品的生产，严重制约了创意产业的发展。六是文化产业人才不足，高端人才以及复合型人才缺乏。文化产业是一种集个人创意、技巧以及才华于一体的行业，这就决定了文化产业所涉及的每一个环节都离不开人才。虽然广州市汇聚了来自全国各地的各行各业的人才，但是就文化产业来说，由于人才政策不到位，导致文化产业各行业的从业技术人员严重不足，流失现象严重，高端技术人才缺乏，尤其是缺乏综合素质较高的熟知文化产业特点和市场运作的高端经营管理这一类的复合型人才。

上述问题中，影响广州市文化产业发展最为突出的问题还是资金问题。目前，融资难成了制约文化企业特别是中小型文化企业发展的最大困扰，如何有效地破解这一难题，已成为广州市文化产业发展的迫切要求。

本课题着重围绕广州市中小文化企业融资问题进行研究，期望找到切实可行的办法解决广州市中小文化企业融资难的问题。

三、广州市中小文化企业融资困难的原因分析

   文化产业是知识和资金密集型的重要产业门类，充足的资金是所有文化企业持续发展的基础和保障。企业的资金来源出自有资金和外来资金两个部分构成。自有资金总是有限的，如何吸引更多的外来资金是包括中小文化企业在内的所有企业的共同课题。企业吸引外部资金也就是对外部融资，中小文化企业的融资可分为债务性融资和股权性融资两大类。债务性融资形成企业的负债，企业要按期偿还约定的本息，债权人不参与中小文化企业的经营决策，对资金的运用也没有决策权；股权性融资构成企业的自有资金，投资者有权参与中小文化企业的经营决策，有权获得企业的红利，与企业共担风险。

   根据对广州市中小文化企业的调研数据显示，中小文化企业资金来源渠道相对单一，大部分企业均以自有资金为主，少量企业则辅以极少的民间借贷资金等形式。非正式的民间借贷是大多数中小文化企业，尤其是民营中小文化企业最常用的外部融资方式之一。但是，民间借贷的融资成本较高，往往也不受法律保护。通过典当资产获得融资机会的做法在中小文化企业中也普遍存在，但这种方式只能够解决文化企业发展的一时资金之需。银行类金融机构对中小文化企业的贷款额度远远低于其他行业。目前我国各个银行的贷款方式比较单一，仍然以传统的抵押贷款和担保贷款为主，由于中小文化企业的自身高风险、缺乏抵押资产等特点导致金融机构不愿向其提供贷款，中小文化企业获得银行贷款十分不易。政府主导的文化产业投资基金，也偏爱不差钱的大型文化企业，绝大多数都不愿意投资于中小文化企业。风险投资对文化产业有顾忌，风险投资者承担了高风险，要求得到高回报，而中小文化企业的产品和服务满足的是精神层面需求，需求弹性大，政策风险大，缺乏通畅的退出渠道，这就影响了风险投资的积极性。中小文化企业在资本市场融资希望更是渺茫，中小板和创业板中文化类上市公司仅占全部上市公司总数的1%左右，其中中小文化企业的比重则更低。虽然中小文化企业在积极寻找资金，多数文化企业都有融资需求，特别是处于成长初期的中小文化企业，融资愿望尤其强烈。但是这类企业希望获得中长期资金，而很多金融类机构为了避免风险，资金供给年限往往较短，资金需求方与供给方之间

存在着资金使用期限的供需不对称。而股权的长期投资者由于对中小文化创
意企业信心不足，也不愿意提供长期资金。中小文化企业对外融资方式简单
且成功率低，中小文化企业自身往往也对融资的重视程度不够，大部分中小
文化企业没有设立专业的融资团队，仅了解融资渠道而不知道具体的融资
程序。

为什么有时在广州市银行、保险等金融机构资金充裕、放款容易时，广
州市的中小文化企业却出现融资困难的现象？因而必须深入分析中小文化企
业融资难的原因。

（一）文化产业的高风险性特征影响融资

文化产业的高风险性特征直接影响了包括中小文化企业在内的所有文化
企业的融资。文化产业的风险主要来自产业自身以及国家政策，是公认的特
殊高风险行业。文化产业高风险主要是因为文化创意产品和服务的偶然性以
及文化市场的不可预估性。文化产业产品的创造和文化服务的提供主要来自
于文化创意人的创意，而创意的不可估摸性决定了文化产业投资不可能像物
质生产产业那样投入后必然有产品。而且，创造的文化产品和可能提供的服
务能否符合市场要求从而被社会所接受与认可，也取决于文化产品提供者对
社会的一种预判。此外，文化产业还存在其他产业所不具有的"政治风
险"。文化产业兼具有经营性和文化性，相对于有形物质产品，文化蕴含着
政治、道德、思想、历史等多种价值。从某种程度上说，文化属性就是意识
形态属性，其主要表现在精神文化产品生产对于意识形态资源具有相当程度
的依赖。把文化产业等同于普通产业的"去意识产业化"的想法既不符合实
际，又会造成危害。文化产业的意识形态性决定了国家对文化产业总会有选
择地给予支持或加以限制，文化产业融资更易触动政策红线。其难以把握的
"政治风险"更使得投资人害怕将资金投向文化企业。

（二）中小文化企业自身的原因

1. 中小文化企业规模小，担保能力较差

中小文化企业规模小，资产组合中有形资金少，无形资产多，缺乏可供

银行贷款担保的固定资产。奠定文化企业竞争力的核心资产是创意、治理制度、关系资源、企业品牌、人力资源、价值观等轻质资产，特别是处于文化产业发展前期成长阶段的企业以项目方式运作，一般不具有连续性、关联性和同质性，未来收益预期、风险评估难度大，在无形资产评估体系不健全、专业性的文化保险机构与融资担保机构缺乏、知识产权抵质押制度不完备、多元化融资市场和风险投资平台缺乏的投融资环境中，金融机构对中小文化企业贷款采取更为谨慎的态度，甚至将中小文化企业排除在融资体系之外也在情理之中。根据已调查的金融机构的态度来看：有50%以上的金融机构认为实行无形资产质押贷款需要专业的评估机构提供服务才能办理；有40%左右的金融机构认为无形资产质押贷款成本较高，风险较大，可操作性较差，很难实施。这就给无形资产比重较大的文化企业融资增加了难度。

2. 行业信息不透明，未能建立起现代企业制度

依据相关部门的划分标准，我国现代文化企业多样化、多层次地分布在2大部、9大类、24中类、80小类之中，每类都有自身的经营运作特点，隶属于同一板块的文化企业也有不同的盈利模式和渠道，金融机构对于各类文化企业的商业价值和综合效益也很难准确地把握。尤其是在知识经济时代和网络时代，依据消费偏好定位的文化市场变幻莫测，金融机构难以对中小文化企业客户的变现能力、财务报表、团队管理经验、企业资质以及业务水平等事关风险判断的要素进行有效监督和考察。

同时，从现状来看，中小文化企业以家庭企业或个体经营居多。企业治理制度不完善，管理层和股东混为一体，使得中小文化企业的管理责任评价模糊，存在很多漏洞。再加之从业者大都缺乏金融知识和财务知识，投资具有一定的盲目性；企业财务制度不健全，财务数据不准确、不真实、不完整，难以满足金融机构融资审批的要式条件。

3. 中小文化企业融资的主观能动性不强

中小文化企业固然有资金的要求，但融资准备与努力程度明显不够。多数中小文化企业内部并没有专门的投融资部门及人员，对于正常的融资知识了解不多。调研表明，中小文化企业基本不会尝试风险投资，主要考虑银行借贷。在我国现有投融资体系仍然是供方市场的情况下，中小文化企业只有积极寻求资金，才能在融资竞争中有所收获。

（三）金融机构的原因

1. 金融机构支持中小文化企业发展的观念滞后

文化产业是一个在我国最近 10 多年才兴起的新兴产业。长期以来金融机构的信贷投资主要集中在房地产企业、大型工业企业等成熟产业中，主要信贷经验的积累都集中在这些传统的大型企业。为文化企业或者文化项目提供融资是一种新的业务，如何把握文化产业大发展的机遇，比较准确地对文化产品和文化企业进行估值、财务预测、风险评估，如何根据行业动态与趋势设计金融产品等都还需要一个学习和适应的过程。

2. 金融机构缺乏专业化的文化产业投融资人才

金融机构的商业本性决定其开展金融服务时必须理性，必须有效防范风险，保证投资安全。而文化产业本身是一个高投资、高风险、高利润的行业，对这个产业开展服务需要一批专业化的文化产业投融资人才。这些人才除了要熟悉银行业务，精通创投、风投、产权交易、上市交易外，还要熟知文化产业发展规律，掌握文化创意及其开发和运作方式。目前金融机构普遍缺乏这样的专业人才。

3. 银行的信用评级标准比较单一

商业银行都有自己的信用等级评定标准，但这些标准往往并不符合文化企业的实际情况。高成长性是中小文化企业的重要特征，但银行的信用等级评定没有考虑企业的成长性指标。按照目前各银行的信用评级标准，中小文化企业信用等级普遍低于银行制定的标准，因此很难获得信贷支持。

4. 尚未建立起完善的信用担保体系

现行信用担保体系对中小文化企业融资担保还存在着许多问题，主要有：一是担保机构资金来源单一，担保基金规模较小；二是政府财政资金不能满足广大中小文化企业融资担保的需要；三是银行与担保机构的风险分担问题未能很好地解决；四是再担保体系建设相对滞后，再担保机构功能尚未得到有效发挥；五是缺少对担保机构的法律规范。

（四）法律、政策及现行融资制度方面的原因

1. 法律法规不够完善，政策支持力度不够

文化产业发展所需的法律很多还是空白，现有的法律法规有许多不尽完善的地方。制度层面的缺失使得我国文化产业在融资方面所面临的知识产权界定、知识产权评估、知识产权质押有很多模糊面，从而使得很多资金主体对中小文化企业持观望态度。

同时，我国政策性文化基金应用规模和范围不大，主要针对的是国有文化体制改革的单位，对于大量中小文化企业来说，难以享受政府采购、项目补贴、定向资助、税收减免、贷款贴息等政策支持。政策层面支持的力度不够严重阻碍了我国中小文化企业的融资。

2. 现行融资制度不适合中小文化企业

（1）现在的银行融资方案不适合中小文化企业。现有的银行借贷基本上是为传统产业服务的，而中小文化企业是达不到银行贷款对抵押和风险控制的最低要求的，属于银行所认定的信用等级偏低而风险偏高且缺乏抵押资产的用户。近年来，一些银行对文化产业的融资热度有所提升，但它们的融资对象也都限定在大型文化企业或者比较出名的文化人，即使对于这些融资对象，同样要求贷款人提供一定的固定资产抵押，中小文化企业则基本上被排除在外。

（2）上市融资制度也把中小文化企业在证券市场融资基本给排除在外。中小文化企业大多是微型企业，不具备主板市场上市的财务及公众持股的要求等硬性指标。资本市场中，中小文化企业仅有可能在中小板和创业板发行上市，但是中小板中"无形资产不高于净资产的20%"的上市条件以及创业板中严格的财务利润要求也堵塞了绝大多数中小文化企业在证券市场融资的渠道。

（3）文化产业基金体系尚未完全形成也影响了中小文化企业融资。文化产业基金主要包括文化产业投资基金和融资担保基金。基金可以是国有公募的，也可以是私募的。然而，非财政资金主导的文化投资基金和其他形式的金融支持一样，也偏爱实力雄厚的大的文化企业，而忽略了大多数真正需要

投资的中小文化企业。此外，专门服务于中小文化企业的国家融资担保基金也处于缺位状态。文化产业是以内容为核心的创意产业，融资既需要文化产业的从业者不断发挥自己的主观创造性，同时也需要政府和社会为其创造宽松的创业环境，其中一个重要条件就是要为文化产业发展提供资金支持，解决其发展中的资金瓶颈。未来应当考虑，利用财政资金构建政府主导的文化产业基金体系。

四、解决广州市中小文化企业融资困难的相关对策

中小文化企业融资难是产业、企业和制度等多重因素造成的，解决问题的关键是应提升文化产业的地位使其在同其他产业竞争中处于有利位置；重构文化产业融资制度，为中小文化企业融资清理政策障碍，尤其是应直接建立健全中小文化企业融资机制，促其高效融资。我们认为，要借鉴文化产业发达国家和地区对文化企业建设资金支持的做法和经验，为破解广州市中小文化企业融资困难的问题采取一些必要的对策。

（一）建立促进广州市中小文化企业发展的扶持政策

根据广州市中小文化企业的发展特点以及所处的阶段，建立促进中小文化企业发展的政策性基金扶持势在必行。

1. 鼓励文化企业孵化器多元化投入、企业化运作、专业化发展

从政策上鼓励民营资本和投融资公司参股或投资文化企业孵化器建设。协调地税和财政部门出台用于文化企业孵化器的房租收入减免房产租赁税，以鼓励社会各界和企业创办文化企业孵化器，为更多文化企业提供孵化服务，以降低创业成本，提高处于种子期文化创意企业的创业成功率。

2. 加强对广州市中小文化企业发展的财政支持力度

广州市政府每年应安排相应的资金用于对中小文化企业贷款贴息、项目补贴、支持信用体系建设、创意奖励等，不以"身份"论高低，鼓励文化企业技术创新，研究开发文化新产品、新项目，促进文化产业较快地发展。为

了鼓励金融机构向中小文化企业提供贷款，政府应借鉴韩国以及北京市的差别贷款做法，遵循"差别优惠、比例核定、额度控制、先付后贴"的原则，对处于不同发展阶段的中小文化企业贷款，给予不同的财政贴息。

3. 统筹财税政策扶持

政府应制定中小文化企业的税收优惠政策；简化纳税申报和办理纳税程序；延长纳税期限，培训中小文化企业的财务人员，及时沟通财税信息。

（二）构建多层次的资本市场

1. 积极创造条件鼓励支持中小文化企业上市融资

广州市政府应借鉴深圳的"一站式服务"做法，制定相应政策，积极引导成长性好、具有一定规模的中小文化企业做好在中小企业板上市的准备，对于尚不具备上市条件的中小文化企业，政府应借鉴美国创业板市场的经验，积极帮助其创造条件，做好前期准备工作，力争能在创业板市场融资。

2. 建立知识产权交易中心

可建立市级知识产权交易中心，促进文化产业发展。政府应制定相应优惠政策，尤其在建立知识产权评价机制、鼓励企业创新、建立文化知识产权保护体系、促进版权交易等方面要制定优惠政策，并鼓励知识产权作价入股。

3. 建立场外交易市场，重视私募股权投资基金

政府应适时建立场外股权交易市场，积极引导私募股权投资基金对文化企业的股权投资。对于达不到在创业板上市的中小文化创意企业，则为其引入私募股权投资基金。

（三）探索新的间接融资方式

1. 鼓励商业银行探索知识产权质押贷款业务

积极支持企业利用专利权和商标权等无形资产作为质押进行融资，让拥

有知识产权等无形资产的优质中小文化企业获得贷款支持，让最需要资金扶持的知识产权成果转化得到支持。

2. 开展小额贷款公司对文化企业贷款的试点

由于小额贷款公司提供贷款的利率远高于银行基准利率，为此，市政府应制定相应政策鼓励小额贷款公司向中小文化企业提供贷款。由于小额贷款公司的贷款利息较高，因此给予超过基准利率计算的实际利息部分，由财政资金补助或以文化产业基金全额补助，以此扶持文化产业快速发展。

3. 建立符合中小文化企业贷款特点的审批方式

中小文化企业贷款金额小、笔数多、时效性强，短期资金需求多，在贷款管理上要不同于一般的企业，有必要建立符合中小文化企业贷款特点的贷款分类、不良贷款问责考核等差别化的制度体系，为银行业开展中小文化企业贷款业务营造良好的政策激励。

（四）积极发展中小文化企业投融资服务机构，完善投融资服务体系

中小文化企业投融资需要金融机构、投融资服务机构、中小企业之间积极合作，并与企业发展阶段相衔接。文化金融本身就是一个新兴事物，资金需求方需要融资服务，资金供给方需要投资服务。具体来说，中小文化企业投融资需要文化产权、知识产权的价值评估和鉴定服务、文化信贷担保服务、文化项目及产品保险服务、信用评级服务、融资咨询服务。中小文化企业的资产一般是艺术品、收藏品及版权、文化商品等轻资产，要利用这些资产进行抵押或质押必须进行科学、公正的鉴真和价值评估。政府应建立有形文化资产和无形文化资产评估标准、参数和方法。应积极培育具有权威性和公信力的文化资产评估鉴定机构。轻资产的文化创意类中小企业也需要担保服务，尤其是机构担保服务，但其高风险决定一般性商业担保或是不会介入或是需要企业支付较高担保费用或提供反担保，因而应建立政策性的中小企业担保服务机构。文化项目和产品开发过程中有很多风险，应探索文化保险产品，比如电影拍摄的完工保险、版权侵权保险等。中小文化创意企业良莠不齐，应基于行业协会或商会组织，促进相关部门信息共享与沟通，建立信用服务体系。文化金融双方还需要管理咨询服务，要为投资方提供最优的投

资方案，实现风险收益的最佳组合，并符合投资人偏好；为融资方提供融资方案的建议，使融资方案符合资金需求特点。咨询服务机构还能帮助企业改善内部管理和经营，实现规范化管理，以提高其信用等级，增加投资吸引力。可以借鉴北京科技金融的成功经验，组建文化金融服务集团，以不同发展阶段的文化创意类中小企业为服务主体，以多种金融工具创新为服务手段，构建一条龙金融服务链，可包括资产管理、创业投资、融资担保、小额贷款、投融资管理咨询、发起设立并购重组基金和私募股权基金等。为了更好地服务于文化创意类中小企业，文化金融人才的培养也不可或缺，要通过学位教育和在岗培训等形式促进文化金融人才的培养。

五、促进广州市中小文化企业融资的柔性风险评估系统研究

（一）现行信贷风险评估制度不利于中小文化企业

前文较详细地分析了广州市中小文化企业融资难的原因，并尝试从多个角度提出了解决中小文化企业融资难问题的对策。虽然中小文化企业可以多渠道融资，但从目前来看，中小文化企业利用资本市场筹集资金很难，通过直接融资的方式发行公司债券、普通股等门槛过高；通过间接融资方式进行资金筹集，又存在许多限制，大多数中小文化企业融资在很大程度上仍然依赖银行贷款。但是，银行尤其是国有商业银行为了控制风险，在贷款时往往青睐大企业，不愿对中小文化企业贷款。实证研究表明，银行对中小企业贷款与规模之间存在着很强的负相关，银行规模越大越不愿意为中小企业贷款。在我国，为了控制商业银行信贷风险，近几年，在中小企业与银行之间，兴起了担保机构，这为中小企业融资环境的改善起到了很好的作用。面对中小企业融资困局，广东省谋划成立再担保机构，国家也正在酝酿成立中小企业银行。这些举措如果都能最终实施，将会对中小文化企业的发展产生非常积极的影响。但是，在当前的大环境下，银行不愿对中小文化企业贷款的状况仍然没有从根本上得到改善，银行对中小文化企业避而远之必然加剧其融资难。

中小文化企业融资难突出表现在信贷难。而信贷难的关键主要是因为中小文化企业自身具有高风险、缺乏抵押资产等特点，银行在对中小文化企业信贷风险评估上存在着规模歧视的考核指标，使得中小文化企业的资信普遍较低。现行风险追究制度使信贷员权、责、利极不对称，由于不能正视中小文化企业自身的特殊性，一味强调贷款的风险责任，使得信贷员"惜贷""恐贷"，导致银行不愿向中小文化企业提供贷款。由此可见，现行的信贷风险评估制度不利于中小文化企业是导致银行不愿向中小文化企业贷款的症结所在。要想解决中小文化企业贷款难的问题，需要分析银行对中小文化企业信贷风险评估方面所存在的问题，并重构有利于中小文化企业融资的新的银行信贷风险评估系统。

（二）银行在对中小文化企业贷款信用风险评估方面存在的问题

1. 缺乏专门针对中小文化企业贷款信用风险的评估体系

目前大多数银行为中小文化企业授信与大企业一样，发放贷款的基本业务流程、贷后管理和违约情况的处理基本一致，也就是说多数银行还没有建立专门针对中小文化企业贷款业务的风险评估指标体系，对中小文化企业是否授信往往是参照大企业的授信标准。一般来说，银行发放贷款应以企业的风险程度为标准，这是由不同规模的企业反映的风险程度不同所决定的。对于中小文化企业来说，领导者的素质是主要的参考指标，而对于大企业来说，项目的决策和行业的发展状况可能非常关键。中小文化企业的资产中很多都是文化创意等无形资产，固定资产等硬资产所占比重偏低，而文化创意类无形资产的价值评估相对固定资产来说难度要大。因此，若商业银行按照大企业、大项目的授信标准来判断和衡量中小文化企业的风险状况显然是不符合实际情况的，并且对于中小企业来说，在这样严格的贷款审批条件下获得贷款的概率非常小。所以，银行应针对中小文化企业制定相应的贷款信用风险评估指标体系。

2. 信息不对称造成银行对中小文化企业"惜贷"

相对于大企业而言，中小文化企业与银行之间的信息不对称程度更高。中小文化企业的内部信息不透明、财务信息披露制度不健全，提高了银行获取企业财务信息的成本，并且信息不对称可能会产生"道德风险"和"逆向选择"。近年来大多数银行为防范这些风险的发生，通过延长审批程序和收紧放贷权限进行规避，并逐步开始对中小文化企业贷款实行单独考核管理和严格的处罚制度。这些问题的存在也在一定程度上加剧了中小文化企业的贷款信用风险，导致银行"惜贷"。

3. 银行对中小文化企业贷款信用风险评估的成本过高

中小文化企业贷款存在需求时间急、数量少、频率高的特点，这主要是由其投资规模小和资金周转时间较短所导致的。统计资料表明，中小文化企业在相同期限内的贷款频率是大企业的5倍，但户均贷款数量只相当于大企业的5%，这种频繁而又零星的贷款必然会加大银行对中小文化企业的贷款管理成本，而且冗长的放贷程序使小额贷款的收益难以抵补银行内部管理的开支。有研究表明，银行对中小文化企业贷款的信息成本和管理成本是大企业的5~8倍。因此，银行在缺乏统一、快捷的信用评级系统的环境下，为了一笔数额很小的贷款而对一个中小文化企业进行评级，显然是不合算的。

4. 贷款信用风险分析技术单一，缺乏定量分析

大多数商业银行的贷款信用风险评估中定量分析不够，一般只是对贷款人进行简单的定性指标分析，或者简单地看几个定量指标的值，其实这样做是不够的。再者银行在掌握客户信息方面也十分薄弱且信用风险评估人才匮乏，因此发展定量分析技术对于准确、客观地分析借款人的信用状况是必须的。一个有效的定量分析系统可以简单、快捷地了解贷款人的信用状况，又不需要太多的评估人员参与。我国目前虽然有些大银行建立了内部评级系统，但评估技术却仍停留在初级分析阶段，与国外优秀银行的"模型化"处理方式相比还存在较大的差距。而在这方面一些小银行的风险管理技术水平更低，如有些银行或信用社决定是否放贷的标准仅停留在企业有无抵押或担保，忽视对于可以反映企业综合能力的财务指标的考察。

（三）基于某担保机构的成功案例提炼出适合中小文化企业的柔性风险评估系统

课题申请人在广州市某担保机构进行调研的过程中，对该机构比较成功

的做法进行总结，并运用现行财务学、经济学和社会学理论，提炼出一种互动的、人性化的、多次反馈的柔性风险评估系统。该担保机构之所以能取得成功，主要原因在于其具有别的机构所没有的服务和理念：（1）把风险降低在担保发生之前。成立中小文化企业联盟，各企业以会费的形式加入，让有管理经验的专家到现场为企业解答经营过程中遇到的难题。（2）在担保发生后，一些企业遇到了困难，此时该机构不是立即按照原来的贷款契约收回贷款或简单地诉诸法律，而是深入企业了解其发生困难的原因，在分析具体情况的基础上，对其面临的风险进行再评估。其实对许多企业来说，银行只要对其延长贷款期限，或者进一步加大贷款力度，就能帮其渡过难关。在风险重新考量的基础上，通过延长贷款期限或重新提供担保，让企业获得更多的金融支持。在这种多次的、双向的、基于服务式的风险评估过程中，企业得到了进一步的发展，担保机构也获得了更大收益。

（四）通过理论提升，建立柔性风险评估系统模型

从企业的角度来看，企业生产经营过程中面临着两类风险：可分散风险和不可分散风险。可分散风险主要指企业自身由于技术、管理、营销等内部因素所带来的风险。这些风险的显著特征是，可以通过企业自身的努力、外界的帮助（诸如培训、辅导、咨询等）来减少和回避。当这些风险出现的时候，中介机构不应该像银行一样，只是进行贷前调查，一旦贷款发放，就严格按照契约执行。为了减少契约执行风险，就千方百计靠近实力雄厚、业绩优良的大公司，对财务实力不强、经营波动性较大的中小文化企业则退避三舍。而柔性风险管理的思想，注重对前事风险的防范、事中风险人性化的解决、事后风险的共同面对，从而可以使许多企业起死回生。柔性风险评估系统的评估过程是：从财务学的角度对中小文化企业进行风险细分，在细分的基础上，寻找风险多样化的分散路径。有些宏观层面的风险，可以让企业通过衍生金融工具以及购买保险而分散。企业内部的有些风险，可以通过中小文化企业联盟及其他形式进行分散。一旦企业经营过程中遇到困难，应该坚信"穷人同样具有非常良好的信誉"，不要以为中小文化企业抗风险能力低就会赖账。实际情况是中小文化企业的风险有"来得快，去得也快"的特点，如果及时得到援助，有时很快会化险为夷。中小文化企业的增量资金比大企业具有更大的效应（简称"增量效应"）。所以，如果评估模型中加入

"信任""增量效应"等因素，就会使风险评估的结果朝着有利于中小文化企业获得贷款的方向发展。同时，中介机构对企业的信任和关爱，容易赢得企业的感激，使两者之间建立起信任、合作机制，减少监督、诉讼的交易成本，由此形成利益共同体。即风险细分—风险分散路径多样化—信任、关爱客户—利益共同体的风险分散和共担路径。柔性风险评估系统模型如图10—1所示：

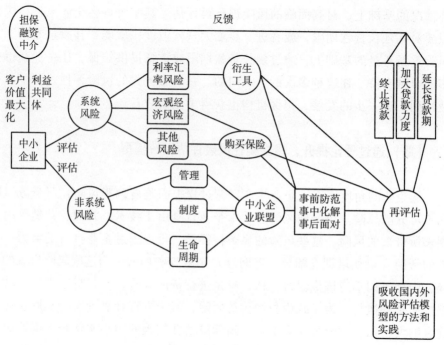

图 10 - 1　中小企业柔性风险评估系统

（五）柔性风险评估系统实施中的问题

（1）互信互保机制建立的可行性。柔性风险评估系统的核心是互信互保机制的建立。互信是降低融资风险和成本的根本途径。柔性风险评估系统的互信机制是怎样建立的？具有哪些特殊性和普遍性？能否广泛应用到中小文化企业的贷款中去？广东产业集群效应非常明显，结合穷人银行的经验，能否通过产业集群形成互保机制？苏南的太仓等地通过集群担保融资，效果十分显著，我们怎样在柔性风险思想的基础上，探索出一套具有普适效应的集群互保机制？

（2）针对柔性风险评估的思想，考察广州市的中小文化企业、担保机构、银行、政府部门对该模型的看法及实施中所遇到的问题。如银行严格的贷款规定与柔性风险评估系统怎样协调？国家政策怎样扶持这种行为？中小文化企业怎样配合？中小文化企业联盟如何运作等。

（3）广东欲成立再担保机构，目的就是降低担保机构单方面承担的高风险。那么，在中小文化企业、银行、担保机构、再担保机构之间，柔性风险评估系统是否能发挥应有的作用？柔性风险评估系统对将来要建立的中小企业银行有哪些启示？

本章参考文献

［1］甘新等：《广州文化创意产业发展报告（2014）》，社会科学文献出版社，2014 年。

［2］胡金东等：《中小企业柔性风险评估模型研究》，《科技进步与对策》，2010 年第 4 期。

［3］陶晖：《中小文化企业融资困难的原因及其对策》，《武汉金融》，2013 年第 5 期。

［4］王微：《中小文化企业融资问题初探》，《中国财政》，2013 年第 6 期。

（汪俊秀　丁春贵）

第十一章

广州市文化产业结构的变动与升级

近年来广州市着眼于促进经济增长方式转型、优化提升城市产业结构、培育新的经济增长点和打造新型城市名片，通过深化文化体制改革，加大文化产业政策扶持力度等途径，不断推动文化产业的发展。目前文化产业已经成为广州市现代产业体系的重要组成部分，在国民经济中的地位不断提高。在这一背景下对广州市文化产业结构进行系统的研究，对于推进广州文化产业结构转型升级，保持产业持续健康发展具有重要意义。本文先详细分析广州市文化产业结构的现状与问题，采用案例分析方法，对国际大都市和国内大城市文化产业的发展与结构特点进行较为深入的分析，最后提出促进广州市文化产业结构升级的主要思路。

一、广州文化产业结构的现状与问题分析

近年来广州市文化产业呈现出良好的发展势头。2013 年，按照新的文化产业统计口径，全市文化产业增加值达 720.01 亿元，占全市生产总值的 4.67%；全市共有文化产业法人单位 2.96 万个，从业人员 34.89 万人。文化产业已经成为广州市现代产业体系的重要组成部分，在广州城市经济中的地位不断提升。

(一) 广州市文化产业结构的现状及变动趋势分析

1. 文化服务业居于支柱地位

2013 年，在广州市文化产业法人单位增加值中，文化产品制造业、文

化产品批零业和文化服务业的占比分别为 24.3%、10.0% 和 65.7%。虽然
文化服务业的比重比 2008 年减少了 0.1 个百分点，但仍明显居于支柱地位
（如表 11 - 1 所示）。

表 11 - 1　　　　　文化产业法人单位增加值构成（2008 ~ 2012 年）

年份	增加值（亿元）	行业增加值（亿元）			构成（%）		
		文化产品制造业	文化产品批零业	文化服务业	文化产品制造业	文化产品批零业	文化服务业
2008	399.56	104.72	27.65	262.87	26.2	6.9	65.8
2009	442.29	111.06	31.05	295.58	25.1	7.0	66.8
2010	524.52	132.15	28.32	357.55	25.2	5.4	68.2
2011	586.99	156.44	40.49	384.09	26.7	6.9	65.4
2012	631.49	184.37	76.74	363.72	29.2	12.2	57.6
2013	720.01	174.68	72.25	473.08	24.3	10.0	65.7

2. 文化服务业主要集中在越秀和天河等中心城区

分地区来看，文化产业单位高度集中在越秀区、天河区、荔湾区等区域。2013 年，越秀区、天河区、荔湾区、番禺区、海珠区和白云区分别有文化产业单位 16645 家、12921 家、11332 家、8163 家、6856 家和 5974 家，分别占全市文化产业单位总数的 22.9%、17.8%、15.6%、11.2%、9.4% 和 8.2%。文化产业增加值排名前五位的地区是天河区、越秀区、萝岗区、番禺区和海珠区。其中，文化服务业主要分布在越秀区、天河区、海珠区等中心城区，文化制造业主要分布在萝岗区、番禺区等区域，文化批零业主要分布在天河区和越秀区（如表 11 - 2 所示）。

3. 文化产业园区建设加快，聚集效应进一步呈现

广州相继规划和建成了一批文化产业基地、园区和特色街，推动了产业聚集化发展。据不完全统计，广州市比较有名的文化产业园区和特色街区约有数十个，主要分布在越秀区、番禺区、海珠区、天河区、荔湾区等区域，影响较大的有北岸文化码头、国家（广州）动漫网游产业基地、长隆文化旅游度假区、荔湾创意产业集聚区、广东文化创意产业园、广州 TIT 纺织服装

创意园等文化产业园区，以及广东国际音像城、文德路字画街、西关古玩街等特色街区。

表 11 – 2　　　　　　　　　　　广州市主要文化产业园区的名称

名称	名称
广州从化动漫产业园	嘉禾创意产业园
白云科技创意园（国际单位）	广州白云创意创业产业园（YH 城）
正华空港产学研总部产业基地（中海联·8 立方）	白云健康科技产业园
广州开发区创意产业园	国家网游动漫产业发展基地广州黄埔园区
广州天河创意港	星坊文化创意产业园
越秀创意产业园区	荔湾路创意大道
南方文化传媒创意产业园	羊城创意产业园
原创雕塑艺术中心（制作基地）	富林·796 设计精英创意产业园
信义会馆	1850 创意园
922 宏信创意园	聚龙村创意文化产业园
芳村文化创意园	太古仓创意园
广州 TIT 国际服装创意园	珠影文化创意产业园
原创雕塑艺术中心（名家楼）	广州亚华影视科技园
长隆旅游度假区	天安节能科技园
广州番禺金山谷创意产业园	广州星力动漫游戏产业园
华创动漫产业园	清华科技园广州创新基地
中颐创意产业园（MOCA 创意城）	"番禺活"嘉年华创意文化基地

4. 城市居民文化消费支出份额与层次的不断提升

随着城市居民收入和消费水平的提高，总消费支出中文化消费的份额趋于提高。2013 年城市居民家庭文化消费占总消费的份额为 14.3%，比 2008 年提高了 2 个百分点。从文化消费结构来看，城市居民文化消费需求的层次不断提升。2013 年文化娱乐服务的消费份额为 11.4%，比 2008 年大幅提升了 3.1 个百分点。文化服务的消费比重越来越高，而文化用品的消费比重则趋于下降（如表 11 – 3 所示）。

表 11 – 3　　广州城市居民家庭人均文化消费支出情况（2008 ~ 2012 年）

年份	城市居民家庭人均消费支出合计（元）	文化消费支出（元）		文化消费支出占比（%）	
		文化娱乐用品	文化娱乐服务	文化娱乐用品	文化娱乐服务
2008	20835. 95	826. 79	1733. 92	4. 0	8. 3
2009	22820. 89	784. 02	2253. 26	3. 4	9. 9
2010	25011. 61	914. 15	2388. 93	3. 7	9. 6
2011	28209. 74	806. 77	2907. 71	2. 9	10. 3
2012	30490. 44	834. 84	3185. 75	2. 7	10. 5
2013	33156. 83	968. 47	3780. 99	2. 9	11. 4

5. 以信息技术为先导的新兴文化产业发展迅猛

近年来文化产业与信息技术结合紧密，新兴业态发展迅速。广州把推进文化与科技融合发展作为加快发展文化产业的重要举措，不断汇聚创新资源，培育新兴文化业态，提升传统文化产业发展水平。科技部、中宣部、文化部、国家新闻出版广电总局四部门联合下发《关于认定第二批国家级文化和科技融合示范基地的通知》，认定广州高新区等 18 个为第二批国家级文化和科技融合示范基地，广州成为全省列入示范基地的唯一城市。广州高新区聚集了网易、励丰、毅昌、原创动力等一大批文化和科技融合的代表性企业。

6. 文化创意龙头企业实力进一步增强，文化品牌初具优势

目前广州市涌现出了一批具有较强影响力的文化企业，对全市文化产业的发展起到了一定的示范带动作用。新闻出版领域，广州日报、南方日报和羊城晚报三大报业集团稳居全国综合排名前十。在动漫领域，广东奥飞动漫文化股份有限公司是国内第一家，也是唯一的一家动漫上市企业。创意设计方面，广州毅昌科技公司、广州大业工业设计公司等已经成为国内本行业的龙头企业。休闲旅游方面，长隆集团已发展成为我国旅游业大型优质企业集团、广东省旅游龙头企业集团，集主题公园、豪华酒店、商务会展、高档餐饮、娱乐休闲于一体的世界级大型综合旅游度假区。

（二）广州市文化产业结构存在的问题及原因分析

1. 文化产业总体层次不高，结构升级的速度较慢

虽然广州市文化产业中文化服务业居于主体地位，但文化产业总体层次不高，在文化及相关产业增加值构成中，文化制造业与文化批零业占比较高，两者合计比重达到34.3%。可见，制造和贸易等外围文化产业在广州文化产业中所占比重较大，而以新闻服务、出版发行、广播电视电影和文化艺术为主的核心内容产业占比较低。与2008年比较，文化服务业的占比降低了0.1个百分点，反映出广州文化产业结构升级的步伐较慢。

2. 高端人才缺乏，人才结构失衡

一是广州是文化产业人才总量不足，与北京、上海相比，还有很大的差距，远远不能满足文化产业发展对人才的需求。二是文化产业的人才结构层次不高，缺乏既通晓文化产业内涵、又具有自主创新和高层次经营管理能力的本土人才、复合人才在国内外有影响力的高层次文化领军人才。三是文化产业人才发展环境有待优化，在与国内其他大城市的竞争中，人才集聚优势不明显，高层次人才外流现象比较普遍。

3. 企业规模小，核心竞争力有待提高

目前在全市统计的2.9万多家文化企业中，大型企业数量较少，主要以中小企业为主。这些中小文化企业拥有的资源有限，无法投入较多的研发资源，导致企业的创新能力受到限制，企业缺乏原创动力，发展后劲不足。同时，这些中小型文化企业知识产权意识较为淡薄，一方面对自身知识产权缺乏保护，另一方面也存在侵犯知识产权的现象。

4. 产业链尚未形成，行业融合度不高

目前，广州市文化创意产业向传统产业渗透不足。文化产业缺少企业间的分工合作，使得各种资源难以共享，无法实现产业链协同发展，形成不了创作、制造、销售、服务的一体化体系，而产业链中的一个或几个环节难以产生规模效应，无法提高文化创意产业的整体竞争力。

二、国际大都市文化产业结构特点及发展趋势

（一）伦敦

伦敦是著名的文化创意之都，文化创意产业具有很强的国际影响力。目前伦敦文化创意产业的从业人员约 70 万人，占了伦敦就业总量的 20%；每年实现的产值超过 30 亿英镑，约占伦敦经济总量的 15%。从产业结构看，伦敦市的文化创意产业表现出成熟的、多元化的产业结构特征，以广告、时尚设计、文化艺术、影视制作、音乐录音等行业为主体。伦敦拥有全英国 40% 的艺术设施、70% 的音乐录音工作间、90% 的音乐活动、70% 的影视制作、46% 的广告、85% 的时尚设计师和 27% 的建筑艺术设计。

（二）巴黎

巴黎文化产业的发展享有得天独厚的文化资源优势，许多文化产业都具有很强的根植性。巴黎的文化产业覆盖面广、涉及行业众多，除了视觉艺术，表演艺术，出版、印刷，视听，旅游等行业之外，巴黎还有富含创意的传统奢侈品行业，其所涉及的传统工艺领域包括高级成衣、香水、皮革、葡萄酒、餐饮等行业。另外，作为创意产业重点行业之一的设计业，巴黎设计业享有良好的国际声誉，主要包括产品设计、包装设计、服装设计、企业形象设计、视觉传达设计、环境设计等业细分领域。

（三）纽约

大量文化创意企业在纽约市的集中，极大地提升了纽约相关产业的集聚程度。美国出版产业从业人员中有 18% 在纽约市工作居住，图书和杂志出版行业所提供的工作岗位中大约有 30% 集中在纽约市。全球大多数著名媒体集团都在纽约设有分支机构或分公司，纽约拥有 4 个国家级电视网总部、25 家以上的有线电视公司、80 多种有线新闻服务。纽约制作了全美

1/2 的电影，影视产出在数量上仅次于洛杉矶，纽约还拥有两家世界排名前五的音乐制作公司总部。另外，纽约市广告业的集中程度远高于美国平均水平。

（四）东京

在日本动漫和游戏等文化产业被称为内容产业。东京是日本动画制作业最集中的地区，目前日本动画制作公司达到近 800 家，这些企业有 80% 集中在东京，大多聚集在东京都的西北部。日本政府重视"新文化产业"的发展，把"新文化产业"确定为国家发展战略的一项重要内容。以动漫和游戏软件公司为代表的"新文化产业"主要集聚在东京，目前东京有几千家动漫和游戏软件公司，他们所制作的新产品源源不断地输往国内和海外。另外，东京国际动漫展是世界上最具影响力的动漫展示会，每年都有数百家全球最高水平的动画制作公司、游戏开发公司、电影电视公司参与该展会。

（五）小结

通过对上述几个案例进行分析总结，可以发现国际大都市文化产业结构主要具有以下几个特点（如表 11-4 所示）：第一，国际大都市文化产业都表现为综合化的产业结构特点，覆盖面广，涉及行业众多，不仅包括传统的印刷、出版、广告、设计、视听、表演等传统文化产业，还包括以多媒体技术为特点的新兴文化产业，如动漫、游戏等。第二，从上述国际大都市的文化产业的主体来看，基本上以出版、音乐、电影、电视广播、广告、设计、动漫、互动游戏软件等内容产业为主体，更偏重于智慧文化产品的生产与开发，而创意是其核心启动力，更具有原创性质，通常能形成知识产权。第三，数字动漫制作和游戏设计制作等文化新业态发展迅猛，在上述国际大都市文化产业发展中的地位越来越突出。其中，东京是文化产业新业态发展的代表。东京有几千家动漫和游戏软件公司，动漫与游戏产业在城市产业体系中的地位突出，已发展成为城市经济的重要支柱。

表 11 -4　　　　　　伦敦、巴黎等国际大都市代表性文化产业

城市	代表性行业	其他说明
伦敦	印刷、出版、音像、广告、影视制作、艺术创作、演出、音乐活动，以及时尚、服装和建筑设计等	多元的、成熟的产业结构
巴黎	印刷、出版、视觉艺术、表演艺术、视听；服装、香水行业、皮革、工艺品制造行业、旅游业；产品、服装、时尚设计等	创意制造与设计地位突出
纽约	印刷、出版、新闻、广播电视、影视、音乐、广告业、服装、设计等	以核心版权产业为主
东京	印刷、出版、新闻、音乐、广告、动漫、游戏、玩具、电玩等	动漫与游戏产业地位突出

三、国内大城市文化产业结构特点及发展趋势

（一）北京

2013 年北京市文化创意产业营业收入高达 11657.1 亿元，增加值 2406.7 亿元，从业人数达到 161.7 万人。目前创意产业集聚区已经成为北京发展文化产业发展的重要载体，30 个文化创意产业集聚区，100 多个区级文化创意产业集聚区和数量众多各具特色的文化创意街区，遍布 16 个区县，覆盖文化艺术、新闻出版、广播电视电影、软件网络及计算机服务、广告会展、设计服务、艺术品交易、旅游、休闲娱乐九大类文化创意产业。从行业结构来看，文化创意产业总营业收入中软件网络及计算机服务的占比最高，达 36.8%；其次是其他辅助服务和广告会展，占比分别为 12.5% 和 11.9%。与国内其他地区比较，北京市新闻出版、文化艺术行业地区集聚程度较高，具有明显的比较优势。

（二）上海

2013 年上海文化产业增加值为 1387.99 亿元，占地区生产总值的比重

为 6.43%。分行业来看，产值排名第一的是文化创意和设计服务，占文化产业增加值的比重达 38%；位列第二和第三的是工艺美术品的生产和文化用品的生产，增加值占比分别为 15% 和 14%。近年来新兴文化产业增长较快，2013 年以文化软件服务、广告服务、设计服务为主的文化创意和设计服务实现增加值 521.48 亿元，占文化产业增加值的 37.6%；文化信息传输服务实现增加值 120.63 亿元，占比为 8.7%。上海动漫产业和网络游戏在全国具有领先优势，2013 年入选文化部"国家动漫品牌建设和保护计划"的动漫品牌和动漫创意项目达 11 个，位居全国各省市首位；2013 年上海网络游戏销售收入约为 255.2 亿元，占全国销售总额的 30.7%。

（三）杭州

2013 年杭州市文化创意产业保持平稳较快增长，实现增加值 1359.51 亿元，占全市 GDP 的比重达 16.3%。杭州市文化产业的核心层占全市文化产业增加值的比重为 73.8%，主要包括信息服务业、设计服务业、现代传媒业、艺术品业、教育培训业、文化休闲旅游业、文化会展业等细分行业。其中，信息服务业地位非常突出，在淘宝、网易等核心企业的带动下继续保持快速增长，2013 年信息服务业实现增加值 474.08 亿元，占全市文化创意产业的比重高达 34.9%。设计服务业的地位也比较重要，2013 年的增加值占比为 15.5%。外围层实现增加值 356.19 亿元，占全市文化创意产业的比重为 26.2%。

（四）深圳

深圳是国内文化产业的先行者。2013 年深圳文化创意产业增加值达 1357 亿元，占全市 GDP 比重达 9.3%，年均增速达 25%。作为新的经济增长点的深圳文化产业，偏重于科技型的现代文化制造业，以高新技术为依托、以数字技术为主体、以自主知识产权为核心的高成长型文化科技型企业不断涌现，提升了深圳文化产业的档次和水平。电子音像、光盘生产领域，深圳已占据了全国的半壁江山；现代印刷业领域，深圳创造出占全国印刷产业 20% 的总产值，其中出口产值突破 90 亿元，占全国印刷业出口产值的 30%，而且印刷了全国 60% 以上的高档印刷品。

（五）长沙

2012 年长沙文化产业增加值 556.5 亿元，占地区生产总值的比重为 8.7%，比全省的平均水平高 3.3 个百分点；文化产业提供了大量就业岗位，从业人员约 53.7 万人，占到了全社会从业人数的 12.0%。经过数十年的发展，长沙市已经形成了文化旅游、娱乐文化、媒体传播、出版发行、文博会展、卡通动画、民间工艺等文化支柱产业，在全国具有广泛影响与较强的竞争优势。其中，长沙的文化演艺业闻名全国，拥有田汉大剧院（红太阳演艺股份有限公司租用）、琴岛、港岛、欧阳胖胖等大型娱乐场所，共有从业人员 2 万多人。

（六）西安

2013 年，全市文化产业增加值达到 436.95 亿元，占全市 GDP 总值的 8.94%，已经成为西安名副其实的支柱产业。西安文化产业体系中一个比较突出的行业是文化旅游业。近年来西安以历史文化资源为依托，把"文化旅游产业高地"作为发展目标，采取各种有效措施推动文化旅游业持续快速发展。近年来着力在"丰富文化内涵、提升旅游品位"上下功夫，极大地促进了文化旅游产业的发展。2012 年以盛唐文化为品牌的曲江核心区游客人数达 3500 万人次，为西安市带来 150 亿元的旅游衍生收入。

（七）小结

从上述国内大城市案例研究结果可以看出（如表 11 - 5 所示），国内大城市文化产业结构既有相似性，也有差异性。印刷、出版、广告、休闲娱乐等行业在大城市都比较发达。但由于资源禀赋、产业基础不同，这些城市在文化产业结构方面也表现出了较大差异性。例如，北京新闻出版、文化艺术行业优势明显，上海设计、咨询行业比较突出，杭州信息服务业比重较高，深圳科技型文化制造业发展较好，长沙文化演艺业知名度较高，西安文化旅游业地位突出。国内大城市充分发挥自身资源和产业优势，积极推动文化与科技、文化与旅游、文化与信息融合，文化产业结构表现出了融合发展的态势，出现了一些新的文化产业业态，推动文化产业结构趋向复杂，文化产业的边界越来越模糊。

表 11 – 5 　　　　　　　　　国内部分城市代表性文化产业

城市	代表性行业	其他说明
北京	软件网络及计算机服务、广告会展、设计服务、新闻出版、广播电视电影、文化艺术、艺术品交易、旅游、休闲娱乐	综合性文化产业结构，新闻出版、文化艺术行业优势明显
上海	印刷、出版、咨询服务业、时尚、建筑和工业设计、软件与计算机服务业、动漫、网络游戏等	综合性的文化产业结构，创意和设计服务行业比较突出
杭州	信息服务、设计服务、教育培训、现代传媒、动漫游戏、艺术品、文化休闲旅游、文化会展	信息服务业地位非常突出
深圳	印刷、软件及计算机服务、电子信息、动漫网游	科技型的现代文化制造业
长沙	媒体传播、文化旅游、出版发行、娱乐文化、文博会展、动漫、民间工艺等	文化演艺业具有较高知名度
西安	文化旅游、出版、影视、文娱演出、广告、动漫	文化旅游业地位突出

四、促进广州市文化产业结构升级的基本思路

（一）基本原则

1. 有利于推动增长方式转型

文化产业结构调整必须有利于推动增长方式的根本性转变，要坚持走科技含量高、经济效益好、资源消耗低、环境污染少、人力资源优势得到充分发挥的发展道路。

2. 有利于增强广州作为中心城市的功能

中心城市的主要功能是综合服务和集聚扩散功能，能够渗透和带动周边地区经济发展。广州文化产业结构的调整优化，要符合中心城市的这种功能

定位，进一步提升产业竞争力，增强对文化资源的集聚和扩散能力。

3. 市场主导与政府引导相结合

以市场为导向，充分发挥市场对资源配置的基础性作用，同时加强政府对产业结构变动的合理引导，通过制定科学合理的产业发展规划，实施适当的产业政策，完善基础设施和公共服务，维护正常有序的市场秩序等手段，鼓励和引导社会进入文化产业领域。

4. 产业维与空间维相结合

一方面要从产业维出发，选准重点发展行业和巩固提高行业；另一方面，要从空间维考虑问题，要区别不同的地域，通过优化文化产业空间布局，与城市区域功能相匹配，并充分发挥产业集聚效应。

5. 静态优势和动态优势相结合

文化产业发展定位应该建立在竞争优势的基础之上，这样才能够在市场竞争中取得优势。广州的文化产业结构调整，应该扬长避短，充分利用地缘等静态优势，大力培养动态优势，促进文化产业结构优化升级。

6. 现实性与前瞻性相结合

文化产业结构调整优化不仅要立足于产业发展现状，还要未雨绸缪，具有前瞻性，用长远的眼光规划城市产业发展，除了继续强化优势产业，巩固和提升竞争优势之外，还应该积极发展具有广阔市场空间的新兴产业，以获得先发优势，创造新的增长点。

(二) 发展战略

1. 自主创新战略

大力发展以数字内容产业为核心的高新技术产业，提高自主创新能力，着力提高产品附加值与科技含量，培育一批具有原创能力和自主知识产权的文化企业和文化品牌。

2. 融合发展战略

适应互联网技术、数字技术、新兴业态发展趋势，促进文化与产业、文化与科技融合发展，促进文化产业与先进制造业、现代服务业和现代农业的深度融合，催生新兴文化产业业态和新产品，使文化产业在城市经济发展中产生倍增效应。

3. 人才兴业战略

通过市委组织部、市委宣传部和市人力资源和社会保障局现有的资源条件，加大文化艺术和创意设计高端人才的引进力度，同时充分利用广州市的科技和教育优势，培育广州文化产业所需的实用型人才造就一支保障广州文化产业健康发展的高素质的人才队伍。

4. 集聚发展战略

根据城市发展总体规划和功能分区，新建和"三旧"改造相结合，推动文化产业公共平台和孵化器建设，进一步完善和规范现有的产业园区、基地和特色街，形成产业链较为完善的文化产业集群。

5. 大项目带动战略

着力引进与现有的产业关联度大、附加值高、带动能力强的重点文化产业项目，集聚文化产业要素，打造特色产业链，进一步提升文化产业的综合竞争力。

（三）重点领域

1. 重点发展三大主导行业

（1）广告业。巩固与提高广州广告业的比较优势，坚持专业化、品牌化、国际化的发展方向，积极推动产业结构优化升级，着力提高广告业的整体竞争力和发展水平。严厉打击各类虚假广告，规范广告市场秩序。用信息技术改造提升传统广告业，积极推广新的传媒技术、广告载体和广告材料，提高广州制造和发布的信息技术水平。

（2）新闻出版。继续扶持广州市出版传媒龙头企业，努力在图书、报纸、期刊、电子音像等领域塑造知名企业品牌，打造大型出版传媒"航空母舰"。顺应新闻出版业态创新和数字化转型趋势，加快新一代信息技术应用，大力发展数字出版等新兴出版产业。发挥岭南文化深厚底蕴的优势，推出一批弘扬岭南文化，反映广州经济社会发展成就的精品。

（3）创意设计。加快创意设计业高端化、品牌化、国际化发展，显著提高"广州设计"知名度和影响力。培育若干家具有国际竞争力的知名设计企业，成为行业里领军企业。大力发展工业设计、时尚设计、室内设计、建筑设计、服装设计、玩具设计等细分领域，促进上、下游产业链条之间的融合。推动设计产业国际化发展，引进国际顶尖设计机构。继续办好"广州设计周"等活动，提升影响力。

2. 着力培育三大新兴行业

（1）网游动漫。加强国家（广州）网游动漫产业基地、从化动漫产业园等动漫网游产业园区的建设，不断优化园区的营商环境，吸引国内外知名动漫游戏企业入驻。实施精品工程，重点扶持原创动漫，大力扶持原创动漫精品和优秀创作团队，提高其知名度和影响力。重点扶持壮大行业龙头企业，创作出一批知名作品，形成一批具有较大影响力的动漫游戏品牌。严厉打击动漫领域的盗版侵权行为，规范市场秩序，保护重点动漫网游品牌。

（2）数字内容产业。鼓励发展互联网＋文化产业，积极推进数字内容与文化产业融合发展。加快推进文化内容数字化，大力建设数字图书馆、博物馆、民俗馆等数字化平台，鼓励图书、报纸、期刊、游戏、动漫、音乐等各种数字产品的开发、制作、出版和销售。把握数字内容产业技术创新需求，抢占国家广播电视、通信及宽带网络三网融合的技术高端，加大数字出版、数字动漫等关键技术攻关。

（3）文化会展。借助广州市作为国家中心城市的区位优势和产业优势，强化政府对文化产业发展的引导和扶持，完善会展业的相关管理体制，营造适宜的发展环境，大力发展多种门类的现代文化会展业，形成与文化产业协同发展的格局。

3. 巩固提升四类传统优势行业

（1）文化旅游。抓住广州成为全国旅游综合改革试点城市的契机，整合具有地方特色的旅游资源，增强文化旅游业的核心竞争力。继续弘扬广州美食文化，激发老字号饮食企业的活力，形成一批知名的美食聚集地。立足广州主体功能区规划，在北部生态保护区大力发展绿色生态旅游。发挥广州作为岭南文化中心的地缘优势，发展岭南民俗风情和历史文化旅游。实施大项目带动战略，当前要切实抓好万达旅游城项目，打造具有较大市场吸引力的地区文化旅游品牌。

（2）广播电视电影。以珠江数码集团为龙头，整合各种网络资源，积极推进三网合一。积极稳妥地推进制播分离改革，打造广州广播电视特色，巩固提高收视率，扩大市场占有率。加强对数字技术的开发和应用研究的支持，加快建设技术先进和传播迅速的现代传播体系，增强广州广播影视的国内外影响力。推出一批具有文化特色的新闻、文化和民俗节目，巩固提高收视率。

（3）文化产品贸易。利用广州作为"千年商埠"的优势，提升文化用品、设备及相关文化产品销售发展水平。以万菱广场为载体，整合一德路特色商业街众多的玩具、精品专业市场资源，全力打造广州市动漫衍生产品交易中心。

（4）文化产品制造。文化制造业是一种适合于在大都市发展的产业，应积极地引导其健康发展。以玩具、文教、娱乐等都市型工业为重点，着力提高产品品质、功能和品牌形象。推动文化制造业与文化服务业融合发展，以紧跟流行时尚，提高产品的设计含量，提升品牌形象。扶持珠江钢琴集团做大做强，优化产品结构，培育国际知名品牌。提升印刷专用设备制造、广播电视设备制造及电影机械制造等文化设备生产发展水平。

五、政 策 措 施

（一）加强领导统筹，调整和健全组织机构

一是整合现有的市文化体制改革领导小组和市文化资产管理办公室，成立由广州市委宣传部牵头，市发改委、市文广新局、市财政局、市科技和信息化局、市经贸委、市外经贸局、市统计局、市知识产权局、市旅游局、市

体育局等部门参加的"广州市文化体制改革与文化（创意）产业领导小组"，由市领导担任组长，下设办公室作为日常办事机构，放在市委宣传部，配备必要的人员编制和经费，全面负责全市文化与产业资产管理、体制改革和产业政策指导等工作。二是适时要求各区、县级市参照市的做法，建立相应的组织机构，以便对口管理，统一指挥，形成市与区、县级市两级联动的推进机制。

（二）积极对文化产业结构实施战略性调整

加快发展文化服务业是广州市当前一项重要而紧迫的战略任务，要把发展服务业放在优先地位，着力拓宽领域、优化结构、增强功能、规范市场，全面提高文化服务业在城市经济中的比重和服务业发展水平。必须明确发展战略，以文化会展、新闻出版、广告三大主导行业为发展重点，巩固提升文化旅游、广播电视电影、文化用品贸易、文化产品制造四大传统优势行业领域，着力培育网游动漫、创意设计、新媒体三大新兴行业。

文化制造业是一种适合于在大都市发展的产业，应积极地引导其健康发展，而不能简单地把文化制造业视为传统工业的范畴，以致轻视其重要性。以玩具、文教、娱乐等符合都市特点的产业为重点，大力提升产品质量、功能和品牌形象，促进产品向高档化方向发展。推动文化制造业与文化服务业融合发展，以紧跟流行时尚，提高产品的设计含量，提升品牌形象。促进文化制造业在广州集聚发展，提高产业集中度，搭建利于专、精、优、特及轻型、小型企业成长的发展平台，充分发挥产业集群优势。

（三）培育一批能够产生示范带动效应的行业领军企业

坚持有所为有所不为，培育一批行业领军企业，成为广州文化产业的骨干，充分发挥其示范、引导和带动作用。鼓励优势文化企业实施跨地区、跨所有制的资产重组，加快资本集中，培育一批拥有自主品牌、自主知识产权的大型文化企业集团。出台相关鼓励措施，从审批、房租优惠、税收返还、研发资金资助、公共平台建设、知识产权保护等方面为进驻企业提供扶持，推动我市文化产业类企业的集聚发展。

以深化文化体制改革为契机，紧紧抓住重塑文化市场主体这个关键环节，通过资产重组、产权交易等方式，整合广州市国有文化资产，在报纸、影视、网络、表演、出版、文化产品销售、旅游等行业组建企业集团，如广州传媒控股有限公司、广州新华出版发行集团股份有限公司、广州珠江数码集团股份有限公司等，并鼓励企业走出市外、省外，实现跨区域的兼并、合作，提升企业在行业内的影响力。积极扶持原创动力、奥飞动漫、毅昌科技、漫友文化、咏声文化等具有较大行业影响力的民营企业进一步做强，提升行业影响力。出台措施鼓励民营企业间的相互整合，推进企业间的兼并、合并。大力支持有条件的企业进入资本市场，进行上市融资。

（四）加大培养与引进力度，聚集文化产业人才

大力培养和引进各类文化产业创意人才，充分发挥人才在产业发展中的关键作用，培养造就一批站在产业发展前沿、善于创新和创业的创新型人才，特别是原始创新型人才，抢占人才战略的制高点。完善创新人才的选拔、激励和评价机制，推动知识、技术、专利、品牌、管理等要素参与分配，建立健全杰出人才表彰奖励制度，努力营造有利于优秀人才脱颖而出的管理机制、舆论氛围和社会环境。继续办好"留交会"，吸引更多高层次人才和科技人员来穗创业，推动广州知识密集型文化产业的发展。

1. 明确文化创意产业人才需求

根据广州文化产业目前的发展现状和未来的发展重点来看，相关部门应明确广州最迫切需要解决的是高端人才的严重不足，而这些高端人才主要包括：一是在国际国内享有较高知名度的哲学社会科学专家；二是包括名记者、名编辑、名主持、资深媒体策划、资深媒体评论等在内的高端新闻传播人才；三是出版、广告、会展、动漫网游、信息服务等创意策划高端人才；四是包括作家、画家、导演、编剧、演员等在内的知名度高的文化艺术名家；五是精通文化企业管理、市场开发营销、资本运作、国际文化贸易等的高端经营管理人才；六是数字技术、网络技术、广播影视制播技术等的高端研发应用人才。相关部门在明确广州的文化人才需求后，应加强与组织、人事部门的沟通和协调，将之作为重要组成部分纳入目前正在起草制定的《广州市人才中长期规划》，并在其后的配套出台文件《广州市人才开发目录》

中给予充分体现。

2. 发掘文化创意产业人才

根据广州文化产业发展的重点，有计划地组织各类大型原创作品设计大赛，以此发现和挖掘富于原创能力的人才，鼓励创新、宣传原创。利用南方人才大市场的优势，每年定期和不定期组织面向全国的文化人才专场招聘，将全国范围的文化人才为广州所选、所用。培育发展专业的猎头公司，建立文化人才库，为广州文化企业发现和寻找创意人才和经营管理人才。

3. 吸引文化创意产业人才

鼓励和引导文化单位以期权、高薪、兼职等手段，加大人才引进力度，努力在文化产业重点发展领域引进、培养和造就一批善经营、懂管理的领军人才。利用广州举办留学人员科技交流会的优势，完善人才筛选、鉴别和评价机制，建立国际化的文化人才库。进一步完善人才激励机制，对优秀的高层次文化人才给予租房、购车、购房等补贴，优先解决户口、子女入学等问题。设立年度文化奖项，建立一定的文化人才奖励机制，对发展文化产业做出突出贡献的集体和个人给予表彰和奖励。

4. 培养文化创意产业人才

通过促进高校、企业、研究机构以及培训机构间的合作，建立多层次文化人才培养体系。根据市场需求，在一批高校中设立文化产业各类专业或设立专门的院、系。加强与海外一些高校和研究机构的合作，培养立足本土又有国际视野的文化人才。设立文化人才培养基地并实行认定制度，参照广州促进软件和动漫产业发展的政策，对文化产业人才培训在财政支持上给予优惠。对文化人才进行资格认证。

（五）鼓励原创，形成高品质的城市创新文化氛围

培育原创精品，着力打造一批反映当代社会科学和自然科学发展高端水平、传之久远的标志性工程。推出一批弘扬岭南文化，群众喜闻乐见、贴近市场、思想性艺术性俱佳的文化创意精品。广州应出台相关鼓励措施，激励

企业不断提高自身的创新水平，并形成良好的城市创新氛围，才能有助于本地文化产业的不断壮大。整合各种激励措施，提高激励力度。目前，相关职能部门出台了一些激励文化产业发展的政策措施，但相互间衔接不够，应对这些政策措施加以进一步的整合。同地加大政策措施的宣传力度，简化申报资助、奖励的程序，降低企业的时间成本等。针对目前激励力度相对不足的问题，应扩大财政资助的力度，同时吸引社会资本建立扶助基金。对原创性研发活动进行资助。设立相关专项资金，对于企业进行影视节目、出版图书、出版电子产品、动漫游戏等方面的原创性活动，只要其符合条件，则对它们的研发活动进行资助，以促进企业积极开展原创性研发；对于具有市场前景的原创性作品根据它们实现的商业价值、获奖情况等分别予以不同等级的奖励。

（六）设立专项基金，加大财政与税收扶持力度

1. 成立文化创意产业发展专项资金

从市财政拿出部分资金，成立文化创意产业专项资金，重点对产业发展的基础设施、重点项目、创业投资、人才培养、理论研究等给予资金支持。加强文化创意产业专项资金、市软件（动漫）产业发展专项资金和市现代服务业发展引导专项资金管理部门的协调，明确各自分工和扶持引导的重点领域，力争财政专项扶持资金效益最大化。

2. 出台评估办法，加大对重点文化创意企业和园区的财政扶持力度

尽快制定出台《广州市重点文化企业认定管理办法》和《广州市重点文化产业园区认定管理办法》，通过企业（园区）申报、专家评估、部门审核和公示公布等一系列程序，将经营良好、发展领先、贡献突出的文化企业认定为重点企业。政府将通过对这些重点企业和园区在资金、人才、技术等方面给予优先扶持，培育打造出一批能够充当行业典范的企业和园区，从而发挥这些企业的领头羊作用来推动广州文化产业的快速发展。

3. 加大对文化创意产业的税费扶持力度

将文化产业作为全市重点扶持的支柱产业列入广州"十二五"发展规

划，对文化产业相关企业认真落实国家和省制定的税收优惠政策的同时，认真贯彻广州市委市政府《关于加快发展现代服务业的决定》和广州市地税局梳理出台了"大力促进广州现代服务业结构优化产业升级"54条税收优惠政策，使广州的文化企业能够在国家制度框架内尽量"享受透彻税费优惠"，在行政事业性收费方面则"能免则免、能少则少"，"凡是收费标准有上、下限幅度规定的，均按下限额度执行"。另外，凡经认定为高新技术企业、新办高新技术企业、软件企业的文化企业及其产品，享受国家、省、市的相关优惠政策；进入有关产业园区的文化企业及与之链接的衍生产品企业，享受相关优惠、扶持和奖励政策。

（七）大力完善文化产业基础设施和重点项目建设

1. 科学、合理地建设各项文化基础设施

通过科学规划各项基础设施建设，实现市、区、街以及社区文化设施布局的科学化、合理化。随着社会的发展以及消费水平的提高，对各项基础设施的要求也越来越高，应尽量提高各项设施的技术水平，对于原来陈旧的设施尽快加以改善。通过科学规划，新建和发送各项设施，为居民提供一个良好的基础设施环境。当前重点要加快广州新图书馆、广州歌剧院、广州新电视塔、广州太古汇广场、广州日报报业大厦、广州电视台新台址、南粤王宫博物馆、辛亥革命纪念馆等重大项目的建设进度，新建、修缮一批文化剧场，改造各村文化基础设施。

2. 提高各种文化创意设施管理水平

通过改善管理，更加便捷地为消费者提供服务，使消费者能够更加容易享受各类文化产品和服务；借助于网络技术，把相关文化设施连接，同时也推进各类文化产品和服务上网，提高各类设施的利用率；通过引进专业性管理公司对相关设施进行专业化管理，更好地服务于市场和消费者。

3. 推进文化创意产业重大项目建设

重大项目对推动文化产业规模发展和产业链条的完善具有十分重要的意义。围绕广州市文化产业的优势行业和产业链条，以及公共平台的构建，结

合园区的规划和建设，加快谋划和引进一批产业链条长、带动力强的高端文化产业项目。引资的重点为与文化产业紧密结合的高新技术、文化产业公共平台搭建等领域项目。

4. 重视中介组织，切实发挥作用

一是积极推动文化产业领域行业协会的建立和发展，充分发挥在文化产业发展过程中特有的居于政府与企业、企业与企业之间的沟通、协调与互律作用，切实发挥其优势承担起在市场调查、信息交流、行业自律、知识产权保护、政策研究等方面的功能，努力营造有利于广州文化产业发展的氛围。二是创新中介服务模式，鼓励和支持发展专门为文化企业服务的经纪、评估、鉴定、咨询、拍卖、技术支持、人才培训、国际交流及知识产权保护等专业中介机构，积极为大量的处于成长中的中小型文化企业谋划发展、解决问题，推进创意成果转化为现实生产力。

5. 打造国际知名文化展示交流平台

一是借助于广交会平台，设立广州文化产品交易会。在广交会期间举办广州文化产品交易会，吸引国外客户以及外地客商参加交易会，打造广州文化产品交易平台，促进广州文化产业发展。二是进一步扩大广州国际设计周、广州国际动漫展等相关节庆影响力。整合广州各类相关展会活动，重点办好广州国际设计周以及广州国际动漫展等动漫游戏设计类展会，形成集中优势，拓展广州的影响力。三是重点办好金龙奖原创动漫艺术大赛。通过举办大赛，为广州动漫产业不断发掘人才，提供更好的人力资源储备。四是把金钟奖打造成为我国顶级音乐盛会。邀请一些最著名的演艺人士担任评委以及表演嘉宾，在有条件的情况下逐渐扩大评奖的领域和范围。在举办金钟奖评选的同时，举办广州音乐节，以及广州演出季，邀请一些著名表演团体到广州进行表演。

（八）强化知识产权保护，完善文化创意产业发展环境

1. 成立知识产权交易机构，强化知识产权保护

一是设立以文化物权、债权、股权、知识产权等各类文化产权为交易对

象的广州文化产权交易所，开展各类版权、文化专有权益、公共文化服务政府采购以及其他衍生、创新文化产权的交易；同时为文化产业投资提供咨询、策划等服务。通过这一交易平台的设立，为各类市场主体提供灵活、便捷的投融资服务，为各类文化创意提供实现价值的通道，在文化产业与资本市场之间构筑起一座桥梁，促成文化产业与各类资本的有效对接，为广州乃至华南文化产业振兴发展注入新的动力。二是加大对自主知识产权的扶持力度，在市场经济条件下充分利用各种力量鼓励和扶持优势文化品牌发展，在全社会树立起尊重知识产权、尊重品牌企业和服务的良好氛围；引导文化企业和文化产业园区做好知识产权的申请注册和防范侵权工作，为企业开展知识产权保护提供政策指引、保护指导、信息检索和资金资助等全方位的支持和服务；整合知识产权行政管理和执法部门力量，形成反应迅速、统一协调的知识产权协调机制，依法严厉打击侵犯知识产权的各种行为，强化对文化企业原创知识产权的保护。

2. 积极培育文化创意消费市场

一是提高消费者的消费意愿性。在收入水平不能迅速提高，各种社保不能迅速普及的情况下，要让居民改变消费结构，提高文化消费的比重，首先应提高居民对文化产品和服务的消费意愿性。通过电视、网络、讲座、座谈等各种媒介的宣传教育，提高居民对读书、看报、欣赏演出、参观展览等消费各种文化产品的主观意识，增加他们的消费意愿。有关部门应多举办各种公益性文化活动，培养民众对文化产品消费的习惯。二是提供更有针对性、符合消费需求的文化产品。为了促进文化消费市场的发展，除了要有真实的消费需求外，文化产品的供给者，即各类文化类企业应提供符合消费需求的产品。应切实了解市场动向，掌握消费者的需求，根据不同的消费者提供有针对性的产品和服务。各职能部门以及企业应充分发挥各类调研机构的作用。

3. 为消费者提供更多近距离、便捷的文化消费场所

为了更好地促进文化消费，有关部门应合理规划，推进各类文化设施的科学建设，使得消费者能够近距离、便捷地达到消费场所，减少消费者的时间成本。

（九）继续推进文化体制改革，鼓励民间资本投资

1. 继续推进文化体制改革

在文化体制改革已经取得明显成效、国有经营性文化单位转企改制取得重要进展的基础之上，充分贯彻"科学发展，先行先试"的精神，率先落实国务院《文化产业振兴规划》"降低准入门槛，积极吸收社会资本和外资进入政策允许的文化产业领域"的政策，进一步推动体制的改革创新。对于新组建的广州新华出版发行集团、广州珠江数码集团、广州影视传媒有限公司等大型文化企业集团，在保持国有控股的基础上依法引进社会资本和外资，条件具备的可争取上市融资，不断完善其法人治理结构，创新其经营管理机制，使它们尽快成为主业突出、盈利能力强、规模效益好、市场化程度高、核心竞争力强的文化集团。

2. 制定指导目录，吸纳社会资本发展文化产业

按照国家近年来文化及相关产业的范围和划分，对关于社会资本投资文化产业的政策和管理规定进行了全面的梳理，结合广州的实际情况，定期编制《广州市文化产业投资指导目录》和《文化项目投资指引》，既向社会完整传达政府关于开放文化产业投资领域的最新政策意向，也吸引和推动各种社会资本进入文化产业领域，逐步形成文化产业的多元化发展格局，在文化产业领域营造一个公平竞争的市场环境与氛围，从而大大提升广州文化产业的竞争力，增强广州文化产业在全国的辐射力和影响力。

本章参考文献

［1］丝奇雅·沙森：《全球城市：纽约　伦敦　东京》，上海社会科学院出版社，2005年。

［2］陈汉欣：《中国文化创意产业的发展现状与前瞻》，《经济地理》，2008年第5期。

［3］邓安球：《文化产业发展与产业结构转型——以湖南为例》，《当代财经》，2010年第5期。

［4］段楠：《城市视角下的文化创意产业研究》，南开大学，2012年。

［5］方忠：《中韩文化创意产业经济效应比较研究》，福建师范大学，2010 年。

［6］龚仰军：《产业结构研究》，上海财经大学出版社，2002 年。

［7］顾乃华、夏杰长：《我国主要城市文化产业竞争力比较研究》，《商业经济与管理》，2007 年第 12 期。

［8］霍步刚：《国外文化产业发展比较研究》，东北财经大学，2009 年。

［9］金元浦：《文化创意产业概论》，高等教育出版社，2010 年。

［10］John Howkins：《创意经济：如何点石头成金》，洪庆福等译，上海三联书店，2006 年。

［11］李亚薇：《文化创意产业视角下的城市发展——以北京市和上海市文化创意产业发展为例》，《特区经济》，2013 年第 11 期。

［12］刘菲菲：《国外文化产业发展政策的经验借鉴与启示》，《经济研究导刊》，2013 年第 35 期。

［13］"世界主要经济体文化产业发展现状研究"课题组：《世界主要经济体文化产业发展状况及特点》，《调研世界》，2014 年第 10 期。

［14］唐建军：《关于文化创意产业的几点认识》，《东岳论丛》，2006 年第 3 期。

［15］翁旭青：《杭州文化创意产业发展现状及存在的问题》，《商业经济》，2011 年第 3 期。

［16］吴庆阳：《文化创意产业概念辨析》，《经济师》，2010 年第 8 期。

［17］鄢小莉：《西安文化产业发展现状及未来之路思考》，《西安建筑科技大学学报（社会科学版）》，2009 年第 1 期。

［18］俞剑光：《文化创意产业区与城市空间互动发展研究》，天津大学，2013 年。

［19］杨德勇、张宏艳：《产业结构研究导论》，知识产权出版社，2008 年。

［20］宗刚、徐珊珊：《北京市文化创意产业结构分析》，《特区经济》，2013 年 3 月。

［21］张蕾：《中国城市文化创意产业现状、布局及发展对策》，《地理科学进展》，2013 年第 8 期。

［22］邹升平：《国外文化产业发展经验对我国的启示》，《经济研究导刊》，2008 年第 4 期。

［23］周宇：《文化创意产业发展及其扩散效应研究》，北京交通大学，2013 年。

（何江）

第十二章

广州市小微文化企业金融
服务协同创新

小微文化企业拥有"小微"和"文化"两个不利特征，带来严重的信息不对称和较高的交易成本，导致广州市小微文化企业和金融机构之间利益难以对接，需要多部门协同来解决融资困境。通过构建一个包含信息沟通、收益共享以及风险防范，网络式新型金融协同服务机制，并深入探讨信息沟通、收益共享以及风险防范的运行过程。再依据发挥小微文化企业、金融机构、中介机构和政府之间协同创新效应的要求，提出支持广州市文化产业金融服务协同创新机制构建的系列政策措施。

一、研究背景与意义

（一）研究背景

文化产业作为21世纪的朝阳产业，正在成为经济增长中的新亮点，文化产业在全球经济中的地位越来越重要，已经成为发达国家经济的重要组成部分，也被认为是发展中国家实现经济增长的重要契机。广州市文化产业发展迅速，近5年平均增长速度超过10%，2013年广州市文化产业增加值743亿元，占地区生产总值4.91%，文化产业正逐步成为广州市的支柱产业。以创意为核心的文化产业天然具有"小"而"散"的特点，中小企业是文化产业的主体，其中小微文化企业在其中又占有很高的比例。文化部

（2014）的抽样调查测算发现，目前中国小微文化企业的数量已占到文化企业总数的80%以上，从业人员约占文化产业从业人员总数的77%，实现增加值约占文化产业增加值的60%。加上200多万文化类的个体创业者、经营者、工作室，小微文化企业对我国文化产业发展的贡献还大大高于这个比例。广州市文化产业整体发展态势在全国处于领先地位，中小文化企业占据绝大部分。文化企业法人单位2.2万个，总数处于全省首位；民营文化企业达1.5万家，占文化类法人单位总数的3/4。因此，一大批活跃在市场上的小微企业，对文化产业的发展起着至关重要的作用。然而融资难却一直困扰着文化产业的发展，尤其是小微文化企业面临的严重融资约束，如何破解这一难题成为广州市文化产业发展一个重要而又紧迫的问题。

小型企业在融资过程中受到的规模歧视在我国是一个具有普遍性和长期性的问题（张捷、王霄，2002）。贷款困难、成本较高的结构性问题一直制约着中国小微企业的发展，央行调查统计司（2011）对全国6299家工业和非工业企业的调查显示，小型企业民间融资的加权平均利率最高，达到17.1%；中型企业次之，为14.7%；大型企业最低，为11.5%。西南财经大学的调查发现（2014），银行实际只满足了46%的需要贷款企业的需求，当借款额在5万元以下时，近八成的小微企业会选择民间渠道。随着贷款规模的扩大，通过民间借款的比例逐渐降低，银行渠道开始占主导。国家也充分认识到了这个问题的严重性，2014年上半年央行两次实行定向降准，在不大幅增加贷款总量的同时，使小微企业获得更多的资金支持，而目前的效果仍然有待检验。小微文化企业主要是从事文化产品和服务的生产，相比其他行业，轻资产、缺少抵押品、信息不对称等制约因素表现的更加突出，从金融机构获得贷款的难度更大。

目前，正是广州加快转变经济发展方式、实现经济社会转型的关键时期，也是广州加快建设国家中心城市、推动国际大都市建设的重要阶段。文化建设作为广州建设国家中心城市最有竞争力、最具活力、最能代表国家参与国际竞争与合作的特质，文化建设在增强城市发展动力与活力、推动城市发展模式转型、提高城市综合竞争力、促进人的全面发展中发挥着重要作用，因此，广州市把建设文化强市培育世界文化名城作为推进国家中心城市建设的重要内容、推动广州科学发展的重要目标。与此同时，广州市政府也把发展文化产业作为转变经济发展方式、培育新兴产业重要内容，尤其是广州旧城改造与"退二进三"产业升级相结合之后的新概念文化产业迅速崛起。

（二）研究意义

由于文化产业巨大发展前景和推动经济发展方式的作用，国内外学者对其融资问题也做了广泛的研究，从文化产业融资特点、融资困难原因以及解决方法方面都进行了比较深入的阐述（Anderson，1982；Higgs & Cunningham，2008；Indergaard，2013），对文化因素给企业带来的融资困境做了大量的探讨（安世绿，2010；李华成，2011；耿同劲，2013）。小微企业融资困难在世界各地都普遍存在，各国学者都做过大量研究，从信息经济学、产权经济学、财务管理理论等多个方面研究了小微企业融资问题（Malnell & Hodgman，1961；Berger & Udell，2002；Sotocinal，2014），还从金融创新、银企关系、资本市场、制度环境等都多个角度提出了破解小微企业融资难的对策（林毅夫，2001；张捷、王霄，2002；罗正英，2011；李丹，2014）。目前对文化产业和小微企业融资理论的文献比较丰富，对文化产业发展至关重要的小微文化企业融资却比较少见，小微和文化结合后对企业融资会产生什么新的影响？如何依据小微文化企业融资特征，全面系统提出广州市破解小微文化企业融资难题的解决方案？都还有待进一步研究。

由于融资市场的不完备，导致优秀的小微文化企业没有获得金融支持，或者是支付更高的融资成本，在现实中是非常突出的问题，在理论上缺少系统的基础研究和足够的经验证据。文化产业具有创新驱动、产业融合、生态增值、低碳经济等特点和功能，能够增加国民经济发展中的技术含量，减少对不可再生资源的消耗，在转变经济发展方式中发挥着重要的作用。在国家大力支持文化产业发展的背景下，有关产业融资问题也受到政府的高度重视，从中央到各级地方政府都出台了金融支持文化产业发展的政策措施，与此同时也出台了多项金融支持小微企业发展的政策，银行也积极响应国家政策加大了对小微文化企业的投入力度，广州市在政策措施上给予了文化产业和小微企业极大的支持力度。然而大量对文化产业发展具有重要意义而又迫切需要资金的小微文化企业融资难的问题仍然没有得到有效的解决，金融业对文化产业的支持仍面临许多困难。

文化部（2014）的抽样调查测算发现，目前中国小微文化企业的数量已占到文化企业总数的80%以上，实现增加值约占文化产业增加值的60%。因此，一大批活跃在市场的小微文化企业，对广州文化产业的发展起着至关重要的作用。探讨小微文化企业的"小微"和"文化"双重融资缺陷，研究金融服务协同创新问题，构建基于利益相关者视角下的新型金融服务机制，优化广州市小微文化企业融资模式和融资结构，推动文化产业迅速发展成为广州的重要支柱产业和战略性新兴产业，能够促进文化产业和金融业的共同发展，有利于广州市建设世界文化名城和区域金融中心。对广州加快转变经济发展方式、实现经济社会转型，加快建设国家中心城市都具有重要的意义。

二、广州市小微文化企业融资困境分析

（一）小微文化企业规模特征对融资的影响

"小微"特征在小微文化企业融资的表现为在融资过程中受到规模歧视。由于小微文化企业的规模小，在公司治理结构、财务运作信息、抵御风险能力等方面都与大企业相比存在很大差距，基本无法从股票市场、债券市场获得资金，在融资市场上受到较大约束，大部分的融资需求得不到满足。小微文化企业融资需求表现为需求急、数量小、次数多等特点，导致外部融资渠道狭窄，只能以债务融资为主，银行贷款所占比重高。

文化产业领域中小企业多，大型企业少，八成以上是中小和微小企业，甚至有些企业就是个人工作室。这些企业多数处于成长阶段，民营企业占主体，组织形式比较松散，尚未形成必要的市场规模、成熟的经营模式。根据北京市文化创意产业领导小组办公室就组织开展了一次文化创意企业融资需求问卷调查显示：从注册资本来看，近六成企业注册资金不到100万元，注册资金超过1000万元的企业只占一成左右。从资产规模来看，半数企业总资产在200万元以下，资产规模在500万元以上的占1/3左右。从职工人数来看，90%的企业员工在100人以下[①]。而我国工业和信息化部、国家统计局、国家发展和改革委员会、财政部2011年联合印发了《关于印发中小企业划型标准规定的通知》，规定各行业划型标准为：与文化产业较为接近的

---

① 安世绿：《文化创意企业融资需求特点及政策初探》，《中国金融》，2010年第3期。

租赁和商务服务业，从业人员 300 人以下或资产总额 120000 万元以下的为中小微型企业。从业人员 10 人及以上的为小型企业；从业人员 10 人以下的为微型企业①。而根据广州市文广新局发布的数据，广州市文化产业整体发展态势在全国处于领先地位，共有文化企业法人单位 2.2 万个，其中，民营文化企业达 1.5 万家，占文化类法人单位总数的 3/4；因此，无论从哪个方面来看，文化企业规模都普遍较小，小微文化企业占据了文化产业的主题，这直接影响了企业的融资能力。

文化产业的特征决定了文化企业呈现小型化的特征，存在着大量的中小企业，甚至是微型企业个人工作室等，中小企业成为了文化产业的主体。然而，中小企业的贷款成本高，风险大。成本高主要是指贷款的单位成本高，银行每笔贷款的交易成本实际上差别并不大，而中小企业的贷款规模比大型企业要小得多，所以单位贷款的交易成本就显得非常高。风险大主要是由信息不对称问题引起的，由于中小企业自身财务制度不健全，它们的资产规模和经营规模偏小，产业层次较低，产品的竞争力还不强，获利能力和获利前景存在不稳定性和不确定性，商业银行贷款给中小企业，需要花大量的时间、人力和财力对中小企业的信誉状况和还款能力进行调查，银行对中小企业的管理成本远高于大型企业，与给大型企业贷款相比，银行面临更大的风险。文化产业内的中小企业与传统的中小企相比具有更大的风险，因为这些企业一般在成长初期，组织形式比较松散，更为重要的是尚未形成必要的市场规模、成熟的经营模式，这愈发增加了小微文化企业获得金融支持的难度。

（二）小微文化企业风险特征对融资的影响

"文化"特征在小微文化企业融资的表现为风险状况，由于文化企业是以创意为核心生产文化产品和服务，这导致企业拥有的大多为版权、商标等无形资产，价值不稳定，很难变现。文化企业由文化决定的另一个特点就是风险高，如果进一步细化到文化产业的市场化运作过程，则一般包括策划、创作、后期制作、政府审查、商业推广、衍生品生产与销售等环节，这些环

① 关于印发中小企业划型标准规定的通知［P/OL］2011 - 07 - 04［2013 - 03 - 24］http：//www.gov. cn/zwgk/2011 -07/04/content_1898747. htm.

节都会有可能出现问题，使文化产业的风险大大增加。

文化产品生产的固定成本高，但复制的边际成本低，正是这个特征决定了文化产业的高收益性。大卫·赫斯蒙德夫（David Hesmondhalgh，2002）曾经有过非常精确的描述，"大多数文化产业都具有固定成本高和可变成本低的特征，比如说唱片的投入就很高，因为前期要投入大量的时间和努力用于创作、录制、合成和编辑，一旦第一张唱片生产出来，其后的复制品就十分便宜"。文化产品或服务的初始生产成本非常高，当产生规模优势后，其复制、流通、传播成本则比较低，再通过广泛传播、综合开发、品牌经营等方式实现利润。这个特征保证了文化产业，只要能够被受众广泛认可，就可以用极低的成本获得高额的利润。

然而高收益总是伴随着高风险，查尔斯·兰蒂（Charles Landry，2001）首次将"生产价值链法"引入文化创意产业的应用研究，提出了文化产业五阶段环节：创意的形成、文化产品的生产、文化产品的流通、文化产品的发送机构和最终消费者的接受，因此文化产业的产业价值链较长，每一个阶段都需要大量的资金支持，而这些阶段都存在较大的风险。文化企业的价值由其拥有的文化产品以及创意团队决定，但影响文化产品价值的因素众多，存在不确定性很大。文化的生产者根据自己的主观价值判断进行创作，而受众也是根据主观的判断去评价文化产品，由于人具有很大的能动性，对文化产品的判断也会出现很大的差别。文化产品的需求，与工业产品如计算机、汽车等其使用功能明确而有所不同，文化产品重在观念价值和精神需求，对这类产品的市场需求就存在很大的不确定性。此外，由于意识形态以及文化差异的作用，很多文化产品还面临政府当局审查的风险，如果出口到国际市场则还面临"文化折扣"风险。

（三）现有制度下小微文化企业的融资困境

在叠加了"小微"和"文化"的特征后，企业在融资市场上处于更加弱势的地位。基于上述双重的融资约束以及广州市小微文化企业主要采取信贷融资的现实情况，由于"小微"和"文化"因素，金融机构与小微文化企业之间存在着严重的信息不对称，金融机构不能完全掌握企业的信息。小微文化企业在受到双重融资约束，在没有其他机构参与的情况下，小微文化企业和金融机构无法发展可持续的融资关系，单靠自身努力不能实现长期合作。目前，广州市小微文化企业融资困境主要有以下几个方面的表现：

1. 金融体系歧视小微文化企业

目前我国金融机构仍以中、农、工、建等国有商业银行为主，行业垄断与产业垄断相一致，导致大型商业银行只愿给国有企业提供贷款。且长期以来，国家非常重视大型企业的发展，但对中小企业，尤其是小微企业的重视程度相对较低，从而在一定程度上影响了广大小企业的发展。根据广州市社科院发布《广州城市国际化发展报告（2013）》报告显示，广州经济总量维持在国内第三位，金融业资金实力仅次于京沪。然而在现行体系下，金融机构对小微企业支持的动力不足，尤其对小微文化企业有较大的歧视。金融业经过这些年的高速发展，银行信贷资产质量开始下降，首先受到冲击的就是中小企业，金融机构对众多中小企业普遍采取惜贷、抽贷，导致部分中小企业资金链完全断裂，客观上促发了中小企业的倒闭潮，影响了整个金融生态的稳定。小微文化企业在中小企业中处于更加弱势的地位，在金融体系中受到的歧视更加严重。

2. 银企之间的交流与合作少

文化产业作为 21 世纪的朝阳产业，很多子行业属于新兴产业，广州市大多数的小微文化企业刚刚兴起，在银企合作的现行模式下，商业银行作为小微文化企业资金的供给者，不可能亲自参与企业的日常经营管理，因此很难做到在真正意义上对资金使用者的了解和资金用途的风险把控，一些货币资金自银行流出，甚至通过企业周转后流入房地产、股市等国家宏观调控的市场板块之中。由于目前的征信体系，无论是在征信信息的收集还是在征信信息使用方面均存在若干盲点，目前广州市集合金融、工商登记、税收缴纳、社保缴费、交通违章、各级法院涉诉信息、刑事犯罪记录等信用信息的统一平台尚未建立。银行对小微文化企业信用状况了解非常少，对比大中型企业，银企直接的交流合作几乎为零。

3. 小微文化企业对民间金融依赖大

在外源融资受阻的情况下小微文化企业依赖于民间金融借贷。银行为小微企业提供的融资无论是从质量还是数量均有限制，逼迫小微企业依赖于民间金融借贷。随着国家多文化产业的大力支持，广州市委市政府也出台了一些政策措施，包括一些专项资金的扶持，带动一批小微文化企业应运而生。广州市中小文化企业注册资本小，固定资产少，可用于银行抵押的资产基本没有，根本无法满足银行的贷款要求和条件，需要融资就只能从民间进行借贷。广州市在民间金融的发展位居全国前列，广州民间金融街已发展为涵盖小贷、再贷款、融资担保、典当、互联网金融、电商平台、融资租赁、文化产业、专业配套、商务服务于一体的宜商宜居综合体。由于小微文化企业的双重融资约束，在缺乏中介的支持下，其从民间金融获得资金的难度也远大于其他行业。

4. 小微文化企业直接融资渠道受阻

直接融资是指通过向社会发行股票或债券，从资本市场获得资金的一种融资方式，它成为中小企业新的融资工具，主要包括股票融资和债券融资。目前广州市小微文化企业的直接融资相对于间接融资来说，渠道狭窄，还有很长的一段路要走。截至 2014 年，广州市市境内外上市企业累计 99 家，16 家企业正在进行 IPO 前的信息预披露，近 200 家企业进入上市后备资源库。全市共有 22 家企业在全国中小企业股份转让系统（俗称"新三板"）首批挂牌，总股本达 5. 67 亿元。广州股权交易中心挂牌企业 730 家，126 家企业融资交易额 25. 85 亿元。全市 62 家小额贷款公司贷款笔数 4121 笔，贷款余额 123. 05 亿元。小额再贷款公司贷款余额 9. 07 亿元，累计放款 12. 38 亿元（广东省金融办，2014）。但在这些可喜的成绩中，属于文化产业的只有奥飞动漫、漫友文化等少数几家大型的文化企业，对大多数小微文化企业而言，仍难以实现直接融资。

三、广州市小微文化企业金融服务协同机理分析

（一）小微文化企业金融服务参与方的利益博弈与利益分配

小微企业和文化企业融资是一个多方参与的过程，企业、金融机构、中介机构、政府都在融资中产生重要影响，参与方对融资效率改进的贡献与获得的收益紧密相关。小微文化企业由于受到双重的融资约束，企业和金融机

构不能自发形成长期的合作关系，因此更加需要多个参与方协助融资的顺利实现。广州市文化企业融资问题调查也发现，目前小微文化企业融资困境形成的原因比较复杂，需要把企业、中介机构等都纳入统筹考虑。基于广州市小微文化企业自身融资缺陷与外部融资环境不完善的现实，探讨多方参与融资过程的必要性，分析各个参与方的利益博弈与利益分配的过程。首先利用"租值耗散—交易费用"框架分析小微文化企业融资过程中的租值耗散，其次对小微文化融资参与方进行博弈分析，最后分析各个参与考察租值耗散后的利益分配过程。

1. 小微文化企业金融服务过程中的租值耗散分析

国内外对中小企业融资进行研究的成果非常，学者们运用多种方法进行分析，其中最著名的、运用最广泛就是斯蒂格利茨和魏斯（Stiglitz & Weisss，1981）基于信息不对称理论建立的 S－W 模型及其改进，该系列模型良好的解释了中小企业面临的信贷约束和担保机构参与之后的改善状况。由于小微文化企业融资市场上的高度信息不对称，以及大量的交易费用，金融机构通过主动的向下控制利率，一方面会形成租值耗散，另一方面可以降低交易成本，金融服务各个参与方就租值耗散和交易成本之间进行利益分配。结合小微文化企业的双重融资约束特征，对 S－W 模型进行改进，通过构建一个分析融资约束的"租值耗散—交易费用"框架，深入探讨小微文化企业融资参与方利益分配的前提条件。

利益"租值耗散—交易成本"模型分析现有制度下多方参与小微文化企业融资具有很强的必要性。假设不存在任何交易费用时的瓦尔拉均衡出清利率为 i_E、信贷规模为 Q_E，存在交易费用时的某金融机构信贷资金供给曲线为 $Q_0 + qi$，且 Q_0 和 q 均为大于零的常数，为了减少信息不对称和降低交易成本，金融机构主动放弃的利息收入被看作是租值耗散。

设租值耗散曲线为 $D(i, u)$，u 代表除了 i 以外的其他影响交易费用的变量，$i < i_E$，租值耗散曲线为：$D(i, u) = Q_E i_E - Qi = Q_E i_E - (Q_0 + qi)i = Q_E i_E - Q_0 i - qi^2$，

边际租值耗散曲线为：$\dfrac{\partial C(i, u)}{\partial i} = -Q_0 - qi$，

该曲线用来表明对利率的控制会影响租值耗散的大小。

在上述基础，再假设令在利率水平 i 上对小微文化企业必须支付的交易

费用为 $C(i, v)$，v 代表除利率 i 以外影响交易成本的其他因素，并且控制利率水平越偏离出清市场利率 i_E，边际交易成本递减，即 $\dfrac{\partial C(i, v)}{\partial i}\bigg|_{i=i_2} < \dfrac{\partial C(i, v)}{\partial i}\bigg|_{i=i_1}$，$(i_2 < i_1)$，

则既定融资规模下的交易费用曲线为：$C(i, v) = C_0 + k_1 i + k_2 i^2$，$C_0$、$k_1$ 和 k_2 为大于零的常数。

交易费用节约曲线为：$\Delta C(i, v) = C_E - C(i, v) = C_E - k_1 i - k_2 i^2$，

边际交易费用节约曲线为：$\dfrac{\partial \Delta C(i, v)}{\partial i} = -k_1 - 2k_2 i$，

该曲线用来表明对利率的控制可以影响交易成本。

根据租值耗散和交易成本曲线求解小微文化企业受到的融资约束，本报告用数理分析证明，单靠小微文化企业和金融机构无法实现长期合作，必须加入其他利益相关者。

银行利率控制而产生的交易费用节约效应会比租值耗散效应明显，银行有动力向下控制利率以节约交易费用，信贷配给由此产生。理想的无交易费用信贷市场中单纯由利率机制所引导的供求均衡决定的利率为 Ei，此时银行必须承担较大的交易费用，以至于超过由单纯利率机制所带来的收益，而通过向下控制利率可以得到较大的交易费用节约，并且这种节约在边际上超过租值耗散，向下控制利率有利可图。因此，银行在约束条件下的最优选择是向下控制利率，但这种控制的幅度也是有限度的，当交易费用已被较大节约时，则继续向下控制利率的交易费用节约效应必定减小，甚至会使这种节约在边际上低于边际租值耗散，显然这不是银行的最优选择，因此，控制利率的水平会在边际租值耗散与边际交易费用相等处均衡，均衡点为 E，均衡利率为 i^*，其值由下式决定：

$$\frac{\partial \Delta C(i, v)}{\partial i} = \frac{\partial C(i, u)}{\partial i}$$

求解得到信贷配给均衡利率：

$$i^* = \frac{Q_0 - k_1}{2(k_2 - q)}$$

信贷产品作为一种资产也是多种权利的组合，银行运用和让渡资产取得收入需要通过交换，为了在交换中获取最大的收益。利率的确定和资金供求状况、贷款企业的相关信息和银行的相关成本等因素息息相关，由于信息成

本的存在，精确界定的交易费用的成本非常高。银行在高昂交易费用的约束下，不得不放弃部分权利的行使，置部分产权于公共领域。企业意愿出价和控制价格的差额就构成了置于公共领域的租值，企业及相关机构和人员有攫取这些租值的动机。

信贷市场中存在着大量的交易费用，如果利率控制在导致部分租值被分割及耗散的同时也带来了银行在交易费用上的节约，并且这种节约在数量上超过由此增加的被分割及耗散的租值数量，那么这种选择就是有益的，也是银行在约束条件下的理性最优选择。

2. 小微文化企业金融服务参与各方的博弈分析

在社会信用体系不完善、法律违约惩治体系不健全等多重背景下，金融机构对小微文化企业的融资申请行为会采取谨慎的原则，双方博弈的结果就是无法实现长期的合作。为了避免这种低效情况的产生，需要加入政府、中介机构等其他参与方来解决。根据广州市小微文化企业融资的现状及实践，构建小微文化企业、金融机构、中介机构和政府四个参与者的两阶段多方博弈。第一阶段为小微文化企业、金融机构、中介机构之间的"多方博弈"，第二阶段为加入政府之后的小微文化企业、金融机构、中介机构和政府之间的"多方博弈"。拟通过博弈方法论证小微文化企业、金融机构、中介机构和政府四者能否独自占优，探讨四者协同合作产生帕累托改进的可能性。

第一阶段是小微文化企业、金融机构、中介三者之间的博弈。可用两个得益矩阵合起来加以表示，小微的策略行为选择是（申请，不申请），主要考虑的是能否获得资金；金融机构是（放款，不放款），也考虑的是借贷资金的收益与风险的衡量；中介机构是（参与，不参与），主要考虑能否从中获得收益。假设小微文化企业申请后的收益为 R1，金融机构放款利益为 R2。在小微文化企业不申请时，金融机构可以对别的企业进行放款，金融机构的收益仍为 R2，中介机构的情况也类似。用变量 a 来表示金融机构和中介机构都积极实施并参与时小微文化企业融资可得性，b 表示一方放款或参与、另一方不放款或不参与时对小微文化企业融资可得性。中介机构在参与时获得收益设为 e。根据具体的变量值，求出博弈的纳什均衡。第二阶段则是政府加入之后的模型，政府可以选择的是（支持，不支持），主要收益为推动文化产业发展，假设收益为 R3，这一部分拟采用逆推归纳法，从最后一步开始分析。

通过博弈模型计算后发现，在小微文化企业金融服务的四方利益的博弈中，小微文化企业、金融机构、中介机构和政府四者都不能独自占优，它们必须合作、相互支持，才能实现小微文化企业的快速可持续发展，发挥金融服务协同创新的优势，使金融服务的利益相关者的利益都能够得到平衡，整个系统产生个体无法实现的协同效应。

3. 小微文化企业金融服务参与各方的利益分配

企业成长周期理论表明，优质的中小企业具有很高的成长性，一旦突破发展瓶颈，将会取得高额的回报，金融服务各个参与方也能享受高速成才带来的利益。分析小微文化企业、金融机构、中介机构和政府四者进行多方博弈后的利益分配：文化产业是高风险与高回报的行业，在借助外部力量，控制风险的前提下，也给各利益相关者带来高额利益；在金融机构与小微文化企业的博弈中，由于信息不对称和交易成本的制约，金融机构会主动下调资金利率，让各参与方获得耗散的租值；中介机构和政府都均能从参与小微文化企业金融服务，从企业成长和金融机构利益让渡中获得收益。

（二）基于利益相关者理论的小微文化企业金融服务协同运行机理

小微文化企业金融服务协同关系的生成取决于参与协作的各方均有合作的需求，拥有从价值增量中分配利益的可能。协同服务参与者为独立的利益主体，为了自身利益而选择共同合作，并且这种合作关系不是竞争者的合作，参与各方都能从共同的目标中获得收益。金融服务协同运作之后的整体效益大于各个独立组成部分总和的效应，超出的效益则来自于信息不对称的缓解、交易成本的降低以及分工效率的提高，是一种帕累托改进。小微文化企业协同金融服务的运行机理则需要考虑各融资参与如何实现协同互动，创造出更多价值增量，在利益相关者之间进行分配。

1. 小微文化企业协同金融服务增值效应来源

信息不对称和交易成本是小微文化企业受到融资约束的根源，由于融资市场本身的不完美，资金需求方和供给方存在信息不对称会引发逆向选择和道德风险，小微文化企业的特征促使信息不对称的更加严重。交易成本则是资金的供需双方—金融机构和小微文化企业都要承担各自的成本，如手续费、评估费、信息搜寻与处理成本、谈判签约成本。此外，在协同合作下，可充分发挥各参与者的优势，共同改进融资方式，形成分工效率的提高。本书是研究在中介机构和政府等利益相关者加入，进行协同运作后，对信息不对称、交易成本以及分工效率带来的影响。小微文化企业协同金融服务增值效应来源即使通过缓解信息不对称和降低交易成本产生的价值增量，以及合理分工带来融资效率的提高。

2. 小微文化企业协同金融服务信息沟通机理

参与方的彼此交流与沟通是融资协同服务的基础，小微文化企业根据自身发展需要产生了融资需求，需要传递给金融机构，而在信息不对称和交易成本的约束下，小微文化企业和金融机构之间无法形成长期合作，相关的制约信息需要及时传递到中介机构，以协助解决相关问题。在三者共同运作的情况下，仍有部分融资需求得不到满足，其制约信息反馈到政府部门，则可进一步协同创新解决。小微文化企业金融服务协同创新就是在利益相关者之间、利益相关者内部之间建立全方位、顺畅高效的沟通渠道，降低协调成本，密切各方关系。小微文化企业融资的信息沟通，企业的信用评级、资金供给状况等有关金融服务的重要信息在金融服务参与方之间实现共享，是解决协同融资服务的开展基础。

3. 小微文化企业协同金融服务降低交易成本机理

小微文化企业在获得金融服务方面仍处于相对弱势的地位，为获得信贷资金需要向商业银行、担保公司等支付一定隐性成本，这也是小微文化企业深陷融资困境的重要原因。通过构建多部门协同下的小微文化企业金融服务机制，不仅能够降低小微文化企业支付的成本，还能够降低金融机构支持小微企业的成本。金融机构和政府在参与金融服务后，可以起到降低交易成本的作用。企业融资过程中担保、评估、登记、审计、保险等中介机构和有关部门，通过桥梁作用，可以大大降低小微文化企业和金融机构之间相互搜寻以及核实信息的成本。而政府政策可以制定合理政策，完善商业银行考核评价指标体系，降低信贷收费标准，严禁"以贷转存""存贷挂钩"等变相提高利率、减轻小微文化企业、金融机构和中介机构的负担。

4. 小微文化企业协同金融服务参与方协同分工机理

在协同金融服务的体系中，小微文化企业首先向包括金融机构、中介机构以及政府等利益相关者发出各种融资需求信息，金融机构依据收到的信息进行金融负供给创新，同时向小微文化企业、中介机构和政府发出融资支持需求信息。中介机构和政府也以同样收到融资需求信息，同时向其他利益相关者发出融资支持的信息，通过各个参与方的协同互动化解信息不对称和降低交易成本产生。在金融协同服务中，小微文化企业、金融机构、中介机构以及政府在互利协同合作的过程中，各自的功能定位及其连接交易关系需要明确。造成小微文化企业融资约束的原因是多方面的，金融机构、中介机构和政府在缓解融资约束中的作用方式和贡献大小也不一致。金融机构主要体现在资金供给以及金融工具的创新上，中介机构主要体现在融资担保、增加信用等方面，政府则是支持政策、社会信用、法律保护等方面。

四、多部门协同视角下广州市小微
文化企业金融服务机制的构建

（一）广州市小微文化企业协同金融服务的信息沟通机制

协同需要小微文化企业、金融机构、中介机构共同建立信息沟通机制，以小微文化企业信用信息管理数据库、信息服务网和融资对接平台的搭建为基础，建立广州市市级公共信用信息平台，并积极与广东省中小企业信息平台对接。通过信用体系建设着力提高小微文化企业信用意识和信用管理水平，推进适合小微企业特点的金融产品和服务方式创新，达到缓解小微企业融资难、扩大融资覆盖面的目的。重点解决银行信息不对称、风险评价标准缺失等问题，帮助金融机构摆脱传统高成本、低效率的营销和风控模式，银行业机构向实现批量化、集中化信息共享转型升级。对税务、水电、环保、质监、海关等方面信息也可以纳入小微文化企业金融服务协同创新的信息沟通当中，完善信息沟通机制的服务功能，提供更为全面、便捷的信用信息服

务。省、市政府和监管部门、各家商业银行出台的支持小微企业政策、措施等信息，也需要及时准确地在信息沟通机制中得到反映。

（二）广州市小微文化企业协同金融服务的收益共享机制

在协同创新之后的收益由各参与方共同享有，需要进行合理的利益分配。一个好的利益分配是下一次合作的直接激励，分配不均、付出和所得不成比例，将直接影响合作的动机（朱鹏，2013）。在小微文化企业、金融机构、中介机构和政府进行充分的信息沟通以及协同服务开展，获得协同服务的增值效应后，就涉及利益的合理分配，实现收益共享。建立一个长效的利益分配机制，兼顾各方利益，约束各方利益相关者坚持长期的互利共赢。根据"责权利对等"原则，确定金融服务融资参与者利益分配的方式，资源投入、对金融服务的贡献和承担的风险损失，探索公平合理的利益分配途径和方法。通过建立合理的收益共享原则、收益共享方式，解决新型金融协同服务机制长期运行的问题。

（三）广州市小微文化企业协同金融服务的风险防范机制

小微文化企业的发展有它自身的规律与特征，行业特征尤为明显。其特征决定了其独有的金融需求特点，金融机构在服务小微文化企业的实际运行中，必须依靠政府和中介机构的协助，互惠合作来解决小微文化企业特征带来的服务困境，传统意义上的金融服务层面无法破解，必须构建好与之对应的风险防范机制。多部门参与小微文化企业金融服务，一方面可以实现风险分散的功能；另一方面也可能形成放大潜在风险的制约，金融协同服务使风险之间转嫁更加便利，导致风险传导更具系统性，风险存在更具隐蔽性，风险影响更具破坏性。在充分发挥协同金融服务融资功能的基础上，正确识别、测度产融结合风险，建立文化企业和金融机构等利益相关者之间风险传递的"隔离墙"，做好风险的分散与控制。

要想建立高效的新型小微文化企业金融协同服务机制，还必须让整个融资流程顺利进行，确立协同金融服务过程的良好保障。金融协同服务过程的各项重要节点的运作方式以及各种资金运动流程的制度安排，对协同金融服务的顺利开展影响重大。金融服务参与方明确各自职能，协同合作环节紧密联系，解决小微文化企业融资中面临的抵押物少、信用记录不完善、无形资产评估困难等障碍，确保金融协同服务过程的顺利进行。

五、推动广州市小微文化企业金融服务协同创新的政策支持研究

（一）小微文化企业金融服务协同机制运行保障政策

1. 建立金融与文化融合领导小组

依据文化产业的运行机理，进一步推进有利于文化产业繁荣发展的体制机制，进一步解放和发展文化生产力，为文化产业融资创造有利条件。可由发改部门牵头，主管发改的市长亲自挂帅，建立一个由发改、宣传、金融、文化等部门参与的金融与文化融合发展小组，该小组领导制定金融支持文化产业的相关政策，促进金融和文化结合，小微企业、金融机构、中介机构和政府四者之间的协同互动。不断深化相关领域的体制改革，探索建立主管主办制度与现代企业出资人制度有机衔接的工作制度，为参与小微文化企业金融服务扫清体制机制障碍。

2. 加大促进银企交流合作的政策支持

政府相关职能部门熟悉上级政策、掌握大量信息，要进一步强化促进协同合作的意识，积极协调组织，切实做好服务，架起银企合作之间的桥梁，促进银企交流合作。广州市相关政府部门要着手建立健全与银行、与企业的定期推介交流平台，积极推介具有发现潜力的新兴小微文化企业，及时传递有利于文化产业和金融发展的利好政策，积极搭建各类文化金融交流平台，扩大小微文化企业和银行之间合作的成果。建立健全联席会议制度，加强政府部门与金融机构和小微文化企业之间的联系，帮助防范和化解金融服务的风险。要做好牵线搭桥工作，通过银企座谈会、联谊会、资金供需洽谈会等形式，为金融机构提供更多的信息资源，引导金融部门更早、更快介入项目建设。同时，加强和改进与金融机构和中介机构的沟通联系，增进了解、增

强互信、争取支持，推进政府、企业、金融机构以及中介机构之间的深层次合作。

3. 出台降低交易成本的政策措施

采取税收优惠减免的办法，严格执行中央关于发展文化产业的优惠扶持政策，确保文化企业享受增值税、所得税、营业税、出口文化产品退税等各项优惠待遇落实到位，只要不违背国家有关税收优惠政策的规定，都可以享受相应的税收减免优惠政策。人民银行要积极引导各金融机构正确认识地方经济发展趋势和文化产业前景，认真研究制定加快文化产业发展的配套措施，有针对性地加强和改进金融服务，建立支持文化产业加快发展的长效工作机制。金融办出台更加具体的措施，促使各大商业银行向文化企业的贷款由"鼓励"变为"奖励"，适当采取贴息或增加银行放贷额度、新增贷款给予奖励、对形成不良贷款损失给予一定补偿等手段，让银行和文化企业都可以从中获益。深化文化市场综合执法改革，统筹协调、监督指导文化市场综合执法工作，进一步完善文化市场综合执法机制，加强综合执法队伍建设。

（二）推动利益相关部门积极协同互动的政策措施

1. 加大政府参与小微文化企业金融协同服务的积极性

对具有规模约束和风险约束的小微文化企业，广州市政府部门要把握住其发展特征，加大财政金融支持力度，并保持政策的延续性。加大对文化产业专项资金的投入，发挥文化产业发展专项资金的引导作用，专项资金采取贴息、补助、奖励等方式，对于积极参与小微文化企业的金融机构和中介机构要给予相应的奖励。专项用于引导扶持文化产业中有潜力的新兴小微文化企业，在金融机构和中介机构的支持下，发展几个有影响力的文化企业孵化平台，促使小微文化企业从诞生到发展到壮大。财政安排的文化产业企业技术改造和产业升级、知识产权、宣传文化发展奖励等专项资金，向小微文化企业和文化产业集聚区倾斜，形成支持小微文化企业发展合力。

2. 加大中介机构参与小微文化企业金融协同服务的积极性

优化广州市金融服务环境，发展文化金融中介机构。配套的中介机构是文化产业顺利完成金融协同服务的重要保证，政府可以出台多项政策措施来推动相关中介机构的完善。建立知识产权评估机构，完善知识产权投融资政策，支持知识产权质押、出资入股、融资担保，鼓励开展与知识产权有关的金融产品创新，探索建立知识产权融资机构，支持中小企业快速成长。扶持担保机构的发展，可以结合广州发展水平的实际情况，积极筹措资金，加大对中小企业信用担保体系建设的支持力度。按照平等、自愿、公平及等价有偿、诚实信用的原则，鼓励、支持金融机构与担保机构加强互利合作。

3. 加大金融机构参与小微文化企业金融协同服务的积极性

广州市各级各类金融机构要文化产业大发展大繁荣为契机，围绕文化产业运行机理，深入推进金融改革和服务创新，进一步拓宽多元化融资渠道。创新金融产品，大力提升服务文化产业发展的能力，推进金融服务创新，改进和完善对小微文化企业的金融服务。小微文化企业基本上靠的是无抵押、无担保的信用贷款，鼓励市内金融机构根据小微文化企业的特点，内部成立专门小微型企业信贷机构，建立信用体系，拓宽抵押品范围，制定以专利、应收账款等无形资产进行抵押贷款的具体措施。鼓励银行机构深入研究小微文化企业金融服务需求，探索适应小微文化企业特点的风险控制措施，积极开展信贷业务创新，完善个性化信贷服务机制，对一些资金需求小、频次多的中小文化企业实行"一次核贷、周转使用"，缩短企业融资所需要的时间，提高银行的服务效率。

4. 加大小微文化企业自身参与金融协同服务的积极性

为了满足发挥小微文化企业金融服务协同创新效应的需要，小微文化企业也要为积极参与互惠合作进行努力，必须不断增强自身的素质。要按照现代企业管理制度的要求，规范企业经营管理，让金融机构和中介机构更好地了解企业经营状况和资信水平。一些小微文化企业还要改变家族式、家长式的管理模式、不断提升企业的经营管理水平，让其他利益相关者有参与合作的可能。小微文化企业要加大管理人员、财务人员的培训力度，不断提高管理者和员工的文化素质与业务能力、财务人员的财务管理水平，特别是要逐步规范企业财务会计制度，加强财务透明，这是小微文化企业主动参与金融协同服务的必要条件。放宽对文化产业市场准入的限制，允许非公有资本和外资进入政策允许的文化产业领域，鼓励小微文化企业引进战略投资者，尤其是文化产业投资基金为代表的一些风险投资，以便金融协同服务更好地发挥效果。

本章参考文献

［1］Anderson D. Small industry in developing countries：A discussion of issues［J］. World Development，1982，（11）：913－948.

［2］Beck T，Demirguc－Kunt A，Laeven L，et al. Finance，firm size，and growth，Journal of Money，Credit and Banking，2008，（7）：1379－1405.

［3］Charles L. The creative city：a toolkit for urban innovators，London，Sterling. VA：Comedia，2000.

［4］Demirguc－Kunt A.，and Maksimovic V. Law，Finance，and Firm Growth，Journal of Finance，1998，（9）：2107－2137.

［5］Diamond D. Financial intermediation and delegated monitoring，Review of Economics Studies. 1984，（5）：393－414.

［6］Edward Ramirez，Meredith E. David，Michael J. Brusco. Marketing's SEM based nomological network：Constructs and research streams in 1987~1997 and in 1998~2008，Business Research，2013，（9）：1255－1264.

［7］Higson C，Rivers O，Deboo M. Creative financing，Business Strategy Review，2007，（4）：259－275.

［8］Indergaard M. Beyond the bubbles：Creative New York in boom，bust and the long run，Cities，2013，（8）：43－50.

［9］Laeven L. Does financial liberalization reduce financing constraints？ Financial Management，2003，（1）：5－34.

［10］Stein J C. Information production and capital allocation：Decentralized versus hierarchical firms，Journalof Finance，2002，（5）：1891－1921.

［11］Stiglitz Joseph E and Weiss Andrew. Credit Rationing in Market with Imperfect Information，The America Economic Review，1981，（3）：393－410.

［12］安世绿：《文化创意企业融资需求特点及政策初探》，《中国金》，2010 年第 3 期。

［13］陈劲、阳银娟：《协同创新的理论基础与内涵》，《科学学研究》，2012 年第 2 期。

［14］邓可斌、曾海舰：《中国企业的融资约束：特征现象与成因检验》，《经济研究》，2014 年第 2 期。

［15］冯梅：《中国文化创意产业发展问题研究》，经济科学出版社，2009 年。

［16］李华成：《中小文化企业融资难的成因与对策》，《湖北社会科学》，2011年第7期。

［17］林毅夫、孙希芳：《信息、非正规金融与中小企业融资》，《经济研究》，2005年第7期。

［18］马九杰、郭宇辉、朱勇：《县域中小企业贷款违约行为与信用风险实证分析》，《管理世界》，2004年第5期。

［19］邱国栋、白景坤：《价值生成分析：一个协同效应的理论框架》，《中国工业经济》，2007年第6期。

［20］陈孝明、田丰：《融资约束、投资契合与文化产业基金发展模式》，《金融经济学研究》，2013年第1期。

［21］王建秀、李常洪、张改枝：《基于不同风险类别的中小企业融资博弈模型分析》，《中国软科学》，2012年第3期。

［22］王霄、张捷：《银行信贷配给与中小企业贷款》，《经济研究》，2003年第7期。

［23］魏鹏举：《我国文化产业融资环境与模式分析》，《同济大学学报（社会科学版）》，2010年第5期。

［24］肖志明：《小微文化企业金融服务协同创新模式研究》，《华北电力大学学报（社会科学版）》，2013年第6期。

［25］于孝建、任兆璋：《我国文化产业金融创新方式分析》，《上海金融》，2011年第6期。

［26］张捷：《中小企业的关系型借贷与银行组织结构》，《经济研究》，2003年第3期。

［27］张捷、王霄：《中小企业金融成长周期与融资结构变化》，《世界经济》，2002年第9期。

［28］张静静：《文化创意产业的知识产权价值评估研究》，经济科学出版社，2011年。

［29］张伟、周鲁柱：《我国文化产业投融资存在的问题及基本对策》，《现代传播》，2006年第4期。

（陈孝明）

第四部分 文化产业的空间布局

产业的空间布局是指产业在某一区域范围内的空间分布和组合的经济现象。从静态上看，产业布局表现为产业的各构成部门、各种要素在空间上的分布态势和地域上的组合。从动态上看，产业布局则表现为各种资源、各生产要素和各企业为选择更有利的区位而形成的在空间地域上的流动、转移或重新组合的配置与再配置过程。产业空间布局的调整优化是产业持续发展的内在要求，通过在空间上进行产业布局调整，促使更高端资源、要素和企业的创新组合，是实现产业做大做强和竞争力提升的重要途径。目前，广州市文化产业在空间上呈现进一步集聚发展的态势，一方面表现为在一些文化资源、企业相对集中的区域形成产业园区；另一方面，适应文化产业发展趋势，通过把旧厂房、旧仓库等房地资源改造成适合文化创意产业发展的园区，实行专业招商而发展成为产业园区。此外，随着经济全球化以及新的国际分工还使得文化产业的空间布局呈现出新的发展特点，比如在"走出去"战略导向背景下，文化产业随着对外贸易的发展而呈现离岸布局的新趋势。研究文化产业空间发展规律对于科学制定文化产业政策具有重要意义。本部分从不同的角度对广州文化产业的空间布局进行了探讨。首先，对广州市文化产业园区的空间集聚与分类进行了讨论（第十三章）；其次，进一步研究文化产业园区的现状和存在的问题，并提出促进文化产业集聚发展的对策建议，这对助推产业转型升级，进而推进广州新型城市化建设，提高城市综合竞争力、凝聚力、文化软实力，打造世界文化名城，都具有重要的推动作用（第十四章、第十五章）；最后，作为珠江三角洲的中心城市，广州大力发展离岸文化产业，有利于扩大跨文化贸易，加强与沿线国家的文化交流与合作，推动"一带一路"战略的贯彻落实（第十六章）。

第十三章

广州市文化产业园区的空间集聚与分类

纵观全球各国的文化产业，无一不是依托中心城市而发展起来的。而中心城市文化产业的发展，又是依赖于该城市众多的文化产业集聚区的发展而来的。比如美国以洛杉矶为代表的西部城市群，集中了全国电影业生产能力的70%；日本的东京城市群，集中了全国电影产业的60%、出版产业的35%、印刷产业的40%。这些文化产业发达国家和地区将文化产业视为再城市化进程中经济复兴的重要手段，大多是通过文化引导的城市更新使文化产业发展获得新的空间载体，文化产业空间集群策略被积极鼓励，建设文化产业园区也就成为各地发展文化产业的一种普遍采用的措施。

在我国，文化产业发展越来越受到重视，得到了强有力的政策支持。党的十六大以来，国家密集出台一系列旨在支持文化产业的财政、税收、信贷和资本市场层面的政策措施，为中国文化产业的发展提供了有力的支持和保证。国家"十二五"规划中明确提出，构建现代文化产业体系，构建结构合理、富有创意、竞争力强的现代文化产业体系，推动文化产业跨越式发展。推动文化产业与旅游、信息、建筑等产业融合发展，提升品牌价值，增加物质产品和现代服务业的附加值和文化含量。加快文化产业园区建设，引导文化产业集群化发展，已经成为各城市或区域提升文化产业竞争力的重要措施。

一、理论基础

（一）文化产业园区的内涵

文化产业园区，即是一种依托产业链汇聚而降低成本，发挥"集聚效应"，产生经济、社会、文化等多方面综合效益的方式，是文化产业在某些地域内的集聚形态。从文化产业集聚的意义和特征表象定义：文化产业园是指众多关联的文化企业或机构共处在同一文化区域内，形成产业组合与互补合作，以产生孵化效应和整体辐射力的文化企业群落。

文化产业园区作为与文化相关联，实现产业规模集聚的特定地理区域，是具有鲜明文化现象并对外界产生一定吸引力的集生产、交易、休闲、居住为一体的多功能园区。园区内形成了一个包括"生产—发行—消费"产供销一体的文化产业链。文化产业园区是文化产业在某些地域内的集聚形态，这是一种依托产业链汇聚而降低成本，发挥"集聚效应"，产生经济、社会、文化等多方面综合效益的方式。

（二）文化产业园区的特征

文化产业园区与其他类型产业园区相比具有共性：集聚、创新、规模化、科技引导等，但更多的是差异，有自身独有特征与功能。

1. 创意能力强，科技融合高

文化产业的第一要义是创意，第二资源是人才，本质是文化＋智慧（创意）＋科技三者深度融合的产业。它的创新能力主要可归结为：人的思维创新能力、文化资源的价值创新再造能力、科技创新及变革能力、产业创新能力与制度创新能力，或是其组合。

2. 社会配合度高，公众参与广

文化园区是"园"，更是"区"。园本身就是强大资金流、信息流、物流，人才流的集散地，为企业提供便捷廉价的交易平台与增加相互学习、分工合作的机会，其中文化设施的齐全与文化活动的举办，是提升园区魅力，招揽名企、名人、游客的重要指标，由此构成了"园"的社会支撑力。

3. 集聚效应明显，产业链完整

集聚是任何园区高效发展最基本的要求。集聚效应一旦形成，就会形成一个自我积累的正反馈过程，使产业集群拥有自我发展的能力，并持续为下一步发展创造条件。文化产业园区应具备完整的产业链，链条上每个环节均可成为一个相对独立的行业，形成专业化与多元化优势并存，从而达到优势互补互相支撑的产业格局。

4. 产业秩序良好

价值链某些环节的高度集中，容易造成"马太效应"，由此需要良好的产业秩序来保障市场有序竞争与权益公平分配。园区塑造良好的文化产业秩序包含三个方面：文化企业秩序、文化产业组织秩序与文化环境秩序。

（三）文化产业园区的功能

文化产业园区有多种类型，不同类型的文化产业园，侧重的功能不同。总体看来，文化产业园区具有以下功能：

1. 产业孵化器

文化产业园区一般是通过提供一系列新创企业发展所需的管理支持和资源网络，来帮助文化企业的发展。园区内的企业集群构成往往包括相关文化艺术创意设计方面的企业，提供高科技技术支持如数字网络内容产业方面的企业，企业国际化的策划推广信息咨询等中介机构，文化创意产品生产企业，以及有经济管理、商品管理方面经验的公司，他们构成立体多重交织的产业链条网，产业之间、企业之间形成良性互动，并通过集群对周边产生辐射效应。

2. 教育培训功能

特别是依托高新区和大学的文化产业园区，此功能更为突出。如昆士兰科技大学的创意产业园区，它是澳大利亚第一个由政府与教育界共同为发展创意产业而合作的项目，园区的一个主要功能就是作为教室的功能，为澳大利亚培养了创意产业发展所需的各类创意产业人才。

3. 研发创新功能

文化产业园区同时也是一个研发创新基地。文化产业本质就是创意、创新，是大量创新型人才的汇集地，是推动产业发展的重要源泉和动力。

4. 促进就业功能

文化产业园区内产业集聚，众多的企业提供了大量的就业机会。同时文化产业园区又是一个消费场所，园区倾向为艺术品的消费提供多种多样的机会，如在集会点、戏院、电影院、音乐厅、酒吧和其他地点，包括公共空间，都能帮助年轻人建立事业提供机会。

5. 展示休闲功能

文化产业园区经营的是文化产业，这也就决定了园区的文化艺术特性，使其成为文化艺术的展示橱窗。文化产业园区是大量的文化艺术人才居住之地，园区环境讲究舒适并具有生活格调和品位，再加上众多休闲空间如咖啡馆、酒吧、餐厅，使得文化产业园区也成为吸引众多游客前来休闲旅游的特色文化景观。很多的文化产业园区往往也是著名的旅游之地，美国纽约苏荷以其引领先锋艺术的潮流、前沿，每年吸引着大量的世界游客。

6. 交易创汇功能

文化产业园区是一个提供交易的平台，也体现为具有创汇功能。伦敦西区是与纽约百老汇齐名的世界两大戏剧中心之一，是表演艺术的国际舞台，也是英国戏剧界的代名词。它主要外汇收入来自海外游客和出口剧目。根据伦敦旅游局的统计，剧院是游客游览伦敦的一项重要内容。1997 年，海外游客在西区的消费占消费总额近 1/3。

二、广州市文化产业园区空间集聚的形成与发展

（一）广州文化产业发展现状

1. 产业规模不断扩大，对经济社会贡献日趋显著

近年来，广州市把提升文化软实力作为增强城市综合竞争力的主要途径，不断加大对文化产业的投入，深化文化体制改革、加快文化产业发展步伐，文化产业呈现良好发展势头。2013 年，文化产业增加值约 743 亿元，占地区国民生产总值 4.91%，比 2012 年的 630.9 亿元，增长 17.7%；文化产业法人单位总数约 3.0 万个，比 2012 年的 22686 个，增长 32.2%，不仅是全省法人单位增长数量最多的城市，总数也始终保持全省首位，占全省文化产业法人单位总数的 28.8%；文化产业从业人员约为 59 万人。民营文化企业达 1.5 万家，占文化类法人单位总数的 3/4；广州地区 10 家上市文化企业，总市值超过 900 亿元，一大批优秀文化企业为广州市的发展做出了巨大贡献。

2. 基本形成门类齐全的文化产业体系

目前，广州市拥有新闻出版发行服务、广播电视电影服务、文化艺术服务、文化信息传输服务、文化创意和设计服务、文化休闲娱乐服务、工艺美术品的生产、文化产品生产的辅助生产、文化用品的生产以及文化专用设备的生产共计 10 个大类，以及专业设计、动漫、电影电视广播和录像、咨询服务等 50 个中类，涉及人民日常生活、企业生产经营和城市建设等诸多方面的 120 个小类行业，已经形成基本完备的文化产业体系。其中，文化创意和设计服务、文化产品生产的辅助生产和文化用品的生产三大类法人单位数量最多。

3. 四种文化产业链发展模式基本形成

目前，广州已基本形成龙头主导型、围绕平台发展型、空间链集聚型和

产业链逆向延伸四种文化产业链发展模式。新闻出版业形成以广州日报报业集团、新华出版集团为龙头主导型的发展模式；漫画产业、艺术产业等行业形成了围绕平台发展的产业链模式。如漫友文化科技有限公司充分利用出版传媒"传播信息、整合资源"的渠道优势，通过图书、杂志出版、网络传播，以及赛事举办等形式，为自身也为动漫业界搭建了集孵化、展示、宣传、交流、合作等功能于一体的行业平台，把创意制造、内容运作与消费体验等产业链上下游环节有机地连接起来，实现了良好的社会效益和经济效益；网络游戏等行业形成了产业链空间集聚发展模式。华创动漫产业园依托广州得天独厚的动漫游戏产业基础，吸引网络游戏开发、软件支持、硬件制造、衍生产品开发等上千家企业进驻，推动动漫游戏产业在创意、研发、生产、展示、销售各环节的全面发展；文化衍生产品形成了产业链逆向延伸的发展模式。广州是全国最重要的动漫玩具衍生产品集散地，广东奥飞动漫文化股份有限公司等规模较大的动漫衍生产品制造的下游企业，在完成"加工"这一劳动密集型工作而完成资本积累后，开始向动漫网游产品的上游发展，把传统产业与文化创意相结合，构建了融上游制作、出版动漫影音、图书、网游、手机内容和下游生产、销售玩具于一体的完整而可持续发展的动漫产业链。

4. 文化与科技融合发展，新兴业态不断涌现

广州市不断重视科技创新对文化产业的重大推动作用，注重文化与科技等的融合，充分借助信息技术及高新技术，推动文化与科技融合发展，文化新兴业态和高端业态发展迅猛，在网游动漫、新媒体、专业设计等领域取得全国领先地位。2013 年，广东奥飞动漫文化股份有限公司实现营业收入15.5 亿元，实现利润总额 2.69 亿元。广州奥飞文化传播有限公司出品《巴啦啦小魔仙系列》漫画作品获第五届金龙奖最佳儿童漫画，《巴啦啦小魔仙之奇迹舞步》获中国文化艺术政府奖、第二届动漫奖最佳动画电视入围奖，首部大电影更是获得了超过 5000 万元的票房，跻身 2013 年国内动画电影票房前列。广州漫友文化科技发展有限公司出品的《向日葵男孩》获得中国文化艺术政府奖第二届动漫奖最佳漫画作品奖等，被列为 2013 年"原动力"中国原创动漫出版扶持计划入选项目；广东原创动力文化传播有限公司的《喜羊羊与灰太狼系列》获得中国文化艺术政府奖、第二届动漫奖最佳动漫国际市场开拓奖，其中《喜羊羊与灰太狼之飞马奇遇记》获 2014 中国动画电影票房榜第七位，斩获 8715 万元票房。在新媒体领域，UC（优视科技）

已成为中国领先的移动互联网软件技术及应用服务提供商。腾讯公司广州研发部开发的即时通信工具微信，2014年第二季度，微信的月活跃用户数已经达到4.38亿户。

5. 区域文化产业发展不均衡

近年来，广州市各区纷纷将文化产业发展作为区域经济社会发展的主要增长源，不断出台政策措施，加快文化产业发展。但受到经济发展水平、思想认识早晚、文化资源基础等因素影响，依然存在区域差异。从文化产业法人单位的空间分布看，文化产业企业还主要集中分布在天河区、越秀区和海珠区三个中心城区，番禺区和萝岗区作为后起之秀，分列第四、第五位。这五个区的文化产业法人单位数占全市文化产业法人单位总数的82.7%。从图13-1各区文化产业增加值来看，天河区和越秀区依然是最多的，法人单位数位列第三、第四位的海珠区和番禺区则被萝岗区超越，文化产业增加值排在第四、第五位。

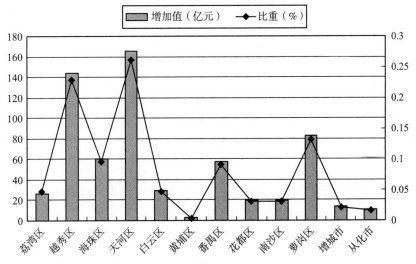

图13-1 广州市各区文化产业发展情况

资料来源：《中国广州文化创意产业发展报告（2014年）》。

（二）广州文化产业园区集聚发展历程

广州市文化产业的发展可以追溯到改革开放之初的20世纪80年代，尤以图书出版业的发展为开端，进入 21 世纪后，文化产业才得以迅速发展。21 世纪前的广州文化产业还主要是零散分布，企业各自为政，产业的集聚发展，尤其是文化产业园区的形成则以 1999 年 12 月广州天河软件园的成立为标志。根据目前已有文化产业园区的建成运行时间，可以将全市文化产业园区的发展分为三个阶段：萌芽期、形成期和发展壮大期。

1. 萌芽期（1978～1999 年）

广州作为具有 2000 多年悠久历史的文化名城，拥有丰富的文化资源，2000 多年的通商口岸为广州文化创新提供了坚实基础，近代中国报刊的出版就始于广州。党的十三届三中全会后，广州率先改革开放，成为最早引入各种创新理念的地区之一，到 20 世纪 80 年代，广州先后成立了广东科技出版社、花城出版社等近十家图书出版社，文化企业的主体以国家集体经济为主。进入 90 年代，广州文化产业发展由政府主导逐渐转向市场主导，商品经济的发展，文化市场的开放，促使文化产品作为商品，加快文化企业走向市场的步伐，一些文化企业开始重视研发创意的投入，如珠江钢琴集团 1997 年引进国外先进设备，设立了技术研发中心，研制开发了新产品。

2. 形成期（2000～2008 年）

进入 21 世纪，随着外向型经济的发展，广州文化产品、文化劳务输出等创汇能力得到提升，文化产业各大行业大类得到迅速发展，产业集聚逐渐形成。1999 年 12 月，广州天河软件园在天河科技园的基础上成立，成为国家级火炬计划软件产业基地。2000 年，园内企业总收入达 53 亿元，软件产值 26 亿元。2001 年 6 月，列入国家首批重点软件产业基地。随后相继涌现了黄花岗信息科技园、长隆旅游度假区、广州设计港等文化产业园区和集聚区。2004 年，文化部命名第一批国家文化产业示范基地，广州长隆集团有限公司的长隆旅游度假区成功入选。在此带动下，全市各区掀起了文化产业园区的建设热潮。2004 年，信义会馆在政府"退二进三"的战略指导和几位地产商的改造下，成为具有文化、商业、展览功能的广州市首个文化创意产业园。2005 年，广州市出台《关于加快发展广州网络游戏动漫产业的指导意见》，将发展软件、网络游戏和动画漫画产业作为新一轮经济增长点，一批以软件、动漫产业为主的文化产业园区纷纷建成，使得广州市也被授予"国家网络游戏动漫产业发展基地"和"国家软件出口创新基地"称号，成为中国动漫和软件产业的重要基地。广州创意产业园、羊城创意产业园、国家网络游戏动漫产业发展基地亚钢大厦园区等一批文化产业园区建成运营。至 2008 年，全市已建成文化产业园区或孵化器超过 20 个。

3. 发展壮大期（2009 年至今）

2009 年，广州市编制《广州市文化产业振兴规划》，提出要加快文化产业园区建设，促进产业集聚。自此，广州市文化产业园区如雨后春笋般涌现。仅 2009 年，就有红专厂艺术生活区、太古仓创意园、小洲影视科技园、1850 创意园、广州数字产业园等十多个文化产业园区建成。文化产业园区的空间分布也从形成期的集中在中心城区的格局逐渐向新城区扩散，至 2014 年，广州市各区都有文化产业园区的布局。同时，广州市政府对文化产业园区的管理也日趋规范，2014 年年初，市委宣传部、市文广新局等单位联合对广州市第一批重点文化产业园区（集聚区）进行认定。珠江钢琴集团等 30 家企业被评为首届广州市优秀文化企业，金城等 10 名企业家被评为首届广州市优秀文化企业家。其中，第一批重点文化产业园区有羊城创意产业园、广州长隆旅游度假区、广东音像城、广州信义会馆等共 13 个。

（三）广州文化产业园区空间集聚特点

为适应产业集群化和文化产业融合发展的趋势，广州在全市范围内相继规划和建成了一批批文化产业基地和园区。据不完全统计，目前广州市主要文化产业园区、基地和特色街区有 62 个。其中，国家级园区（基地）5 个，省级园区 10 个。这些园区具有以下发展特点：

1. 文化产业园区高度集中在中心城区

目前，广州市的 62 个文化产业园区尽管散布在 12 个区。但从园区的数量上看，还主要集中在海珠区、荔湾区、天河区和越秀区中心城区，四区共有文化产业园区 33 家，占全市园区总数的一半以上，尤其是海珠区，近两年高度重视文化产业发展，发挥高校资源优势，园区建设密集，大小园区（特色街区）有 13 个，占中心城区文化产业园区数的近 40%。番禺区凭借临近中心城区的先天地理优势、岭南文化主要发祥地的深厚文化底蕴以及丰富的人力资源，文化产业园区建设不仅发端较早，持续性也强，已经建成和在建园区（基地）有11个，园区数量仅次于海珠区，位列第二。从化区和花都区则较少，仅有1~2个园区，位列全市最后。

2. 园区规模与到城市中心的距离正相关

与工业园区的产业集聚以获得规模化效益不同，文化产业园区的集聚是以智慧密集获取共享效益，5万平方米以下的园区比较适合文化产业园区的发展。受到土地、租金和开发建设主体等因素的影响，广州市文化产业园区建筑面积在5万平方米以下的园区主要集中分布在荔湾区、海珠区和天河区等中心城区，如荔湾区文化产业园区除922宏信创意园建筑面积为5万平方米外，其余园区都在5万平方米以下，且大多在1万~3万平方米以下。海珠区1万~3万平方米的园区也占不少比例。而在中心城区外围的番禺区、花都区和从化区等区域，文化产业园区的建筑规模大多在10万平方米以上，尤其是番禺区，园区规模大多在50万平方米以上。

3. 多元化集聚的发展形态

广州市文化产业从发展形态模式看，呈现多元化聚集模式。有依托园区聚集发展的，如广州设计港、广州工业设计中心、信义国际会馆、文化星城、天河软件园等，以工业设计、时尚设计、休闲互动软件和计算机服务等创意产品生产为主；有依托专业市场集中发展的，如文德路字画街、起义路工艺品与纪念品设计生产一条街、天河路周边电脑专卖城、白云区音像城等，主要经营创意产业的产品；有依托文化艺术单位发展的，如聚集在广州美术学院、珠江电影制片厂、报社、电视台等文化影视、传媒制作单位附近，以广告、艺术创作、时尚设计、策划、培训、咨询等服务为主；有依托中心区写字楼发展的，以软件开发、商务服务、产品设计与开发、广告设计、培训、策划为主。

4. 向商业中心集聚的组团结构趋势

广州市文化企业的分布呈现出向商业中心集聚的态势。北京路、上下九、农林下路等是广州市历史悠久的商业中心，是广州市目前最为繁华的商业中心，是国内外、省内外消费者集中的地区，为广州市文化产业的发展提供了巨大的消费市场，其附近的文化企业数量较多。天河城、体育中心、珠江新城等是广州市新兴的CBD，集中分布了广州书城、天河体育中心、广州电视塔等文化设施，集聚了天河软件园、广州报业文化中心、新广电中心等众多大小型文化企业。

三、广州市文化产业园区空间集聚的类型

（一）依据生命周期划分为四类

与其他产业园区一样，文化产业园区也有着自身的发展周期和增长极限，国内外相关研究将产业园区生命周期划分为四个阶段：初创期、发展期、成熟期和衰落期。结合已有研究和本研究第二部分对广州市文化产业园区发展阶段的分析，借鉴《广州文化创意产业发展报告（2012年）》中对文化创意产业集聚区发展阶段的划分方法，广州市文化产业园区大致可以分为诞生期、成长期、成熟期和衰退期。

从时间上看，广州市文化产业园区大部分建立于 2008 年以后，已经有七年的发展历史，处于成长期。尚没有一家处于衰退期的园区（如表13－1所示）。像广州高新技术产业开发区民营科技园、黄花岗信息科技园、广州设计港等形成于 2000 年前后的园区，历史较长，发展良好，已经进入成熟期；而在近两年才建设或在建的一些园区，如广州创意大道、广州珠影文化创意产业园、花城往事旅游文化创意园、清华科技园广州创新基地等则才处于诞生期。部分文化产业园区发展阶段如表 13－1 所示。

表 13－1　　　　　　　　广州市部分文化产业园区发展阶段

集聚区名称	所属行政区	发展阶段				集聚区名称	所属行政区	发展阶段			
		诞生期	成长期	成熟期	衰退期			诞生期	成长期	成熟期	衰退期
TIT 纺织服装创意园	海珠区		▲			中海联 8 立方	白云区	▲			
广州珠影文化创意产业园	海珠区		▲			红专厂艺术生活区	天河区		▲		
太古仓创意园	海珠区		▲			羊城创意产业园	天河区		▲		

集聚区名称	所属行政区	发展阶段				集聚区名称	所属行政区	发展阶段			
		诞生期	成长期	成熟期	衰退期			诞生期	成长期	成熟期	衰退期
清华科技园广州创新基地	番禺区	▲				天河软件园高唐新建区	天河区			▲	
广州星力动漫游戏产业园	番禺区		▲			广州创意大道	越秀区		▲		
广州巨大设计创意产业基地	番禺区		▲			黄花岗信息科技园	越秀区			▲	
华创动漫产业园	番禺区		▲			国家网络游戏动漫产业发展基地亚钢大厦园区	黄埔区			▲	
长隆旅游度假区	番禺区			▲		广州开发区创意产业园	萝岗区		▲		
1850创意园	荔湾区		▲			广州开发区工业设计产业示范基地	萝岗区		▲		
922宏信创意园	荔湾区		▲			开发区创意大厦	萝岗区		▲		
五行文化创意园	荔湾区		▲			皮具之都	花都区	▲			
信义会馆	荔湾区			▲		从化动漫产业园	从化区		▲		

资料来源：《中国广州文化创意产业发展报告（2014年）》。

（二）依据产业结构划分为十类

广州市文化产业园区中，覆盖了文化产业行业分类中的十个大类。按照产业结构可将其划分为：新闻出版发行类、广播电视电影类、文化艺术类、文化信息传输类、文化创意和设计类、文化休闲娱乐类、工艺美术品生产类、文化产品生产的辅助生产类、文化用品的生产类、文化专用设备的生产类共十类。

其中，新闻出版发行类主要有：广州日报报业集团、南方日报报业集团、羊城晚报报业集团、广州新华出版发行集团、广东国家数字出版基地。

广播电视电影类有：南方广播影视创意基地、珠影影视文化创意产业园、广东原创动力文化传播有限公司。

文化艺术类有：1850 创意园、花城往事旅游文化创意园、深井文化长廊等。

文化信息传输类有：荔湾广佛数字创意园、广州互联网产业园。

文化创意和设计类有：广州华创动漫产业园、星力动漫游戏产业园、广州巨大设计创意产业基地、中颐创意产业园（Moca 创意城）、广州 TIT 国际服装创意园、南方传媒文化创意产业园、天河国家网游动漫基地（天河软件园）、广州市嘉禾创意产业园创业基地、922 宏信创意园、广州包装印刷文化创意产业园（广印创意园）、文化星城——广东文化（创意）产业园、广州巨大设计创意产业基地、广州开发区文化创意园区、黄埔国家网游动漫产业基地、荔湾广州设计港、小洲艺术村、长洲国际艺术堡、广纺联创意产业园、沙面工业设计与展示基地、广州 229 国际服装创意园、白云科技创意园、广州五行科技创业园、广州信义国际会馆、海珠创意产业园、小洲影视文化产业园、羊城创意产业园、广东奥飞动漫文化股份有限公司、广州漫友文化科技发展有限公司、金山谷创意产业园、广州从化动漫产业园、清华科技园广州创新基地、天河创意港、联星文化星城、白云创意创业产业园、ING 文化创意园、黄花岗信息科技园、广州创意产业园。

文化休闲娱乐类有：长隆旅游度假区、中海联 8 立方创意产业园、红专厂、太古仓、广州轻工双鱼体育时尚创意园（双鱼港）、珠江琶醍啤酒文化创意艺术区、国际单位文化综合体、聚龙村创意村落等。

工艺美术品生产类有：皮具之都、原创雕塑艺术中心等。

文化产品生产的辅助生产类有：国家数字家庭应用示范产业基地、白云健康科技产业园。

文化用品的生产类有：富林 796 精英木材家具设计创意产业园、花城创意产业园、珠江钢琴集团、广州高新技术产业开发区民营科技园、中国电器科学研究院高科技产业园、广东音像城、天安节能科技园等。

文化专用设备的生产类有：广东国家数字出版基地、广州开发区工业设计产业（广州）示范基地、广州毅昌科技股份有限公司。

可见，广州市大部分园区是以文化创意和设计为主，占文化产业园区总数的一半以上，其次是文化休闲娱乐类和文化用品生产类。

（三）依据园区用地来源划分为四类

目前，从文化产业园区的用地来源来看，主要有以下四类：

第一类是在新区或者是原建成区空置土地上新规划出一块土地作为园区建设用地，例如天河区的国家网游动漫基地、番禺区的金山谷创意产业园和Moca创意城等；

第二类是对已经存在的商业经营场所重新规划，将其纳入文化创意产业园区中，例如越秀区的广州创意产业园（合润园区）和黄花岗信息产业园等；

第三类是利用城市更新置换出来的旧厂房、仓库、旧民居房等废弃建筑为主，对其进行保护性改造和功能提升，例如荔湾区的信义会馆和1850创意产业园、海珠区的广州TIT纺织服装创意园和珠影文化创意产业园，以及天河区的羊城创意产业园和红专厂等；

第四类是混合型，其用地来源多样化，既有新规划建设的，也有利用老建筑改造的，例如越秀区的南方传媒文化创意产业园和广州移动互联网（越秀）产业园等。

在广州市已建成和正建的62个文化产业园区中，利用城市更新获取土地来源的（第三类和第四类）文化产业园区有15～20个，主要集中在中心城区。

（四）文化产业园区空间集聚的影响因素

1. 产业关联性

增长极理论较早的考察了产业关联对产业集聚的影响，认为区域经济偶然的增长通过市场需求关系、就业关系、极化效应和回波效应能引起区域产业持续增长和集中。由于产业分工和专业化，任何一个产业都不可能孤立存在。尤其是文化产业这种关联度较强的产业，其产品的生产过程不仅能够影响到外围层和相关层的文化产业，而且还能对核心层的其他产业产生影响。因此,文化产业在集聚的过程中需要考虑到与上游产业和下游产业之间的关系。

2. 文化需求因素

一个产业的兴起和发展是经济社会发展到一定阶段的产物,而文化产业的兴起是在工业化革命之后,随着人们的收入水平的提高,为了满足人们的精神需求而产生的。马斯洛把人类的需要分为了五个层次,即生理需要、安全需要、社会需要、尊重需要和自我实现的需要,由此可见只有人们的物质生活达到一定水准,精神需求足够大到可以支撑一个产业的发展时,文化产业才能作为一个独立的产业兴起和发展。

3. 市场需求因素

市场需求是影响文化产业区位选择的重要因素,也是推动文化产业发展的内在动力。需求可以刺激文化产品的生产和文化服务的供给。文化产品与一般商品不同,它是超越了物质性商品的一般属性,是精神性、文化性、娱乐性、心理性的产品。这种产品的需求也是具有特殊性的。它是在人们满足基本需求的基础上,才能产生的精神需求。因此,人们的收入水平和文化品位是影响文化产品需求的重要因素。而高收入和高品位的人多集中在商业繁华的地区。广州的文化企业多集中在越秀区、天河区是因为这些地方的商业发达,人流众多。

4. 人才因素

人力资本理论认为,经济发展的根本原因在于人力资本,人力资本在经济增长中的作用大于物质资本的作用。对于文化创意产业来说更是如此。人才是文化产业的核心资源,创造性人才在一个地区的集中,将会给这个地区带来更多的投资和吸引更多的企业前来发展。因此,各区域在人才方面的空间差异会影响文化产业的空间布局。广州市的文化企业大部分分布在越秀区和天河区,这种分布与这两区的高校、科研机构集中,人才密集有着密切的关系。

四、广州文化产业园区空间集聚的效应

（一）经济效益

从园区集聚的效益来看，少数发展较好的集聚区具有相当的规模和影响，集聚了一大批文化创意企业，提供了大量的就业岗位，创造了良好的财富效益。例如"太古仓"改造前已经停产，亏损达 345 万元，改造后年营业额保守估计达到 1.5 亿元；"羊城创意产业园"园区企业 2011 年总产值达 9 亿元，营业收入超 6.3 亿元，年纳税金额超 6000 万元，提供就业岗位超过 5500 个；"广州 TIT 创意园"的入园企业和相关机构达 100 家，创意园中入驻企业年产值从改造前的 1130 万元激增到 150 亿元，增幅达 1300 多倍，成为名副其实的旧厂房改造成功的典范；"信义会馆"首期吸引了近 20 家公司落户，其中包括跨国广告公司奥美广州、迪士尼在大中华区的加工品总部亚虎、LV 设计公司等知名企业。

（二）社会效益

1. 提升城市形象

文化产业园区因富有文化气息和创意特色很容易吸引眼球，可以无形中提高城市的品位和知名度，增强城市的吸引力和辐射力，利用城市更新打造文化产业园区也体现了城市对文化保护的重视，对富有特色创意活动的鼓励有助于城市品牌形象的树立。广州的文化产业园区中，信义会馆、太古仓、羊城创意产业园和 TIT 纺织服装创意园等都是具有较高知名度的旧厂房成功改造案例，其成功经验被推广到其他城市，尤其是广州 TIT 纺织服装创意园和羊城创意产业园，已经成为广州备受关注的焦点。

2. 改善城市环境

文化产业拥有技术密集、高增值、辐射、资源节约、环境友好的产业特性，文化产业园区的建设，加快了高能耗、高排放企业的外迁，弥补了产业空缺，这在客观上产生了对污染来源的替代；文化产业园区有低容积率、大公共空间、高绿化率、少交通工具、少废物垃圾的特征，客观上也为植被和生物的生存创造了良好的条件。为了吸引艺术家和文化创意人才、企业的入驻，广州的文化产业园区十分重视创造良好的生活工作环境，多数园区中都有大量的树木和大面积的草坪，这无疑使其成为清除各种污染物的"空调机"，是吸收城市过量二氧化碳的"海绵"，对城市区域小范围的环境净化产生了一定的积极意义。

（三）文化效益

文化产业园区的建设和发展可以丰富文化生活，增强城市文化艺术氛围。使各种现代演艺活动、传统文化节庆活动增多，又增加了艺术馆、美术馆、音乐厅等文化设施，丰富了居民的文化生活，提高了生活质量和文化艺术修养。文化旅游吸引大量的游客，通过文化旅游项目、文化旅游休闲活动、文化旅游产品使本地文化向外传播，同时以本地文化为背景的影视、音乐作品也是传播本地文化的重要途径。

（四）空间效益

文化产品的生产和消费都必然要落实到一定的空间，文化产业园区空间的有效治理，既可以促进园区空间布局优化调整，又可以化解园区内的空间制约；既能有效地提升毗邻空间的商业价值，也能促使园区自身便捷地转换为生活空间、商业空间。有些园区注重与社区空间相融合，充分合理利用了社区空间，可以实现资源共享、空间共享。

五、广州市文化产业园空间集聚存在问题

（一）缺乏整体规划，空间布局受限

广州市文化产业园大多数是通过旧厂房更新改造而成的，园区土地性质

普遍为工业用地，容积率一般在 1.5 以下。由于受土地性质跟容积率限制，园区难以进行开发，空间布局较小，建筑面积难以满足入驻企业的需求。另一方面，多数园区规划与城市总体发展规划不相匹配，这也是广州文化产业园频频传出将被拆迁消息的主要原因。随着城市更新发展，土地开发总体规划逐渐发生变化，落后及产能过剩工业逐渐淘汰，中心城区的工业用地也逐步减少，土地资源紧缺，原先的工业用地或重新规划为商业、居住用地，或规划为公共设施用地。由于前期缺乏前瞻性的总体规划，部分文化产业园不得不面临土地被政府收储的风险。如珠江北岸文化码头是 1999 年开始在原有南方面粉厂、澳联玻璃厂和员村热电厂三大厂旧址上提出建设的，2010 年 10 月正式揭牌，并于 2011 年被文化部命名为首批国家级文化产业试验园区，但到 2012 年年底，就已关门，原因是已经被划入金融城一期规划内，与城市规划不符（2014 年被文化部撤销其"国家级文化产业试验园区"命名）。羊城创意产业园、红专厂、星坊 60 也面临搬迁或者重新改造问题。

（二）文化产业园区的政策环境有待进一步营造

一个产业要想获得快速持续和大规模发展，需要较为宽松的发展环境和较为切实的政策保障。广州在文化产业发展方面出台了相关政策，但主要是软件、动漫游戏等行业的鼓励扶持政策，尚未有文化产业发展政策，更没有文化产业园区的认定办法等相关政策，文化企业用地、融资、税收等具体实施细则尚未出台，文化产业园区的准入和退出机制尚未形成，文化产业的民间投资力量与政府扶持力量之间的良性互动尚未展开，部分园区前期投入较大，长时间不能盈利，削弱了入园企业的积极性。

（三）园区集聚效应不明显

目前，广州的文化产业园区建设虽然取得了一定的成就，但无论在园区之间还是在园区内部企业之间，都没有较为清晰的产业关联性，难以产生规模经济和范围经济，园区的集聚效应不明显。

（四）产业园区的空壳化和"候鸟化"

所谓"候鸟化"就是指利用政府提供的优惠政策，用完之后再到另外一个园区去。这种情况会导致重复建设和资源的严重浪费，最终也将影响地方政府的积极性。

（五）公共服务平台建设还需加强

目前大多数园区已逐渐重视对公共服务平台的建设，但是实际产生的效益并不明显。原因有以下几点：一方面，很多管理公司只看到眼前利益，由于某些园区地段处于市区，租金收益可观，仅靠房租收入就可以维持公司日常运营，因此并无动力做扶持园区企业的相关工作。另一方面，缺乏相关管理经验与复合人才，文化产业园区是近些年诞生的新事物，管理方大多不懂文化，不了解文化企业的特性，因此更无能力对文化资源进行整合利用。

（六）相关人才匮乏成为制约文化企业发展的重要因素

文化产业主要体现在创意上，因此也被称为头脑产业，其主要源自个人创意、技巧及才华。在美国、英国及日本等文化产业发达的国家，从事文化产业的从业人员占总就业人口的比例超过 12 个百分点。相对而言，广州市文化产业不仅在人才储备上较少，具备"A＋B＋C"（A 代表艺术、B 代表商业、C 代表计算机技术）能力的复合型高端人才则少之又少。

六、广州文化产业园区空间集聚优化的建议

（一）明确政府职责

明确政府在以园区的形式推动文化产业和创意产业发展的过程中自己的职责，培养宽容的、舒适的居住环境。严格而论，产业聚集不是规划出来

的，而是区域分工和市场竞争的结果。一个产业聚集在一个区域，首先是市场的推动，规模经济、外部性等这些内因，通过市场信号的作用吸引关联的企业聚集在一起。此外，资本、技术、信息和劳动力的自由流动是产业聚集最终形成不可或缺的条件。因此，政府的产业政策能否创造出产业聚集的效应，情况就要复杂得多。政府政策在产业聚集形成和发展中的作用，主要体现在创造有利于产业经济活动聚集的环境和市场，如创造更多的公共产品、完善中介服务、帮助企业沟通产业技术信息和市场信息、创造有利于企业开展分工和协作的网络等。政府应该靠营造产业发展环境和建立公平的市场，来促进产业活动在本地区的聚集。

（二）培育文化产业集群市场需求

在知识经济时代，文化产品不仅是一种单纯的精神以及物质产品，也是人们进行自我提高的重要手段。人们通过文化产品的消费，可以提升自己的审美能力，也可以增加自己对文化的认识，并同步于日新月异的科技发展，这种消费的学习功能在终身学习时代来临的背景之下是其他的消费类型所不具备的。因此，需要通过不断地对居民的文化产品消费进行引导，为正在迅速崛起的文化产业集群创造足够的市场需求。总体思路可以通过政府出资兴建免费的文化基础设施，提供更多廉价且高质的文化产品，构建健全有效的公共文化服务体系，培育新的文化消费群体，培养市民的文化自觉，做大文化消费的金字塔等。

（三）完善准入和评估机制

建立园区管理人才认证。园区应有相对严格的准入机制，项目立项前，需由专家把关评审，确认符合条件后再挂牌。应将园区运营管理者的职业认证纳入到立项前评审。因为园区运营者是战略管理人才，充当着"舵手"角色，他们的个人经历、职业背景和决策思路对于园区发展有着重大的影响。成立第三方监管机构，引入第三方绩效评估机制，这样可以有效地避免政策文本清晰但执行力度弱的现象。

（四）建立企业间的人文关系网络和培育创新文化氛围

要推动企业间建立联系以促进学习和交流，增强企业间的信任和承诺，就需要政府采取措施促进各种中介机构（企业家协会、各类教育培训机构、行业协会等）的形成。此外，要多组织博览会等交易会，既能提高产品的知名度，也能促进各方的交流，从而提高企业间的信任。只有在信任形成的基础上，企业间学习和知识的传递才能顺畅，企业间合作创新的机制才能形成。而合作、创新的氛围又能吸引更多的创意人才的进入，这就形成了一个良性循环。

本章参考文献

［1］疏仁华：《皖江城市带文化产业园区的建设定位与提升路径——以皖江三城市为例》，《安徽广播电视大学学报》，2012 年第 1 期。

［2］郝延军、许春玲：《基于产业集群视角下的陕西文化产业》，《西安石油大学学报（社会科学版)》，2010 年第 2 期。

［3］盛书刚、陈丽、周慧敏、谢永安、盛武：《安徽文化产业园区建设研究——以芜湖为例》，《理论建设》，2011 年第 2 期。

［4］钱紫华、闫小培、王爱民：《城市文化产业积聚体：深圳大芬油画》，《热带地理》，2006 年第 3 期。

［5］李兰：《文化产业集聚区的发展初探》，《云南行政学院学报》，2009 年第 6 期。

［6］李兰：《文化产业园区建设：一个文献综述》，《改革》，2010 年第 9 期。

［7］王伟年：《城市文化产业区位因素及地域组织研究》，东北师范大学博士学位论文，2007 年。

［8］申海元：《西安文化产业及产业集群研究》，陕西师范大学硕士学位论文，2009 年。

［9］钟韵、刘东东：《文化创意产业集聚区效益的定性分析——以广州市为例》，《城市问题》，2012 年第 9 期。

［10］占绍文、辛武超：《文化产业园区的界定与评价指标体系研究》，《天府新论》，2013 年第 1 期。

［11］戴钰：《文化产业空间集聚研究——以湖南地区为例》，武汉理工大学博士学位论文，2012 年。

［12］张博：《发展重庆市文化产业集群探索》，重庆理工大学硕士学位论文，2011 年。

［13］江凌、倪洪怡：《上海文化产业园区管理：现状、问题与对策》，《福建论坛（人文社会科学版）》，2013 年第 4 期。

［14］杨文：《上海市文化产业园区发展现状分析——以第一批文化产业园区为例》，《法制与经济》，2012 年第 6 期。

［15］徐建敏、任荣明：《产业集群创新效应及政策建议》，《科学学与科学技术管理》，2006 年第 12 期。

［16］罗佳：《文化产业集群的发展研究——以浙江省为例》，浙江大学硕士学位论文，2005 年。

［17］卢一先、范旭、舒扬：《中国广州创意产业发展报告》，社会科学文献出版社，2008 年。

［18］甘新等：《广州文化创意产业发展报告（2012 年）》，社会科学文献出版社，2012 年。

［19］甘新等：《广州文化创意产业发展报告（2014 年）》，社会科学文献出版社，2014 年。

（秦瑞英）

第十四章

广州市文化（创意）产业园区的现状分析

　　文化产业是21世纪最具有发展潜力的产业，已成为全球产业结构升级的一个代表性产业。文化产业园区是文化产业发展的有效载体和重要依托，是推动城市文化产业集群化、规模化发展的基本途径。广州作为国家文化名城，其文化产业整体发展态势处于全国领先地位，成为广州的支柱性产业和经济新增长极，已建成一批有一定影响力的文化产业园区62家，如羊城创意产业园、TIT创意园等，但不容忽视的是，广州的文化园区建设及发展中还存在多重瓶颈问题亟待解决，由此也制约着广州市文化产业的发展及转型升级的实施。因此，开展广州市文化产业园区发展研究，助推广州文化产业发展与转型升级，进而对于推进广州新型城市化建设，提高城市综合竞争力、凝聚力、文化软实力，打造世界文化名城，都具有重要的推动作用。

　　本章立足于广州市的文化产业园区发展状况，首先分析了文化产业及产业园区的概念，其次分析了广州市文化园区的发展现状及问题，再次分析了国内外城市文化产业园区的发展经验，最后结合广州市城市特色与发展需求，提出了广州文化产业园区的发展建议。

一、广州市文化产业园区现状分析

（一）文化产业园区现状

广州目前的文化产业园区、创意产业园区及科技园区共计大约有62个，主要分布在越秀区、海珠区、荔湾区、天河区、白云区、黄埔区、番禺区、萝岗区和从化区。

1. 按照园区的主题分类

按照园区的主题，可分为综合主题园区与专业主题园区。现将主要的文化产业园区整理如表 14 - 1、表 14 - 2 所示，其中综合主题园区大约有 26 个，其余为专业主题园区，涉及网游动漫、汽车文化、服装设计、影视音乐、休闲娱乐、雕塑艺术、数字媒体等行业。从表 14 - 1、表 14 - 2 中还可看出，利用原有工业遗产及旧建筑进行园区建设的大约有 15 个。从主题内容来看，涉及动漫产业、工业设计、数字媒体的园区较多，涉及岭南文化、健康医疗、汽车文化、休闲娱乐、节能科技、饮食文化的较少，涉及岭南文化的有聚龙村文化创意项目及小洲村文化创意项目，涉及健康医疗的仅有白云健康科技产业园，涉及饮食文化的有珠江·琶醍啤酒文化创意艺术区。

表 14 - 1　　　　　　　　　综合主题文化产业园区

序号	园区名称	投资单位	工业遗产、旧建筑利用	主题内容	区位
1	羊城创意产业园	羊城晚报报业集团	一期二期以南方报业集团总部富余物业为中心，三期将重点建设园区的主体工程创意中心大厦	研发、设计、文化创意展示	越秀区
2	广州高新技术产业开发区黄花岗科技园（广州创意产业园）	广州创意园管委会、房地产商	利用旧厂房和沿线物业	科技创新、工业设计、服装设计创意、信息科技、动漫	越秀区
3	广州开发区创意产业园	广州开发区管委会	广州科学城创意大厦、广州科技创新基地、广州科学城创新大厦、广东省软件园、科学城信息大厦	工业设计、建筑设计、动漫游戏、软件开发和数字媒体	萝岗区
4	信义国际会馆	广东明辉园投资管理有限公司	省机电机施公司的旧厂房	艺术博览、商务、旅游观光、文化娱乐、酒店业	荔湾区
5	1850 创意产业园	广州市昊源集团有限公司、广州化工集团投资公司	原金珠江化学有限公司的旧厂区	艺术创作、设计、时尚展览、文化交流、办公生活	荔湾区

续表

序号	园区名称	投资单位	工业遗产、旧建筑利用	主题内容	区位
6	芳村文化创意园	广东盈升置业有限公司	清朝开埠初期的旧厂房建筑区	国际会议、文化展览及配套酒店、餐饮服务	荔湾区
7	聚龙村文化创意项目	广东明辉园投资管理有限公司	将聚龙村与冲口涌一带	民俗文化博物馆、国学名人会馆、特色民宿、茶艺、民间艺术表演于一体的岭南特色文化旅游商业区	白云区
8	白云科技创意园（国际单位）	时代地产集团下属企业		文化创意、科技创意	白云区
9	嘉禾创意园	广东华浚物业发展有限公司	广州市第二煤矿集团公司、广永工业区等原有40多栋建筑物	精细化工研发、服装设计、动漫网游、创意设计	白云区
10	正华空港产学研总部产业基地（又名中海联·8立方项目）	广东正华创意投资有限公司		专利成果交易基地、文化创意基地、航空公司驻穗办公总部于一体的创意园区	白云区
11	广州白云创意创业产业园（又名YH城）	广州海航置业有限公司	嘉禾街道旧厂房	工业设计、创意展览、创业公寓及配套商业产业	白云区
12	太古仓创意园	广州港集团有限公司	8座英式建筑仓库群、3个丁字引桥、1座保税仓、4座办公楼修缮改造，以及复建部分建筑	创意、设计、电影、展贸、餐饮、旅馆、游艇俱乐部	海珠区
13	广州番禺金山谷创意产业园	广州招商房地产有限公司		现代服务业、创意产业、国际教育业	番禺区
14	荔湾路创意大道创意产业集聚区	广州五行科技创意园有限公司	广州市荔湾路沿线的原有创意园区和企业资源	整合原广州设计港资源、中小企业创新科技园、荔湾留学生创业园、西郊经济发展公司及附近场地资源，引导物业资源发展创意产业	荔湾区

续表

序号	园区名称	投资单位	工业遗产、旧建筑利用	主题内容	区位
15	中颐创意产业园（MOCA 创意城）	广州市番禺金威泰房地产发展有限公司		以 IT 软件开发、广告设计、建筑设计、产品设计、能源技术、生物科技	番禺区
16	天安节能科技园	广州市番禺节能科技园发展有限公司		节能环保、动漫设计、计算机软件、物联网信息、生物技术、新材料、新能源等新兴产业	番禺区
17	广州巨大创意产业基地	广州市番禺巨大电业有限公司、广州市番禺百龙电子有限公司		软件开发、广播影视制作、网游动漫、信息服务、咨询策划、广告	番禺区
18	广州天河创意港	华南农业大学提供土地、丰彩传媒集团有限公司负责投资		平面设计、传媒出版、摄影、动漫、广告	天河区
19	星坊60文化创意产业园	广州星坊文化传播有限公司		创意设计、文化艺术	番禺区
20	广州粤港澳文化创意产业实验园区			在建	
21	广州北岸码头文化产业园			文化创意	天河区
22	"番禺活"嘉年华创意文化基地	广东顺兴电力设备有限公司	旧厂房改造	以立体电影、影像、动画为主题，集技术研发、拍摄制作、展示交易、娱乐消费于一体的创意园	番禺区
23	广州高新技术产业开发区民营科技园			高新技术、传媒印刷	萝岗区
24	金山谷创意产业基地				番禺区

序号	园区名称	投资单位	工业遗产、旧建筑利用	主题内容	区位
25	五行科技创意园			动漫、电子商务	荔湾区
26	广佛数字创意园	广州五行创意产业集群又一新园区		网游、动漫、服务外包、电子商务、设计艺术、影视媒体、文化创意、物联网、新媒体等以数字内容为核心的新兴高产值企业	荔湾区

表14-2　　　　　　　　专业主题文化产业园区

序号	园区名称	投资单位	工业遗产、旧建筑利用	主题内容	区位
1	南方传媒文化创意产业园	南方报业集团出租场地、广州五行科技创意园有限公司投资	以南方报业集团总部富余物业为中心	媒体创新、新媒体孵化、文化传播	越秀区
2	珠影文化创意产业园	珠江电影集团投资建设，与广东时尚置业有限公司	旧建筑改造和部分新建筑建设	电影、音乐	海珠区
3	南方广播影视创意基地			广播影视	越秀区
4	广东现代广告创意中心			广告	荔湾区
5	广州TIT国际服装创意园	广州纺织工贸集团和广州新仕诚企业发展有限公司		服装设计创意	海珠区
6	广州从化动漫产业园集聚区	广州从化动漫产业园发展有限公司		动漫人才培训、动漫服务外包、动漫原创制作、衍生品开发及相关综合配套服务	从化区

序号	园区名称	投资单位	工业遗产、旧建筑利用	主题内容	区位
7	广州国家网络游戏动漫产业发展基地（国际玩具礼品城）	市区财政作为引导资金，调动社会资金的方式投资	国际玩具礼品城和亚钢大厦	网游动漫	黄埔区
8	清华科技园广州创新基地	广州市番禺区政府、清华科技园（启迪股份）及招商地产		科技创意服务	番禺区
9	国家数字家庭应用示范产业基地	番禺区和中山大学组建的广东星海数字家庭产业技术研究院有限公司		数字家庭	番禺区
10	922宏信创意园	广州柴油机厂、深圳市宏信车业投资有限公司		汽车文化	荔湾区
11	白云健康科技产业园			健康产品、医药产品研发、科研产品展示	白云区
12	广州星力动漫游戏产业园	广州星力动漫游戏产业园有限公司		动漫游戏	番禺区
13	长隆旅游度假区	广州长隆集团有限公司		休闲娱乐。香江野生动物世界，长隆国际大马戏，长隆欢乐世界，长隆水上乐园，广州鳄鱼公园，长隆酒店，香江大酒店，长隆高尔夫练习中心	番禺区
14	华创动漫产业园	广州市华创动漫产业园有限公司		动漫研发、生产、展销、旅游	番禺区
15	广州亚华影视科技园			影视技术服务、影视交易服务等综合性公共服务，影视人才培训，影视节目的策划与制作	从化区

序号	园区名称	投资单位	工业遗产、旧建筑利用	主题内容	区位
16	富林·796 设计精英创意产业园	广州化工集团有限公司和富林国际投资（控股）有限公司		名贵木材批发贸易和设计精英创意	番禺区
17	原创雕塑艺术中心	广州市方园雕塑艺术制作中心和广州市视线雕塑工艺品有限公司		雕塑	海珠区
18	广东国家数字出版基地	广东省新闻出版局牵头组织、南方出版传媒股份有限公司		数字出版、数字音乐、网游、动漫等	天河区
19	广东国家音乐创意产业基地（南方广播影视集团园区、飞晟园区）	广东飞晟投资有限公司		公共娱乐及商业	萝岗区
20	珠江·琶醍啤酒文化创意艺术区	广州珠江啤酒股份有限公司与世界最大的啤酒生产商——比利时英博集团合作		啤酒文化	天河区
21	广州小洲村		广州小洲村一带	岭南文化	海珠区
22	中国电器科学研究院高科技产业园			工业设计、高新科技	花都区

2. 按照园区的级别分类

按照园区的级别，可分为国家级文化产业园区和省级文化产业园区及其他较有影响力的文化产业园区。其中，国家级文化产业园区有 6 个，省级文化产业园区有 10 个（包括 4 家省直文化单位），其他影响力较大的文化产业园区有 12 个。具体如表 14 - 3 ~ 表 14 - 5 所示：

表 14 - 3　　　　　　　　　　**国家级文化产业园区（6个）**

序号	园区名称	成立时间	授牌单位	主要业态
1	羊城创意产业园	2007 年	文化部	文化创意
2	国家数字家庭应用示范产业基地	2009 年	国家工业和信息化部	数字家庭
3	广州北岸码头文化产业园	2009 年	文化部	文化创意
4	广州长隆集团有限公司	2000 年	文化部	主题公园、酒店、马戏、游乐园等
5	广东国家数字出版基地	2011 年	新闻出版总署	数字出版、数字音乐、网游、动漫等
6	广东国家音乐创意产业基地（南方广播影视集团园区、飞晟园区）	2012 年	新闻出版总署、广东省政府	公共娱乐及商业

表 14 - 4　　　　**省级文化产业园区有10个（包括4家省直文化单位）**

序号	园区名称	成立时间	授牌单位	主要业态
1	南方传媒文化创意产业园	2011 年	省委宣传部	文化传媒
2	珠影文化创意产业园	2010 年		影视
3	南方广播影视创意基地	2011 年		广播影视
4	广东现代广告创意中心	2012 年		广告
5	广州信义国际会馆	2004 年	文化厅	广告、传媒等创意产业
6	广州高新技术产业开发区黄花岗科技园（越秀创意产业园）	2006 年		文化创意
7	广州 TIT 国际服装创意园	2009 年		服装设计创意
8	广州从化动漫产业园集聚区	2009 年		动漫
9	广州国家网络游戏动漫产业发展基地（国际玩具礼品城）	2006 年		网游动漫
10	广州粤港澳文化创意产业实验园区	2010 年		在建

表 14 - 5　　　　　　　　　　　其他影响力较大的文化产业园区

序号	园区名称	成立时间	主要业态
1	太古仓创意园	2008 年	电影、服装设计、收藏品拍卖、红酒会、游艇俱乐部
2	1850 创意园	2006 年	建筑设计、广告等
3	珠江·琶醍啤酒文化创意艺术区	2008 年	啤酒文化广场
4	广佛数字创意园	2009 年	网游、动漫等
5	广州星力动漫游戏产业园	2008 年	动漫游戏产品
6	华创动漫产业园	2010 年	动漫游戏、创意研发、展示交易等
7	广州小洲村	2009 年	文化创意
8	中国电器科学研究院高科技产业园	2008 年	工业设计、高新科技
9	广州高新技术产业开发区民营科技园	1995 年	综合类：高新技术、传媒印刷
10	星坊 60 创意产业园	2012 年	文化创意平台
11	金山谷创意产业基地	2012 年	综合类
12	五行科技创意园	2009 年	动漫、电子商务等

（二）广州文化产业园区布局特征分析

1. 文化产业园区布局的一般模式

文化产业园区在城市中的布局模式主要有五种：制造业旧区集聚模式，产业园区集聚模式，消费市场集聚模式，高校、科研机构附近集聚模式和生态景观区集聚模式（尹宏，现代城市创意经济发展研究，北京：中国经济出版社，2009：259 - 264）。

制造业旧区集聚模式是以城市中的工业遗产为载体发展起来的产业园区，利用遗留旧厂房、旧建筑作为园区的建设基础，经过厂房改造及建筑装饰成为园区发展主体，既节省了资金投入，又保留传承了城市发展的历史和工业文化，将工业文明与技术、艺术相融合。

高校、科研机构附近集聚模式可充分挖掘大学的科技创新能力、利用大学的人才优势发展高科技类产业园区，也为大学实现产学研一体化创造机会。高科技企业在获取科技信息的同时，也可助高校和科研机构将科研成果进行成果转化，同时提供人才就业机会和人才培训。

产业园区集聚布局模式一种是园中园模式，一种是小企业抱团发展模式，园中园模式为产业园区聚合发展，是产业园区发展的趋势。小企业抱团发展模式可为小企业发展提供平台，可将原有发展受限且空间上布局临近的产业园区合并发展，共同建设基础设施，共享技术服务，共享园区优惠政策等。

消费市场集聚布局模式是贴近消费市场，以市场需求为导向的，依托城市中原有的传统市场的一类布局模式。

生态景观区集聚布局模式是以特有文化、特有旅游资源及特有景观为依托的布局模式，往往与城市文化空间、城市旅游规划互动发展。

2. 广州文化产业园区的分布特征

从表 13-1 可以看出，广州市文化产业园区位于荔湾区、越秀区、番禺区的较多，这三个区的产业园区主要是以工业遗产改造为主，如广州高新技术产业开发区黄花岗科技园、信义国际会馆、1850 创意产业园、芳村文化创意园等。萝岗区为后起之秀，近些年有较快的发展，萝岗区主要以发展高新科技为主。白云区的产业园区成集聚发展模式。

广州市文化产业园区空间分布特征。制造业旧区集聚模式——沿珠江水域发展的文化产业园区。这一类产业园区主要利用了原有沿珠江水域发展起来的工业旧厂房旧建筑作为园区空间资源。广州市原有老工业区大量分布于珠江沿岸，随着城镇化进程的加快，城市的发展迫使工业区搬离市区，因此遗留下大量具有历史价值的工业建筑，这些工业旧厂房旧建筑为产业园区的发展带来契机。且珠江作为广州的母亲河，其优越的自然景观及深厚的文化底蕴正适合文化创意产业的发展，珠江水域的区域魅力能够更好地促进产业园区的成长。利用珠江沿岸工业旧厂房旧建筑建设的产业园区有信义国际会馆、1850 创意产业园和太古仓时尚创意产业园。

高校、科研机构附近集聚模式——沿广州高校科研院所周边发展的文化产业园区。广州目前的高校区有以华南师范大学、华南理工大学、华南农业大学和广东外语艺术学院为主的五山高校区和有十所高校进驻的广州大学城高校区。五山高校区目前有以科技信息、设计研发为内容的天河软件园，广州大学城目前在建的有大学城科技园、番禺区政府与广东药学院共建的大学城健康产业科技园，通过产业园区的建设发展，实现校企合作及产学研一体化发展，同时提升大学城的区域创新能力和国际竞争力。

广州其他在高校附近发展的产业园区有，星坊 60 位于星海音乐学院附近，广州黄花岗科技园位于广东工业大学附近，TIT 服装产业园位于广州大学服装学院附近。

产业园区集聚布局模式。广州荔湾路创意大道创意产业集聚区属于小企业共同发展模式，整合了原广州设计港资源、中小企业创新科技园、荔湾留学生创业园、西郊经济发展公司及附近场地资源，引导物业资源发展创意产业，共建基础设施，共享发展机遇，实现共同发展。

广州科学城高新科技产业园区属于园中园模式，在开发区、萝岗区内形成创意产业园区，如广州开发区创意产业园、广州开发区工业设计示范基地、广东软件科学园、广州高新技术产业开发区民营科技园、南沙资讯科技园等。

消费市场集聚布局模式。广州国家网络游戏动漫产业发展基地（国际玩具礼品城）、太古仓创意产业园和长隆旅游度假区是以消费市场需求为导向的产业园区，把握市场需求、消费动向发展，调整经营项目。

生态景观区集聚布局模式。对于广州来说，目前有两类生态景观区集聚布局模式的产业园区，一类是以传统乡村景观为依托的体现岭南文化的产业园区，如聚龙村创意产业项目和小洲村创意产业项目，一类是以广州滨水景观为依托的产业园区，如白鹅潭滨水创意产业园区。

（三）广州文化产业园区的特点及存在的问题

1. 广州文化产业园区的特点

广州的文化产业园，起步晚于京沪，但发展迅猛，创意迭出，佳作纷呈。它经历了从自发到自觉，从无序到有序，从城市包袱到城市宝贝，从粗放经营到精细化运作的进程，日益发挥出集聚效应和孵化功能，呈现着如下特色：

（1）园区类型丰富。广州的文化产业园，至少涵盖了五种类型：一是企业自动聚集、自行孵化而成的"池塘型"，如广州小洲村。二是根植于某一区域的特定文化资源的"榕树型"，如广州长隆集团有限公司。三是行业龙头带动的"蜂聚型"。通常是一个园区以一两家大型文化企业作为依托，吸引其他中小企业慕名而来快速跟进，形成交叉产业链以及由最初产业延伸的行业网。如羊城创意产业园，就是依托羊城晚报报业集团而蜚声国内。四是利用"三旧"改造而成的"腾笼换鸟型"，如广州的"1850"和"红专厂"。五是政府首创主导并实行统一管理的"搭台唱戏型"，如广州荔湾文化创意产业集聚区。

（2）产业链条完整。广州在文化产业园的建设中，很早就意识到提高附加值关键在于形成完整的产业链，即以龙头企业为依托，以专业分工为纽带，将创意、研发、生产、加工、销售连成一体，在园区内形成配套集群的产业群落。例如，羊城创意产业园已打造出一个颇具特色的音乐产业链。这里既有大型音乐展演中心——滚石唱片的"中央车站"，又有网络音乐的顶级制作基地——酷狗音乐总部，还有培养原创音乐、新生代歌手的殿堂——YY音乐（华多科技），以及音乐票务代理——"票巴网"。目前，YY已在纳斯达克上市，市值高达35亿美元，酷狗正计划在国内A股上市，滚石的"中央车站"正被"复制"后加速驶向珠三角各个小站。

（3）服务平台初现。广州的文化园，非常注重扮演"产业服务商"的角色，采用"运营大后台"的方式，针对入园企业的公共需求，通过组织整合、集成优化各类资源，提供可共享共用的基础设施和信息渠道，提供统一的辅助解决方案。羊城创意产业园内的"票巴网"，最初只是为滚石唱片量身订做，现正升级改造，准备为园区内所有企业服务。国内其他的类似做法，如深圳的蛇口网谷，就为入园企业提供专业的孵化服务、金融服务、人才服务、法律服务、咨询服务、注册服务、品牌推广服务，甚至包括物品代购服务，政府也为入园企业提供每平方米15元的房租补贴。

2. 广州文化产业园区的问题

广州的文化产业园，在导向、规模、管理、效益、体制等方面，都存在不少问题。如不能从根本上加以解决，将严重制约园区发展，甚至削弱广州的核心竞争力。

（1）用地性质隐患重重。广州的文化产业园，大多是"三旧"的"适应性再利用"，用地性质为"工业仓储用地"。如果要变更为商业用地或住宅用地，不仅程序繁复，而且要补交天价"地差"，很多园区只好放弃。对"工业仓储用地"，一些地方政府曾经规定了"四不准"：不改变原土地用地性质、不得改动原工业建筑主体框架，不得整体拆除重建、不得增加建筑面积。这就注定了园区"三风"盛行隐患重重：园区内企业改扩建或新建楼宇时，根本无法通过规划和消防部门的验收，甚至连招标都难以进行，违建成风；面临强拆的风险，园区与企业的租赁合同只敢签一年，大企业不会来，小企业难安心，"跑路"成风；租金增幅长期"跑不赢GDP"，低到"抽疯"，广州荔湾某知名创意园的租金长期徘徊在60元/平方米。一个形象的说法是：上海的创意园是按日计价，广东的创意园按月算钱。

（2）同质竞争后果严重。一些文化产业园"挂羊头卖狗肉""猪圈大跃进"，有名无实。他们缺乏科学的战略规划、产业导向、功能定位，导致重复建设和同质化竞争。广州的文化创意园，虽然星罗棋布，但"太阳""月亮"很少，至今没有出现一家像北京"798"、开封"清明上河园"一样在全国叫得响的示范型园区，也没有孵化出多少标杆性企业和领军人物。不少园区，只是低端产业的集中营，知识密集型产业尚未形成规模，产业组织化程度不高、集中度不够，产品科技含量欠缺。中山大学教授冯原就曾一针见血地指出：有些创意园只提供空间意义上的"猪圈"，却无法提供具有区隔意义的文化服务，最后往往迫使文创人才迁移到新的价值洼地。

（3）税收优惠难以落实。在税收优惠、扶持政策的落实上，文化产业园一直不如科技园、高新区到位。以广东最负盛名的羊城创意产业园为例，它囿于历史沿革、用地性质等原因，既没有享受免税政策，也没有获得高新技术企业15%的企业所得税优惠税率，长期缴纳的是25%的企业所得税。最近，国务院出台《推进文化创意和设计服务与相关产业融合发展的若干意见》称，对文创企业"经认定为高新技术企业的，企业所得税从25%降至15%""企业发生的符合条件的创意和设计费用，执行税前加计扣除政策，抵扣所得税应纳税所得额""职工教育经费支出准予在计算应纳税所得额时的扣除比例，从现行不超过工资薪金总额的2.5%，提高到不超过工资薪金总额的8%"。据了解，目前还鲜有文创企业能真正享受到这些优惠政策。

（4）多头管理弊端丛生。目前，广东的文化产业园有的由政府经贸部门管理，有的由文化部门管理，有的由旅游部门管理，有的还由街道管理，并涉及发展改革、科技、信息产业、国土、规划、建设、消防、城管等部门，多头管理、重复管理、缺位管理现象严重，坊间早有"十八个婆婆管猪圈"之说。一些部门的领导为了争管理权，完全无视市场规律和产业基础，也不考虑创意园"活化历史资源""延伸产业价值链""创意革命"的内在要求，强行干预、干扰园区的定位与发展。

（5）缺乏统一规划，空间布局不够明晰，集聚效应不明显。通过对广州市文化产业园区布局特征的分析可知，广州目前文化产业园区与城市空间的互动关系不够明晰，往往为自发形成，自发集聚，缺乏统一的规划，这也就制约了全市层面的文化产业园区的有序发展，而且只有几个产业园区形成产业园区集聚，其余都是个别发展。

（6）缺乏突出主题，品牌效应不明显。广州目前的文化产业园区涉及主题内容较多，主要以动漫网游等为主，也涌现出了几个在国内影响力较大的企业，比如原创动力的《喜羊羊与灰太狼》，可谓无人不知，无人不晓，树立了国内原创动漫的新形象；在休闲娱乐方面，广州长隆旅游度假区在全国小有名气。可是在国内乃至世界上有名的产业园区不多，应更加注重广州当地特有资源的挖掘及凸显广州特色的主题凝练，与广州的城市形象建设及旅游规划相结合，将文化产业园区的建设也纳入旅游网规划中，形成文化产业园网络。同时打造几个重点品牌，做到人无我有，世人称叹，使之成为跨地区、跨行业，在国家乃至世界范围内具有影响力的文化产业龙头。

（7）宣传不够，认知度不足。广州市委、市政府为了贯彻落实国家、省、市"十二五"文化产业发展规划及市委、市政府关于文化强市、培育世界文化名城的规划部署，举办了多次文化创意博览会，目标是立足广州，辐射全国，全力建设中国文化产品与项目交易平台，促进和拉动文化创意产业持续健康发展，积极推动中国文化产品走向世界。通过这样的博览会可促进文化产业的交流，吸引港澳台地区及海外的投资，这也是文化产业发展的重中之重。但是普通市民对于文化产业园区的认知度不高，可通过节假日时在广州市主要广场开展文化产业图片展的方式进行宣传，促进市民对于文化产业及文化产业园的了解，提升认知度。

（四）发展的机遇和挑战

1. 发展的机遇

（1）广州的经济优势。发展文化产业，对于经济的依赖性较强。按照《广州经济发展报告（2014）》中统计分析，2013年广州经济实现较快增长，完成地区生产总值15420.14亿元，增长11.6%，成为继北京、上海之后第三个进入"万亿元俱乐部"的城市，也是首个GDP过万亿元的副省级城市。而且第三产业发展基础较好，这些都为广州文化产业发展奠定了坚实的经济基础。按照马斯洛的需求层次理论，当人们满足了最基本的生理需求、安全需求及情感归属需求之后，就有尊重需求及自我实现需求，即解决了基本的温饱问题，生活水平提升之后，人们便有了对于文化精神层面的需求。

（2）政府政策的有利引导。国家"十二五"规划中制定了"转变文化发展方式，推动文化创新发展"的目标，中共十七届六中全会上指出要深化文化体制改革，推动文化大发展，这是自2007年党的十七大以来，首次将文化命题作为中央全会的议题，可以说是文化兴国战略迈出的第一步。十八届四中全会中也提出了要文化昌盛。经济快速发展的今天，给社会注入文化因子不仅有助于社会的健康平稳发展，也有助于经济的下一次腾飞，因为很多专家学者认为"文化"将成为民族凝聚力和创造力的重要源泉、综合国力竞争的重要因素、经济社会发展的重要支撑。广东省也于2010年颁布了《广东省建设文化强省规划纲要（2011~2020年）》，其中指出要高度重视文化建设，特别是通过实施建设文化大省战略，成为推动全省经济社会发展强有力的文化动力。发展目标指出到2020年，形成特色鲜明的岭南文化和现代开放型文化体系，促进文化产业集聚发展，打造战略性新兴文化产业，优化文化产业布局。

广州市出台了《广州市建设现代产业体系规划纲要（2009~2015年）》，荔湾区、越秀区、海珠区、天河区等均出台了相应的政策，以推进文化产业的发展（如表14-6所示）。

表14-6   广东省、广州市及各区的文化产业政策（部分）

级别	政策名称
广东省	《广东省建设文化强省规划纲要（2011~2020年）》
广州市	《关于加快发展广州网游动漫产业的指导意见》 《广州市建设现代产业体系规划纲要（2009~2015年）》
荔湾区	《扶持涉及和创意产业发展的若干措施》
越秀区	《广州市越秀区创业产业发展规划（2007~2010年）》
海珠区	《海珠区创意产业基地（园区）认定和扶持办法》
天河区	《2008~2015年文化创意产业发展规划》
黄埔区	《进一步加快文化事业和文化、旅游产业发展的实施意见》
番禺区	《文化强区建设规划纲要》
萝岗区	《广州开发区、萝岗区第三产业"十二五"发展规划》

（3）现有的特色文化资源和自然资源。岭南文化包括客家文化、潮汕文化和广府文化，是广东的特色文化资源，其特点可概括为兼容并蓄、务实创新。广州是一座具有 2200 年悠久历史的历史文化名城，文化遗产丰富，建筑类遗产有广州骑楼街、黄埔军校旧址、陈家祠、华林寺、余荫山房等，工艺美术有广绣、广彩等；还拥有良好的自然资源优势，穿城而过的珠江水及白云山构成了广州的自然骨架，应充分挖掘现有的特色文化资源，打造广州特有的岭南文化产业园，并与自然资源相结合发展。

（4）传统优势产业。传统商贸业是广州拥有的传统优势产业，广州在中国历史上曾有三次"一口通商"的经历，第一次是在嘉靖年间，共 43 年；第二次是在清初康熙年间；第三次是清乾隆二十二年至道光二十二年，至签订《南京条约》止，共 85 年。这三次"一口通商"，使广州的商贸业异常繁荣。重点打造几个凸显广州特色的商贸文化产业园区，将广州的对外贸易做大做强，在对外出口产品的同时，也吸引港澳地区及海外的投资。

（5）高校科研院所资源。中山大学、暨南大学、广州美术学院等高校附近及广州大学城还未形成较多的文化产业集聚区，充分挖掘各高校及科研院所的特色，发挥科技创新优势，并结合广东省推进的"科教兴粤"战略，发展科学技术，提升自主创新能力，培育创新人才，打造以高新技术为主导的高端文化产业园区，并帮助一些发展遇到瓶颈的中小企业进行产业升级，增强竞争力。

2. 发展的挑战

（1）链起来。将文化产业产品开发、文化创意人才培训、文化产业投融资、文化产业园区规划、文化产业园基础设施建设、文化产业出口，链起来形成一条产业链条，链条上每一个环节对于文化产业的发展都至关重要，缺少哪一个环节都是不完整的。

（2）走出去。广州在全国来说一直处于对外出口的前沿，具有走出去的先天优势，在文化产业园区建设中应重视国际交流与合作，让世界知道园区，让世界了解广州。除了在广州开办文化创意博览会，还可通过在海外办广州文化创意产业展的形式，吸引世界的关注。在文化产业园区发展的进程中，务必要加大出口力度，把我们的文化创意产业输出到国外。

（3）拉进来。在国际交流的基础上，争取国外投资及优势资源和技术，将其为我所用。通过文化博览会、文化节等形式，吸引港澳台地区的投资及海外的投资，及创新科技，还有吸引国外的文化创意人才来穗，及吸引国外的文化创意教育培训项目来穗，可为文化创意人才的培养储备力量。

二、国内外优秀案例分析

（一）英国

英国是世界上最早提出"创意产业"这个名词，也是第一个有政策支撑创意产业发展的国家。英国的创意产业到目前来说已发展的相对成熟，在创意产业的政策、文化对策、创意活动类型、产业园区模式等方面皆较成熟，已成为其他国家和地区争相学习借鉴的对象。英国早在 1997 年就成立了"创意产业专门工作组（Creative Industries Task Force）"，通过文化创意产业的倡导及相关优惠政策的支持，为文化产业的发展营造了良好的健康环境。而且还与国外创意企业及地方政府建立合作关系，拓展海外市场，增加自己的影响力。英国在文化产业园区发展方面还与城市的更新及改造紧密结合，如利用很多老旧厂房，老建筑更新项目建成，如伦敦的 SOHO 区及泰晤士河南岸艺术区。

【案例分析——泰晤士河南岸艺术区】

—项目的背景

改造前的泰晤士河南岸是 19 世纪末发展起来的一个以发电厂为主的旧工业区，后由于工业污染日益严重，加之伦敦的大雾、酸雨和煤烟尘等使与之隔河相对的圣保罗大教堂外立面及其雕塑出现锈蚀的斑痕。为了净化城市中心空气，将发电厂废弃，但由于其地处泰晤士河畔的中心地理优势，以及快捷便利的地铁线路，废弃的发电厂被作为廉价的仓库，吸引了大量的移民艺术家和工匠，将其作为生活和创作的聚集地。

—发展策略

1995 年开始，伦敦政府通过对发电厂的更新改造，将现代艺术和文化融入到场地中去，作为推动该区更新发展的策略，将其定位为伦敦的"新艺术殿堂"。

—更新成果

泰晤士河南岸的产业定位进行了一系列重点项目的建设和修缮，如莎士比亚环球剧场、泰特美术馆新馆、"伦敦眼"等伦敦最著名的建筑。调整了整个区域的空间布局，对建筑物的功能进行了置换及更新了部分建筑形态，对开放空间进行了整治。并通过公众参与，增加了当地居民的积极性，同时增强了公共服务能力，增加了就业机会。

（二）美国

美国是以市场为导向发展创意文化产业的典型代表，其城市纽约在发展创意文化方面更是排到排头兵的位置，出台了《税收法》与《国家艺术及人文事业基金法》通过税收政策倾斜，鼓励了非营利性创意机构的发展，还出台了《数字千禧年保护法》，促进版权保护，促进了文化产业的发展。纽约市内还成立了专业的创意人才培养机构，在中小学教育中也通过开设艺术类课程培养青少年的创意意识。

【案例分析——SOHO 商业艺术区】

—项目的背景

SOHO 是英语单词 SOUTH OF HOUSTON（休斯敦往南）的缩写，指的是处于纽约下城 HOUSTON 街南，南起坚尼街（CANAL STREET），北止 HOUSTON 街，西起西部快速路，东到勿街（MOTTSTREET），从 SULLIVAN 到 LAFAYETTE STREET，共 44 个街区，北邻格林威治村，南邻翠贝卡。

在 19 世纪是最集中的工厂与工业仓库区，20 世纪中叶，美国率先进入后工业时代，旧厂倒闭，商业萧条，仓库空间闲置废弃。20 世纪 50、60 年代，美国艺术家以低廉租金入住该区。

—更新成果

如今 SOHO 已发展成集居住、商业和艺术为一身的一个完善的社区，被誉为"艺术家的天堂"。融历史性建筑、时尚商业区及具有国际影响力的前卫艺术区于一体。SOHO 区内保存有大约 50 栋 19 世纪建成的独具风格的铸铁建筑，并坚持修旧如旧的原则对建筑进行更新改造。与伦敦泰晤士河南岸艺术区以政府为引导不同，SOHO 的形成和繁荣由市场发挥着主导作用。

（三）韩国

韩国政府出台了多部有关文化产业的法律规范，其中《文化产业振兴基本法》中"文化产业"指与文化商品的生产、流通、消费等有关的产业。具体行业门类包括：影视、广播、音像、游戏、动画、卡通形象、演出、文物、美术、广告、出版印刷、创意性设计、传统工艺品、传统服装、传统食品、多媒体影像软件、网络以及与其相关的产业。还包括根据国家总统令指定的产业。除此之外，韩国政府对于文化产业的投入也相当大，同时建立了多个振兴文化产业的机构，如 2001 年设立了文化产业振兴院，便于对文化产业的管理和落实政府政策。

【案例分析——坡州出版文化产业园区】

—项目的背景

坡州出版文化产业园区位于京畿道坡州市，号称亚洲出版文化信息中心。韩国曾提出每个城市根据自身优势发展文化产业，出版产业一直是坡州的强势产业，因此产业园区的建设带动了整个坡州的出版业，以致坡州被称为是"出版城市"。

—更新成果

坡州出版文化产业园区是产业集聚发展的典型案例，由政府、企业共同投资，政府政策良好引导，立法保障，得以顺利发展。发展历程简单回顾来看，1997 年 6 月制定了亚洲出版文化信息中心基本规划，2000 年 5 月举办了文化信息中心设计竞赛，2002 年 11 月第一栋建筑竣工，之后历经多年发展，直至今日，文化产业园区已基本完备，其中包括青少年书艺术中心、展示馆、信息图书馆等。包含文字、书籍、自然、城市、梦想、出版、教育、艺术、科学、经济、生活、爱、和谐、均衡、博物馆、知识、生产、自尊等多重内涵。

（四）借鉴及启发

从欧美韩文化产业园区案例的分析，可以看出以下特点：第一，从政府层面来说，颁布实施多项文化产业相关法律规范，并设立多种文化产业机构，从国家到地方都相当重视，政策支持是文化产业园区良性发展的初级保障；第二，是政府、企业共同投资兴建产业园区，资金支持是产业园区得以良性发展的重要保障；第三，是地方能够发现自身优势资源，将原先散落的不能很好发挥作用的资源进行整合，加以重构，形成文化产业集聚发展模式，共同促进，共享成果；第四，是国家积极培养文化产业相关人才，通过开设专业培训班和业余培训班的形式积累后备力量；第五，是宣传创品牌，比如韩国坡州的出版文化产业在韩国相当有名，提起坡州，大家自然会想到出版。虽然与我们在政策上经济上存在或多或少的差异，但是对我们发展文化产业园区能够有所借鉴和启发。

三、广州的城市特色及城市发展分析

（一）广州城市特色与文化产业园区发展

文化产业园区作为发展文化产业的载体，文化是其鲜明的标志，它必须根植于地域文化，以一定的地域性文化表征、文化样态或文化特性为潜在优势，并以此为基础开发文化产品，进而达到文化消费。因此，广州市的文化产业园区发展，离不开考量广州市的地域文化特色。只有践行"城市·文化·生活"的实践模式，以人为主体，以城市为舞台，以文化为引领，以生活为依归，才能实现文化园区的有效发展。

文化是民族的血脉和城市的灵魂。广州作为拥有2200多年建城史的历史文化名城，是岭南文化中心地、古代海上丝绸之路发祥地、近现代民主革命策源地、改革开放前沿地，也是中外文化交融交汇之地，文化资源丰富，文化底蕴深厚。传统与现代在这里碰撞，大陆文化与海洋文化在这里融合，中外文化在这里交汇，由此形成了广州独特的城市气质。

广州作为岭南行政中枢，亦是岭南文化的中心，无论是南越王墓、陈家祠等这些古老的建筑，还是粤语、粤剧、粤绣等这些文化遗产，无不诉说着她的历史旧事。同时，广州还是我国海上丝路发祥地，从明清时的对外贸易第一港，到清代的一口通商与十三行，贸易垄断长达83年，开放的海洋文明和独特的商贸文化使得广州始终保持一种开放的文化发展态势，既包含商业的、平民的文化气息，也具有开放的、多元的、包容的、先锋的文化特质；既保持了岭南传统文化的独特性，也兼具博采众家之长的文化多样性。

广州还是近现代西学东渐的重要之地，同时也是中外文化交流的中心，我国近现代第一家西式医院、第一家民族工业、第一家西式学馆均在广州设立，国外一些新生事物也大都从广州登陆再传播到内地。鸦片战争、辛亥革命、北伐战争等重要的近现代史重大事件都与广东有关，黄埔军校引发中国军事观念的全面变革，毛泽东在此创办农民运动讲习所，陈独秀在此阐发自由革命思想，孙中山在此创建广东大学，各种西式报刊杂志也在广州纷纷涌现，新思想、新文化层出不穷，广州因此成为我国近现代民主革命的策源地和重要城市。

文化产业园区作为发展文化产业的载体，文化是其鲜明的标志，它必须根植于地域文化，以一定的地域性文化表征、文化样态或文化特性为潜在优势，并以此为基础开发文化产品，进而达到文化消费。因此，广州市的文化产业园区发展，离不开考量广州市的地域文化特色。只有践行"城市·文化·生活"的实践模式，以人为主体，以城市为舞台，以文化为引领，以生活为依归，才能实现文化园区的有效发展。

广州的文化产业园区发展要充分吸收广州的文化特色，如此方能"文化融于生活，文化产业融于文化，融于城市生活"，才能推动文化产业的有力发展。

（二）广州发展需求与文化产业园区发展

文化产业是全球产业结构升级的一个代表性产业，是推动经济增长新态势的一个支柱性产业，因此文化产业的发展，要与城市的发展定位相结合，才能有效地支撑城市发展。

近年来，广州依势而动，相继提出新型城市化建设与世界文化名城建设的发展目标。新型城市化就是坚持以人为本，以新型工业化为动力，以统筹兼顾为原则，以和谐社会为方向，以全面、协调、和谐、可持续发展为特征，推动城市现代化、城市集群化、城市生态化、农村城市化，全面提升城市化质量和水平，走科学发展、集约高效、功能完善、环境友好、社会和谐、个性鲜明、城乡一体、大中小城市和镇协调发展的新型城市化路子。具体来说，是把新型城市化与新型工业化结合起来集约高效的城市化道路。集约高效就是充分发挥空间聚集，突出循环经济，提高知识、技术、信息贡献，强化规模效应，节能降耗，转变发展方式，建设宜业城市。把新型城市化与城市现代化集群化结合起来，走城市功能完善的城市化道路。功能完善就是不断增强城市综合承载能力，不断完善城市功能种类，不断培育城市个性，形成城市特色，建设特色城市等。

世界文化名城建设，就是坚持以人为本，站在建设国家中心城市的高度，以世界眼光、战略思维谋划发展，树立高度的文化自信和文化自觉，把文化作为城市发展的核心要素，实施文化发展优先战略，充分发挥文化在经济、政治、社会等各个领域的引领作用。要按照推进新型城市化发展的总要求，坚持保护传承与创新发展相结合、立足本土与对接国际相结合、政府引导与社会参与相结合、重点突破与整体推进相结合的原则，彰显"千年商都"，建设"文化创意之都""国际重大活动举办地"和"世界旅游目的地"为主攻方向，通过实施"四大工程"、打造"三大平台"、实现"三大提升"，全面提升城市文化品位，改善市民生活品质，推动城市科学发展，建设幸福之城。到 2015 年，把广州建设成为文化引领作用更突出、文化产业更强大、文化特色更鲜明、文化服务更惠民、文化影响更广泛、文化软实力更雄厚的社会主义文化强市，为到 21 世纪中叶建成世界文化名城打下坚实基础。

世界文化名城建设提出，要打造城市文化名片：（1）打造"海上丝路"名片。加强对海上丝绸之路文化遗产的发掘、研究和整合，推进申报世界文化遗产工作。（2）打造"十三行"名片。依托白鹅潭商务中心，建设"新十三行"商业街区，再现"十三行"历史盛况。（3）打造"广交会"名片。规划建设"广交会"展览馆，利用"广交会"展会和展馆，推动文商结合，搭建广州文化产品和知识产权展示交易平台，建设国际知名的文化产品交易集散地。（4）打造"北京路"名片。推动北京路至天字码头城市传统中轴线全线贯通和整体风貌建设，加快周边历史文化街区的保护传承与更新改造。（5）打造"广州花城"名片。建设花市牌楼和花市博物馆，推进广州"迎春花市"申报国家级非物质文化遗产工作，把"迎春花市"办成赏花买花、品尝美食、观摩表演和新春祈福融为一体的市民嘉年华。（6）打造"食在广州"名片。连片建设兼具风情美食、文化旅游功能的美食风情街，以番禺大道为依托规划建设具有广州风情的地标式美食街区，改造提升广州美食园、惠福美食街等美食街区，选址建设广州美食博物馆。

同时，世界文化名城建设提出推动文化产业促进工程。指出，加快文化产业转型升级，优化文化产业发展布局，完善现代文化市场体系。这些发展需求都对文化产业园区建设提出了更高的要求，带来了极好的发展机遇。文化园区的发展要充分结合这些发展需求，向更高的标准迈进。

（三）文化产业园区与广州文化模式的融合

文化产业园区的发展需要充分融合广州的文化模式。就现有的有影响力的 62 家文化产业园区来说，从主题内容来看，涉及动漫产业、工业设计、数字媒体的园区较多，涉及岭南文化、健康医疗、汽车文化、休闲娱乐、节能科技、饮食文化的较少，涉及岭南文化的有聚龙村文化创意项目及小洲村文化创意项目，涉及健康医疗的仅有白云健康科技产业园，涉及饮食文化的有珠江·琶醍啤酒文化创意艺术区。要对现有主题进行设计，使之更好利用或突出城市的特色，突出城市的文化优势，突出国家中心城市与世界文化名城的定位，大力发展岭南文化的园区，健康产业的园区，饮食文化的园区等。从园区的级别来看，国家级文化产业园区有 6 个，省级文化产业园区有 10 个（包括 4 家省直文化单位），其他影响力较大的文化产业园区有 12 个。要集中力量打造若干优势文化园区，在国内乃至国外有显著影响力，彰显广州城市的地位与特色，提升广州的城市形象与世界影响力。从现有的布局来看，主要是以工业遗产改造为主，如广州高新技术产业开发区黄花岗科技园、信义国际会馆、1850 创意产业园、芳村文化创意园等。要进行顶层设计，加强整体的布局和规划，彰显城市特色，使文化产业园区成为广州的新地标，新名片。

四、广州文化产业园区的发展模式

基于前文的分析，本文认为广州市文化产业园区发展出路在于：突出园区品牌构建。并要重点从以下方面着手：构建园区品牌，明晰空间布局，打造示范区域，加大对外出口，实现三个转变。

（一）品牌构建的策略

文化产业园区品牌是指众多与文化产业相关的企业和机构聚集在某一特定地域内，经过长期的共同经营而形成的一种能创造新价值的共有媒介。广州市文化产业建设存在的一个突出问题是园区重复建设趋于类同化，定位不明确缺少核心竞争力，产业链不完善没有形成品牌效应。而从全球文化产业的发展状况来看，在发达国家，文化产业园区的发展已趋于成熟，并且形成了许多极具影响力的集群品牌，如美国好莱坞、迪士尼乐园、纽约麦迪逊大街和英国曼彻斯特北部文化产业园等。国外成熟文化产业园区的发展经验告诉我们，品牌构建是文化产业园区做大做强的必由之路。因此，构建广州市文化产业园区品牌，是实现文化产业园区发展的必由之路。

文化产业园区品牌有着不同于一般品牌的独特内涵：首先，品牌主体的多重性。它是特定区位内众多文化企业和机构的集体行为的成果，是它们整体绩效和形象的集中体现。相对于其他非园区品牌，文化产业园区的品牌主体是一个集体主体，不是单个特定的企业或机构，园区内的每个文化企业和机构都是品牌的拥有者。其次，非排他性。园区内的任何文化企业都没有权利排除其他企业从园区品牌中受益，任何企业对园区品牌的消费都不会降低园区品牌的使用价值。再次，文化产业园区品牌是以独特的文化底蕴为内核的。文化产业不同于一般的产业，文化产业园区具有文化产业的特征，同时文化产业园区是在特定区域内的聚集，它的形成和发展都要受到区位特征的影响，使其又蕴含了地域文化特色，因此文化产业园区品牌具有独特的文化底蕴。最后，文化产业园区品牌是知名度、美誉度和忠诚度的有机集合体，是一种无形的文化资产与精神价值。它也像产品品牌和企业品牌一样，是一种潜在的价值，可以进一步创造出新的价值。

文化产业园区品牌的独特性，使其在品牌定位、品牌构建和品牌形象传播等方面都与一般品牌存在很大的差异。品牌形象系统的构建大致包括品牌定位、品牌形象系统的设计、品牌形象的营销三个主要的环节，三者环环相扣，构成一个无限循环的生态系统。品牌定位是品牌构建的起点，设计品牌的形象系统是品牌构建的重点，品牌形象系统的推广与传播是对品牌定位和品牌形象系统的检验。针对广州市文化产业园区的问题，提出如下品牌构建策略：做好园区品牌定位、打造园区集群品牌、设计园区品牌营销。

1. 做好园区品牌定位

定位的关键是向消费者提供差异化的特征，目标是在消费者心目中确立一个有价值的位置。一般采用"消费者—竞争者—品牌自身"定位法。它首先要研究在不同的购买和使用环境下，消费者选择商品和服务的标准是什么，明确什么样的商品特性对消费者来说是最重要的。其次，它需要通过各种调研分析，确定品牌自身和竞争品牌最独特的价值属性，以及这种价值属性在品牌竞争中的地位。最后，它还要通过以上对消费者、竞争者和品牌自身等因素进行分析比较，选择目标消费者和差异性优势，实施品牌定位。

广州市文化产业园区的品牌定位，应着重把握时代背景、地域文化、行业现状等三个维度，从三者的交融互动中提炼出自身的个性气质。具体来说，广州市文化产业园区的建设普遍存在模式化和同质化现象，在这种语境中差异定位不失为一种理想的策略。广州文化产业园区要注重抓大放小，重点培植若干岭南文化特色鲜明、彰显广州市城市特色的文化品牌，同时将其产业属性带到文化产业园区中去，并坚持市场开发导向、企业资产经营制，集团规模化经营的前提下，打造园区集群品牌。

2. 打造园区集群品牌

集群品牌作为品牌发展的最高层次，已经成为文化产业园区品牌构建的战略之举。如美国的迪士尼、麦迪逊大街等。集群品牌是指在某一特定地理空间内，与某一产业相关的大量企业聚集在一起，通过企业的合力作用而形成的代表集群整体形象具有较高知名度的名称和标志。集群品牌是产业集群发展的高级形态，它是集群内部所有企业共同努力的结果，而集群内部每个企业都拥有受益权、使用权和维护权。文化产业园区品牌是集群品牌的一种类型。通过构建集群品牌，可以提升文化产业园区竞争力，实现园区转型升级，完善文化产业园区的产业链，提升文化产业园区的知名度和美誉度，使文化产业园区拥有文化市场营销的优势，进而带动区域经济文化发展。文化产业园区往往是地域的名片，通过园区集群品牌自身的美誉度和知名度可以传播区域形象，提升区域影响力。园区集群品牌不仅可以带动园区内部企业的成长，还可以带动区域经济的发展。

就广州而言，文化产业园区集群品牌形象识别系统可以分为意象识别体系、符号识别体系、环境功能识别体系三个部分。

（1）意象识别体系。指集群品牌的精神层，包括园区在长期发展中形成的园区宗旨、品牌定位、品牌经营理念、品牌营销理念等价值观。因此，意象识别体系的设计就是提炼园区集群品牌的核心价值观。这种价值观体现的是品牌经营者对品牌生存发展意义的终极关怀，形成经济价值、社会价值和人本价值等相统一的，和一个城市、地区、国家的核心价值观密不可分的关系。由此，广州市的文化园区，要集中体现广州的城市精神，广州的文化特质，广州的城市气质，广州的精神追求和价值取向。

（2）符号识别体系。指企业品牌识别的视觉化，利用标准化、统一化、系统化的手法，将企业价值观、企业理念和文化等精神层面的内容转化为具体化的识别符号。主要包括园区标志、园区标志字和标志色、园区象征图案等识别要素及其运用的载体，园区精神内涵的形象表达。因此，在园区 LO-LO，园区标志，标准字和标准色的设计上都要符合视觉审美与园区理念，体现广州文化园区的特色与消费者需求。

（3）环境功能识别体系。指文化产业园区集群品牌形象的物质载体，包括园区文化产品、园区服务、园区环境形象，包括文化产业园区的文化与价值观，以及围绕核心价值观形成的符号识别体系和环境识别体系。因此，在塑造园区品牌形象时，要不断优化园区的文化产品和服务、园区环境等能为消费者直接感知的物质载体。就广州而言，文化产业园区在设计文化产品和服务时要特别的注重对"文化体验"的设计，通过与消费者的互动来增强园区产品和服务的体验性。要加大客户体验，提高园区的布局、设计、环境以及与园区生产运作相关的基础设施、建筑厂房和设备等，提升园区整体形象。

3. 设计园区品牌营销

品牌营销是指通过运用有效的手段，把品牌的各种信息准确的传递给消费对象，并让消费者认同、接受这些信息，以塑造品牌形象。没有营销的品牌不可能成为真正的品牌。文化产业园区仅仅有了特色的文化产品、准确的品牌定位、系统的形象识别体系远远不够的，还需要让消费者接受和认同这些信息，这一目的的实现主要依靠文化产业园区的品牌营销。

现有广州的文化园区中，规模较为成型较大的园区，多为政府主导型，自发型的往往发展缓慢，所以在文化园区的发展上，必须选择政府主导型的品牌营销模式。政府主导型营销模式是指以当地政府为主导，从宏观上制定园区集群品牌形象的推广目标、推广手段、推广方式等，并组织和协调园区内相关企业通过各种媒介对园区集群品牌形象进行整合营销。其中，政府要起主导作用，充分发挥其公共职能，组织园区内部企业和协会通过各种途径对园区集群品牌进行整合营销，加强对园区集群品牌形象的管理和维护广泛征求园区内相关企业和机构的意见，充分调动他们的积极性，形成品牌营销的合力。就广州而言，可以通过广告营销、网络营销、公关营销的方式进行。如策划相关的文化活动、捕捉信息策划新闻事件、赞助各种社会公益活动等，从而提高品牌的关注度和知名度。

（二）品牌构建的设计

就广州而言，要做好品牌构建，还要从以下几个方面进行设计：明晰空间布局；打造示范区域；加大对外出口。

1. 明晰空间布局

文化产业园区在城市中的布局模式主要有五种：制造业旧区集聚模式，产业园区集聚模式，消费市场集聚模式，高校、科研机构附近集聚模式和生态景观区集聚模式。就广州而言，制造业旧区集聚模式主要为沿珠江水域发展的文化产业园区，高校、科研机构附近集聚模式主要为沿广州高校科研院所周边发展的文化产业园区，产业园区集聚布局模式主要是广州荔湾路创意大道创意产业集聚区，以及广州科学城高新科技产业园区等，消费市场集聚布局模式主要有广州国家网络游戏动漫产业发展基地、太古仓创意产业园和长隆旅游度假区，生态景观区集聚布局模式主要是以传统乡村景观为依托的体现岭南文化的产业园区，如聚龙村创意产业项目和小洲村创意产业项目，以及以广州滨水景观为依托的产业园区，如白鹅潭滨水创意产业园区。

在布局上，要根据广州园区的发展特色与优势，注意整体规划，整合现有资源，优化布局，调整结构，转型升级，促进发展。

2. 打造示范区域

广州现有的文化园区，虽也有国家级文化产业园，但整体性品牌不强，在国内国外缺乏较大的影响力，缺乏自己的龙头品牌，缺乏标示广州名片的名牌园区。因此，在文化产业园区的发展上，要注重抓重点品牌，加强规划，打造若干示范园区，通过品牌构建、品牌定位、品牌集群，品牌营销，使之成为广州的文化地标、城市名片、城市形象的典型代表，成为广州的一个符号象征、意象表达。

3. 加大对外出口

文化园区的发展，离不开外面的世界。要加大对国外的输出，产品的输出，文化的输出。充分利用广州作为广交会、贸易港、对外开放前沿阵地等系列地缘优势、文化优势等，加强同国外的合作交流，使中国的创意文化走向世界，实现文化产业园区的发展。

（三）三个转型

广州文化创意园，要突破瓶颈，寻找新的经济增长点，大力打造广州的文化创意产业园，突出品牌特色，还需要从"三个转型"加以重视：

1. 园区：要实现由"平方米"到"立方米"的飞跃

广州的大多数文化创意产业园，类似于"包租婆"的角色，靠收取低廉的租金来维持运营。要改变这种困境，必须要由"有限空间的平方米固定收费"向"无限空间的立方米增值营收"转变。

（1）打造加强版的1.0创意园。在原来物业收租的基础上，加强公共服务平台建设，收取增值服务费。比如，园区可以通过建设公共配餐中心、提供送餐服务，来统一解决入园企业普遍头疼的"吃饭难"问题。再比如，可以设立创业服务中心，为"格子公司"的年轻人集中代办各种证照，既可收取必要费用，又免去了企业的奔波之苦。

（2）建设2.0版的文化创意园。依托现有产业基础，设立文创基金、科创基金，既服务入园企业，也谋求高层级的互动赢利。目前有意和羊城晚报报业集团合作开发"东风东创意园"的两家公司，此前均有设立基金公司的经验，此次也有设立文创基金的设想。如"越秀产业投资管理有限公司"，目前受托管理基金14支，基金总规模近200亿元，"同创地产公司"也于今年初募集发行了一支私募股权基金。

（3）推进3.0版的创意园试水。彻底告别靠房吃房的"农耕式"经营，实现包括"产品化赢利"和"孵化赢利"在内的投资赢利。具体来讲，就是选准入园企业有潜力的项目，园区以租金入股经营，由"房东"变"股东"，实现更大利益的分享，当然也包括风险的共担。羊城创意产业园最近和入园企业酷狗音乐就达成了合作意向，准备合作经营一家手机游戏公司。

2. 政府：要实现由"重管理"向"重服务"的转型

在文化创意园的草创时期，政府加强管理，十分必要。当创意园星火燎原、蓬勃发展之际，政府工作的重心应向服务转移，以充分释放创意园的能量。

（1）搭建全省性的公共服务平台。目前，省内的各个创意园还是游兵散勇，各自为战，入园企业也大多是中小企业，普遍缺乏资金、信息、管理经验和业务渠道，独立生存能力较弱。这些特点决定了广州急需搭建一个全市性的公共服务平台，为全市的文化创意园、文创企业提供包括咨询、中介、培训、知识产权保护、投融资等在内的一系列服务和支撑。

（2）制定吸引高端文创人才的政策。文化创意产业是"头脑产业"，文化创意园与传统工业园、高新技术园最显著的区别在于：传统工业园和高新技术园首先是企业聚集，其次吸引人才；而文化创意园首先是文创人才的聚集，最后再吸引文创企业入驻。因此，吸引高端文创人才落地生根就显得特别重要。政府应尽快制定吸引文创人才的优惠政策，再现"孔雀东南飞"的盛况。

3. 破解困扰园区的普遍性问题

政府不要"一手包办"，而应下大力气解决创意园普遍面临的难题，比如用地性质问题。在这方面，杭州、北京就出台了新的规定：保留原有的工业用地性质，暂不征收原产权单位土地年租金或土地收益，确需占用农用地的，优先安排用地指标。广州应发挥"试验田"的优势，探索出一条既鼓励创意园发展，又不违背国家政策的新路子。比如，可以考虑允许改变原厂房的性质和使用功能，支持园区将土地性质变更为"公共服务用地"或"文化用地"，等等。

4. 企业：要实现由"中低端"向"中高端"的转型

必须承认，文化创意产业园最初吸引的大多是中小企业。它们由于实力有限，往往处于产业链的中低端，要想在竞争中立于不败之地，就必须转型升级。

（1）站位要高远。与传统的产业链结构相比，文化创意产业的产业链并不仅仅是简单的上下游的关系，而是以市场为导向，以创意为核心的价值创造链，具体包括四个环节内容：内容创意、内容创意复制、为内容创意输入和复制提供设备、市场营销。企业不能盲目跟风、扎堆、抱团，而应看清自己在产业链中的价值，站好位、站高位。

（2）特色要鲜明。滚石投资1200万元打造的"中央车站展演中心"（也就是通常所说的Livehouse），只能容纳800名观众，为何能一炮而红？原因就在于它独具一格、别出心裁：在这里你才可以和歌手零距离亲密接触，才可以聆听最本真的音乐，才可以感受到"VIP"的尊贵。文创企业越自我、越个性，越"靠近印钞机"。

（3）创意要十足。比尔·盖茨认为：知识经济的核心是创意经济。而国家社科基金重大攻关项目"中国文化产业发展战略研究"北京大学课题组的调查则显示："创意"已成为制约中国文化产业发展的最大难题。文创企业要想做"百年老店"，产品要想高附加值，唯有不断创意创新，别无他途。

当今世界，文化正取代资本成为区域竞争的核心要素，文化创意产业园也正日益散发出独特的魅力与价值。广州要审时度势，加快发展文化创意产业园，努力实现产业的"凤凰涅槃"，继续在改革的新征途上领跑全国。

本章参考文献

［1］Montgomery J. Cultural Quarters as Mechanisms for Urban Regeneration Part1：Conceptualizing Cultural Quarters. Planning，Practicing Research，2003，18（4）：293－306.

［2］甘新、崔颂东、李江涛、陆志强：《广州蓝皮书：广州文化创意产业发展报告（2014年）》，社会科学文献出版社，2014年。

［3］张晓明、王家新、章建刚：《文化蓝皮书：中国文化产业发展报告（2014年）》，社会科学文献出版社，2014年。

［4］郭全中：《我国文化产业园区研究》，《新闻界》，2012年第18期。

［5］樊盛春、王伟年：《文化产业园区理论问题探讨》，《企业经济》，2008年第10期。

［6］王齐国、张凌云：《文化产业园区理论与实践》，山东大学出版社，2011年。

［7］闫加强：《中国文化产业园区品牌构建研究》，山东师范大学硕士论文，2012年。

［8］刘金祥：《我国城市文化产业园区发展现状及对策》，《中共天津市委党校学

报》，2011 年第 6 期。

　　［9］袁海：《文化产业集群的形成及其效应研究》，陕西师范大学博士论文，2012 年。

　　［10］《中共广州市委广州市人民政府关于培育世界文化名城的实施意见》，广州日报，2012 年 9 月 19 日。

（臧艳雨　马源）

第十五章

广州市优化文化（创意）产业园区的对策分析

　　文化（创意）产业园区是文化产业发展到一定阶段的产物，它是指在相对固定的区域内，以相对明确的产业形态和业态，以实现产业集聚或产业链接为手段，以发展经济和赚取利润为目的，由一个或多个文化产业企业组合形成的经营空间。目前，广州市文化（创意）产业园区的产业形态涵盖咨询策划类、设计服务类、电子软件类、影视文化类、工艺时尚类、展演出版类、休闲娱乐类、科研教育类等。园区一般有这样几个基本要素：（1）基础设施（Infrastructure）：主要是指为园区内的创意产业生产以及居民工作、生活所提供的硬件设施，包括保证园区内的公共服务系统，比如工作室、便利店、休息区、道路等都属于基础设施。完善的基础设施是创意产业园区赖以生存发展的一般物质条件，为园区内的创意生产活动正常开展提供保障。（2）技术（Technology）：主要是指网络、数字、多媒体等现代信息技术。由于从创意的产生到创意产品的创作、展示、销售，创意产业的各个阶段都需要现代信息技术和网络虚拟技术的参与，甚至越来越依赖于现代高新技术，因此创意产业园区要有良好的现代信息技术和专业技术作为支撑。（3）人才（Talent）：是指依靠各种各样的创意来从事工作的人群，也即创意阶层（Creative Class）。创意人才是创意产业园区的"主角"，他们需要具有完善的基础服务设施、良好的生态人文环境、自由灵活的工作氛围等工作条件。有创意人才进驻才能带来创意，因此这样的园区才能称得上是创意产业园区。（4）艺术（Art）：指园区内的公共空间环境、创作的作品、举办的活动等都具有文化艺术意味，并且这种文化艺术意味还具有地域性特质，能带给人们一种审美情趣，引起人们的心理共鸣，并能够通过文化艺术的展示传播使得人们的艺术欣赏水平和生活质量得到提高。一般来说，文化产业园区相对比较封闭，它是由一个或多个管理机构（企业或组织）自主经营管理的经济组织；而集聚基地则相对比较开放，它是由多个或多个具有独立经营能力的企业或商户组成的文化产业集群空间。

笔者认为，建设文化产业园区是国内外发展文化产业的通用模式，也应该是市场经济条件下繁荣社会主义文化，满足人民群众精神文化，更应该是广州积极调整经济结构，实施产业集聚战略，实现产业高端发展，推动文化产业成为广州市支柱性产业的重大举措。

一、广州市文化（创意）产业园区的现状

经过近10年来的改革和探索，广州市文化（创意）产业园区建设获得了初步发展，涌现了一批面向市场、创新发展、具有一定经济实力的文化（创意）产业园区，整体上呈现出集聚性强、经营门类比较齐全、经营模式多元化、行业链接一体化的发展趋势。

（一）基本情况

据笔者不完全调查统计，截至2015年3月，全市规划建设文化产业园区143个，其中建成园区119个，在建和待建园区24个，有7个园区（广州长隆集团有限公司、广东省广告股份有限公司、广东中凯文化传媒有限公司、广州珠江钢琴集团股份有限公司、羊城创意产业园、广州漫友文化科技发展有限公司、广东奥飞动漫文化股份有限公司）先后荣获国家级文化产业示范基地称号。119个建成园区，2014年实现经营收入约180亿元，占广州市文化产业增加值的近20%（注：2014年数据根据广州市统计局统计快报数据预测得到）。园区统计分布如下：

1. 天河区

25个，其中主要有：（1）天河软件园；（2）广纺联创意产业园；（3）红专厂；（4）羊城创意产业园；（5）天河国家网游动漫基地（天河软件园）；（6）广东省广告股份有限公司；（7）广州天河临江创意产业园；（8）天河

创意港；（9）广东国家数字出版基地；（10）南方广播影视创意基地；（11）红线女艺术中心；（12）广州太平洋数码广场；（13）广州信息港；（14）广州 TCL 文化产业园；（15）富林 796 精英木材家具设计创意产业园；（16）广东省国家数字出版基地等，其他待建和规划中。

2. 海珠区

22 个，其中主要有：（1）广州 TIT 国际服装创意园；（2）太古仓；（3）小洲艺术村；（4）广州包装印刷文化创意产业园（广印创意园）；（5）文化星城——广东文化（创意）产业园；（6）海印缤缤服装设计园区（广州海印缤缤广场）；（7）广州国际轻纺城；（8）海珠创意产业园；（9）小洲影视文化产业园；（10）联星文化星城；（11）ING 文化谷创意园；（12）珠影影视文化创意产业园；（13）花城往事创意园；（14）广州轻工双鱼体育时尚创意园；（15）珠江琶醍啤酒文化创意艺术区；（16）广州琶洲国际会展中心；（17）保利世界贸易中心；（18）广州现代广告创意中心等，其他待建和规划中。

3. 越秀区

20 个，其中主要有：（1）南方传媒文化创意产业园；（2）广州 229 国际服装创意园；（3）广州市奥飞动漫文化股份有限公司；（4）广州漫友文化科技发展有限公司；（5）黄花岗信息科技园；（6）广州日报报业集团；（7）南方日报报业集团；（8）羊城晚报报业集团；（9）广州新华出版发行集团；（10）广东九州阳光传媒股份有限公司；（11）广州（越秀）移动互联网产业园；（12）东方文德广场；（13）国际单位文化综合体；（14）广东中凯文化传媒有限公司等，其他待建和规划中。

4. 番禺区

20 个，其中主要有：（1）广州华创动漫产业园；（2）星力动漫游戏产业园；（3）广州巨大设计创意产业基地；（4）中颐创意产业园（Moca 创意城）；（5）金山谷创意产业园；（6）清华科技园广州创新基地；（7）中国金夫人集团华南总部摄影创意产业园；（8）番山创业中心；（9）广州长隆集团有限公司；（10）淘商城电子创意产业园；（11）广州友利创意产业园；（12）花城创意产业园；（13）海伦堡创意园；（14）天安节能科技园等，其他待建和规划中。

5. 荔湾区

15 个，其中主要有：（1）922 宏信创意园；（2）IDC 创新科技园；（3）荔湾广州设计港；（4）广州五行科技创意园；（5）广州信义国际会馆；（6）荔湾文化创意产业聚集区；（7）芳村文化创意园；（8）1850 创意园；（9）荔湾广佛数字创意园；（10）珠江钢琴集团等，其他待建和规划中。

6. 白云区

14 个，其中主要有：（1）广州市嘉禾创意产业园创业基地；（2）白云科技创意园；（3）广州市好运创意产业园；（4）白云创意创业产业园；（5）广州创意产业园；（6）广州一统国际酒文化产业园；（7）中海联 8 立方创意产业园；（8）聚龙村；（9）广州高新技术产业开发区民营科技园；（10）广东音像城；（11）皮具之都等，其他待建和规划中。

7. 黄埔区

12 个，其中主要有：（1）黄埔国家网游动漫产业基地；（2）长洲国际艺术堡创意产业园；（3）广州互联网产业园；（4）保税区国际酒文化交易中心；（5）广州毅昌科技股份有限公司；（6）广州国际玩具礼品城；（7）广州开发区文化创意园区；（8）国家音乐文化产业基地；（9）凹凸动漫文化产业园；（10）广州开发区工业设计产业示范基地等，其他待建和规划中。

8. 南沙区

6 个，其中主要有：（1）南沙小聪科技创意园；（2）南沙科技创新中心；（3）南沙资讯科技园；（4）南沙影视城等，其他待建和规划中。

9. 花都区

4 个，其中主要有：碉楼文化创意产业园等。

10. 从化区

2 个，其中主要有：广州从化动漫产业园等。

11. 增城区

3个，其中主要有：（1）新塘国际牛仔城；（2）广州1978文化创意产业园等。

（二）园区概况

1. 园区面积

广州市园区规划建设面积近3000万平方米，已建面积近1500万平方米，其中新闻出版发行类园区150万平方米，广播电视电影类园区90万平方米，文化艺术类园区66万平方米，文化信息传输类园区80万平方米，文化创意和设计类园区250万平方米等。从建设面积上看，有6类园区超过100万平方米，最小的24万平方米，最大的达到近400万平方米（如表15-1所示）。

表15-1　　　　　　　　　广州市文化产业园区建设情况统计

建设情况	面积及类别（单位：万平方米）			占总建筑面积比例
已建面积	1500	新闻出版发行类	150	50%
		广播电视电影类	90	
		文化艺术类	66	
		文化信息传输类	80	
		文化创意和设计类	250	
		文化休闲娱乐类	140	
		工艺美术品生产类	120	
		文化产品生产的辅助生产类	180	
		文化用品生产类	400	
		文化专用设备生产类	24	
在建面积	500	综合	500	16.66%
待建面积	1000	综合	1000	33.33%
总建筑面积	3000			100.00%

2. 资金投入

园区规划总投资750多亿元，投资最少的1000万元，多数企业投资超过2亿元，最高的超过15亿元。资金来源有企业自筹、政府划拨和银行贷款等（如表 15 – 2 所示）。

表 15 – 2　　　　　　广州市文化产业园区建设资金来源情况统计

资金来源	资金总量（亿元）	占总投资比例	园区数量（个）	占园区总数百分比	备注
自筹	320	42.26%	60	50.42%	
自筹 + 政府划拨	145	19.33%	17	14.28%	
自筹 + 银行贷款	140	18.66%	17	14.28%	
政府划拨	70	10.56%	11	12.60%	
银行贷款	60	9.30%	8	9.20%	
其他	15	0.20%	5	4.20%	
合计	750	100.00%	118	100.00%	

3. 企业数量

建成园区入园企业、窗口单位和商户已达到 12000 家，入园企业、窗口单位和商户最少的 10 家，最多的达到 1000 多家。

4. 员工数量

建成园区的员工总数达到 11 万人，园区从业人员最少的 100 多人，最多的达到 10000 多人。

5. 经营品类

经营品类比较广泛，除了新闻出版、广播电影电视、动漫游戏等品类外，还有休闲娱乐、文化用品生产和销售、艺术培训、工艺品、收藏品、网络服务及创意设计等。

上述情况说明，至 2015 年上半年，广州市的文化（创意）产业园区已初具规模。

（三）园区特征

1. 优势产业成为园区发展的基础

目前，广州市文化产业园区基本围绕影视、创意设计、文化礼品、软件开发、网络通信等行业进行规划、开发建设。天河区重点开发动漫软件、休闲娱乐园区为主，如天河软件园、红专厂等；海珠区重点开发工业设计、文化产品生产的辅助类生产等行业，如广州 TIT 国际服装创意园等，荔湾区重点打造科技企业孵化、文化休闲等文化产业园区，在前期规划论证、三旧改造安排、环境改造、配套设施完善等方面做了大量的工作，取得了实质性进展。如广州五行科技创意园、广州信义国际会馆、1850 创意园等，番禺区、花都区、黄埔区、从化区、南沙区等也围绕各自传统的优势行业，进行园区的规划建设。

2. 创意设计类园区占有主导地位

依据划分标准的不同，创意产业园区的类型划分也会有一定程度上的差异。按照园区的产业定位和功能布局来分，广州市创意产业园区大致可以分为六种类型：（1）研究开发类，例如广东软件科学园就是典型的研发类园区；（2）产业设计类，比如广州市开发区工业设计产业示范基地；（3）咨询策划类，例如广州市工业设计促进会；（4）时尚消费类，比如广州市国际玩具礼品城；（5）文化传媒类，比如广州市珠影文化创意产业园和羊城创意产业园；（6）综合类园区，如太古仓时尚创意园，园区内的产业形态涵盖了服装设计、电影、红酒消费、收藏品拍卖、游艇俱乐部等多种类型。根据目前现状和已有的数据分析，广州市创意产业园区的发展主流是综合类园区，而产业设计类园区和咨询策划类园区的发展建设则相对薄弱。按照创意产业园区所依托的工业建筑的时间和特色的不同来划分，广州市创意产业园区大致可以分为以下类型：一是更新、改造老旧工业厂房而建立起来的创意产业园区，如羊城创意产业园、太古仓时尚创意园、红专厂艺术创意园区、TIT 纺织服装创意园等；二是依托新建建筑而建立起来的创意产业园区，如天河科技软件园、黄花岗科技园等。

3. 三旧是园区建设的主要形式

根据目前现状和已有的数据分析，广州市创意产业园区很多都是通过老旧工业厂房更新改造而成，且这些创意产业园区大都位于城市中心的老城。全市 119 个园区中，有近 60 个属于"三旧"改造项目，占 50.4%；这说明"三旧"改造是园区建设的主要形式，如 1850 创意园为原华南区最大的化工基地金珠江双氧水厂、羊城创意园为广州化学纤维旧厂房等改造而来。

4. 企业是园区开发建设的引擎

一般园区的开发有以下几种形式：（1）自发集聚型。一些艺术家以低廉的租金租赁旧工业区的老厂房，经过业主或者艺术家自己的初步改造，设计装修成自己的艺术工作室，随着大量艺术家纷纷集聚于此进行艺术创作，逐渐营造出了浓厚的文化艺术氛围，园区内配套设施、服务机构也随之增加，这就形成艺术家自发集聚型的创意产业园区。通常情况下，这些创意产业园发展到一定程度，政府力量就会介入，通过政府挂牌等一系列政策措施促进其发展。最典型的就是北京 798 艺术区。（2）政府主导型。园区主要或者全部由政府投资建成，并由政府负责全程监管和园区运作。政府主导型的园区建设主要有两种方式，一种是"旧厂改造"；另一种是"升级原有产业园"。"旧厂改造"是指政府更新改造市中心的由于该市产业结构调整和工厂搬迁转移而遗留下来的老旧厂房，完善厂区内的基础设施，盘活历史遗留的老旧工业建筑，并实行非常优惠的政策，以此来吸引众多的创意企业和创意人才入驻园区，比如上海的田子坊等就属于这种开发模式；"升级原有产业园"也即由政府投资，在原有工业园区内设立创意产业基地，将创意产业渗透和融入其他产业之中，以此来带动原有的传统产业优化升级，例如北京的 DRC 工业设计创意产业基地等就是这种模式。（3）企业主导型。园区由某个企业单独投资或某些企业共同投资开发，园区的开发运作主体都是企业，走的是市场化的开发路线，政府只是提供政策框架。比如北京欢乐谷主题公园的建设就是企业主导模式，它是由深圳华侨城集团投资开发建设的，园区依托主题公园聚合了多种产业品牌，连接了多种产业形态，形成了一个完整的创意产业链条。（4）政企合作型：园区是由政府来进行统一规划，由企业来进行园区建设和市场运作。政府引导园区开发，负责园区行政管理，并构筑畅通便捷的公共服务平台来推动创意产业园区的建设和创意产业的发展；企业负责具体的园区经营管理层面，负责整个创意产业园区的开发运作。政企合作既可以缓解政府的资金压力，又能够让开发商获得利润，这可以说是一种双赢的开发模式，因此其越来越成为我国创意产业园区的重要开发模式。

从园区的形成来看，广州市既有政府主导形成的园区，也有自发形成的园区，而绝大多数园区则由企业主导开发建设形成（如表 15-3 所示）。

表 15 - 3　　　　　　　　　广州市文化产业园区形成情况统计

主导类型		数量	产业园名称
政府主导		15	羊城创意园、南方广播影视创意基地等
自发形成		20	小洲村、聚龙村等
企业主导	国有及国有控股企业	24	珠江钢琴、广纺联创意园等
	非国有企业	60	1850 创意园、广州长隆集团有限公司等

（四）园区优势

目前，广州市文化（创意）园区的发展具有多项优势：

1. 政策导向明确

广州市政府已明确将文化产业作为支柱产业之一予以扶持。提出了文化产业园区发展的目标和战略思路，把建设"一批基地"，发挥园区集聚效应作为推动文化产业发展的重要途径。各区一级党委和政府结合实际，也制定了发展规划，把园区建设作为文化产业发展的重要形态予以扶持，积极鼓励和引导园区的建设和发展。

2. 文化市场活跃

广州是我国时尚文化和潮流文化的策源地之一，也是工业设计、服装设计、动漫游戏等产品的设计制造加工基地之一。2014 年广州市文化产业实现增加值847 亿元，约占全市 GDP 比重的5.2%，与上年同比增长15%，这说明广州市文化及相关产品市场活跃，发展势头良好。

3. 产业基础较好

文化用品、设备及相关文化产品的生产，出版发行和动漫软件开发，文化用品、设备及相关文化产品的销售，文化休闲和娱乐服务，广播电视和电影服务等优势行业对全市文化产业贡献率始终保持领先地位，2014 年对全市文化产业增加值的贡献率达到80%，构成文化产业的主体结构。可见，广州市文化产业基础较好，产业框架基本形成。

4. 创业环境宽松

广州市市场经济体制较为完善，市场化程度高，产业发展受行政干预较少，是全国创业和投资环境较好的地区之一。同时，广州市地处珠三角中心区域、毗邻港澳地区、面向东南亚，具有独特的产业区位优势，有良好的商业运行环境和丰富的信息资讯，能够合理调配社会资源，充分发挥各种资源价值，使各种类型的创业投资能够获得良好回报。这种环境，可以使广州成为吸引海内外个人和企业投资的产业重镇，形成资本投向的集聚效应。

5. 城市实力较强

目前，广州已成为国内经济最发达的省会城市之一。2014 年实现 GDP16000 亿元，人均可支配收入 46788 元，CPI 涨 2.3%，城镇登记失业率 2.26%，进出口总值 1306 亿美元，增长 9.8%，源于广州地区财政预算收入 4834 亿元，增长 9.1%，地方一般公共预算收入 1241.53 亿元，增长 8.7%（可比口径 12.9%），城乡居民可支配收入增长与经济增长基本同步，差距继续缩小，民生发展指数在省会城市和计划单列市中排名第一。城市综合实力位居全国大中城市前三位。城市综合实力对文化产业的发展具有特殊意义。同时，经济社会的发展，人民消费水平的提高，也为文化产品与服务提供了巨大的市场空间。

6. 三旧资源丰富

三旧改造是文化产业园区建设的主要形式。随着广州市驱动创新能力的不断加强，产业结构的换代升级和城市居民生活水平的提高，大量的旧城、旧村和旧工业区等物业资源日益增多，急需进行功能置换，实现资源价值的再利用。据统计，广州市现有三旧建筑面积近 1000 万平方米。这些物业资源在广州市可供开发的土地资源日见紧缺的情况下，为文化产业园区建设提供了丰富的物业资源。

7. 会展众多

多年来，广州形成了一大批在国内外有广泛影响的各类会展，如"广交会"等综合性会展和"光亚展"等一些专业性会展。展会可以使文化产业得以进行资金、项目、观念、信息、技术、产品、人才的交流，在交流中创造新的价值，从而夯实了广州市文化产业发展的基础。

（五）主要问题

从总体上看，广州市文化（创意）产业园区建设取得了一定成绩。但与广州市目前的经济社会发展水平和地位相比，与国内外代表性的文化产业园区相比，广州市的文化（创意）产业园区建设仍处于初、中级阶段，还存在不少问题。

1. 园区存在的主要问题

（1）政策依赖性强。绝大多数以商业地产形式规划开发的园区，具有明确的商业目的。由于项目规划起点高，开发和运营成本过大，造成项目的不确定性风险因素增加，导致园区对项目立项、开发建设、经营管理等方面对政府的帮扶政策依赖性增强，如对政府投入、税收减免、改造支持、租金补贴、搭建公共技术平台等。由于园区等待观望政府的扶持政策，造成了一些项目的开发建设迟迟不能展开。

（2）规划不够周密。由于对市场前景过于乐观，缺乏对市场现状和发展趋势的调研分析，导致园区前期规划不合理，使企业难以达到入园目的。

（3）功能定位重叠。在功能定位上，全市各区虽然结合自身产业发展的优势，建造侧重发展的产业园区，但区域之间定位重叠，区内定位也存在较大重叠现象，造成资源的浪费。

（4）租金上涨过快。随着园区的发展，政府加大了园区改造力度，整治周边环境，完善配套设施，使当地物业增值，租金上涨过快，如 TIT 国际服装创意园的租金已达到 350 元/平方米。如果缺乏有效的调控，将会造成经营成本过高、获利空间狭窄、企业外流，影响园区正常的发展。

2. 入园企业存在的主要问题

（1）缺乏自主品牌产品。广州的文化园区内的文化产品、创意设计、印刷等产业行业发展不充分，缺乏大中型企业，主导产业不突出，技术层次低，缺乏自主知识产权产品，竞争力不强。近年来，动漫游戏类企业拥有自主知识产权情况虽有好转，但多数企业由于进入市场时间短，市场营销水平低，自主研发能力薄弱，仍然缺乏自主知识产权产品。

（2）产业链整合能力弱。完整的产业链包括主体产品的开发以及相关和后续产品的开发。广州只有服装设计等少数行业实力较强，技术和管理水平较高，初步具备了产业链整合的雏形。但大多数文化产业企业规模小，产业结构趋同、单一，管理模式老化，劳动生产率低下，低消耗、低成本、高质量、高科技及高附加值生产能力不足，文化产品和服务项目科技吸附力较低，不具备产业链整合能力，经营效率不高。

（3）信息交流缺乏平台。园区内大多数企业没有建立同业或行业组织，联系松散，缺乏良性互动，信息交流不畅。由于缺乏公共服务平台，企业难以及时获得政策、市场和行业信息，无法开展上下游企业及同业交流，物流、服务、技术等资源无法共享，导致企业综合竞争能力低，无序竞争加剧，难以应对日趋复杂的市场形势，使行业发展受到限制。

（4）融资投资渠道不畅。80%的入园企业和商户规模小，95%以上的企业依赖自筹资金，融资非常困难，主要是创意、设计、艺术、软件等文化产品的价值评估缺乏标准，文化风险控制机制不完善，扶持政策操作复杂，融资担保体制难以惠及，贷款难、融资难成了企业发展的瓶颈。

3. 政府层面存在的主要问题

（1）政策法规有待完善。目前，广东省和广州市出台了一系列促进文化产业发展的政策和法律文件，有力地推动了文化产业的发展，但在文化产业园区政策的实施细则方面，其实还是显得滞后，有待完善。如在经营环节，缺乏对园区的引导、培育和扶持，在研究开发、融资生产、市场开拓及赢利再投资等方面缺乏可操作性；在投资开发环节，特别是在规划论证、建设开发、拓展运营等方面，也缺乏相应的配套政策。同时在政策实施方面，由于政策和法律文件的规定不够清晰，政府有关职能部门对政策的理解不尽一致，造成园区开发立项手续繁琐、拖延等候，影响园区发展。

（2）旧改配套政策滞后。三旧改造是园区形成的主要形式。由于使用功能的变更，特别是在土地置换过程中，由政府主导和参与的土地置换工作进展顺利，而部分企业自主开发的项目，因为物业产权分散，部分出租期限未到，造成土地置换成本过高，加重了企业负担，影响了项目开发。同时，由于大多数园区周边环境较差，交通不便，配套设施不完善，而政府又没有出台相应的改造措施，影响了园区发展。

（3）认定标准不够清晰。文化（创意）产业园区是国内外文化产业发展的重要形态。目前，对"文化（创意）产业园区"本身的内涵、外延认识不一致，对其中的特性认识不足，对其中的产业意义认识不够，广州市多数园区由企业"自命"或区级政府认定。由于全市没有统一的认定标准，造成园区认定缺乏依据，标准模糊，导致项目扶持政策难以操作和落实，在一定程度上影响了园区的发展和企业的积极性。

（4）宣传推广力度不够。政府有关部门服务的重点主要在规划建设方面，对于利用传统传媒和新媒体宣传推介文化产业政策、园区发展前景等工作力度不够，致使企业不了解广州市文化（创意）产业园区的发展规划、相关政策等，造成有些企业投资外流，参与异地文化产业园区的开发建设。同时，有关园区的新闻报道、文化活动等方面的工作力度不够，政府有关部门也没有有效地组织企业参与国内外相关文化活动和会展，使园区不能在较短时间内形成广泛的社会影响。

（5）人才引进门槛过高。人才是推进文化产业发展的关键。按照广州市现有的入户政策，高、精、尖人才的引入相对比较宽松，但对设计、开发、技术、绘制人才和运营、支持、服务等中下层支持类人才的引进门槛仍然偏高，加上其他限制条件，企业引进人才显得尤为困难。

二、国内外文化（创意）产业园区发展的基本经验及借鉴

（一）孵化器、LOFT 和苏荷三种范型

企业孵化器（Business Incubator），是指在 20 世纪 50 年代，伴随着新技术产业革命的兴起的一种新型的社会经济组织。企业孵化器通过提供研究、生产、经营的场地，通信、网络与办公等方面的共享设施，系统的培训和咨询，政策、融资、法律和市场推广等方面的支持，降低创业企业的风险和成本以及创业门槛，提高企业成活率和成功率，加快企业的创业速度，活跃行业内的创新氛围。孵化器首先出现于美国，随后在世界各国迅速发展起来，而文化产业园区被誉为文化产业的孵化器和推进器。

LOFT 本来的字义是指仓库，阁楼。20 世纪 40 年代，美国纽约的艺术家与设计师们利用废弃的工业厂房，从中分隔出居住、工作、社交、娱乐、收藏等各种空间，在浩大的厂房里，他们构造各种生活方式，创作行为艺术，

或者办作品展。而这些厂房后来也变成了最具个性、最前卫、最受年轻人青睐的地方。LOFT 这个词在 20 世纪后期逐渐演化成为一种时尚的居住与生活方式，目前在一些地区被作为文化产业园区的代名词。

苏荷（SOHO，即 South of Houston Street）被认为是 Loft 生活方式的发源地。它位于美国纽约市曼哈顿岛的西南端，占地不足 0.17 平方英里，原来是随着纽约步入工业化时代而兴起的一个工业区。"二战"后，制造业逐渐衰落，金融业成为纽约市经济的支柱产业。与此同时，一些青年艺术家们发现了这片位于城市中但已被废弃的厂房，并把它们变成自己的生活空间和艺术工作室。20 世纪 60 年代起，纽约市政府与规划、立法部门对这个区域进行了一系列的旧城改造，制定并通过了一系列的法规，如规定不能破坏楼房的外在面貌，改造的只是其内部的设施。在艺术家创造的带动下，文化交流中心、画廊等艺术机构开始在此地聚集，餐饮、服务业、娱乐业渐渐兴起，SOHO 地区不断繁荣。之后，大批商业品牌开始进入，房租不断上涨，艺术家们不堪重负，纷纷搬出。至此，纽约的 SOHO 区从艺术中心，演变成为繁华的商业中心。

随着经济全球化的加剧，市场竞争越来越激烈，建设文化（创意）产业园区是发达国家和城市发展文化产业的普遍趋势。他山之石，可以攻玉。下面简要介绍国内外一些文化（创意）产业园区最具特色的发展模式和经验，从而可以为广州建设文化产业园区提供有益的借鉴。

（二）国内代表性的文化（创意）产业园区

国内的文化（创意）产业园区建设正在蓬勃展开，各个城市争先恐后，同时也相互交流借鉴。在探讨各地园区成功的共同因素之前，首先介绍各个城市发展园区最具特色的模式和经验。

1. 北京：开发资源

北京在文化资源上具有得天独厚的优势，虽然文化（创意）产业园区的建设相对较晚，但发展却很快。目前北京已经形成了几大创意产业集聚区，包括北京数字娱乐示范基地、中关村创业产业先导基地、北京 DRC（Design Resource Cooperation）工业设计创意产业基地、国家新媒体产业基地、东城区文化（创意）产业园以及朝阳大山子艺术中心。目前北京的文化创意产业基地呈现出三种不同的发展模式：一是以数字娱乐为主要内容，利用现代网络技术，重点发展软件、游戏、动漫等行业的文化创意产业集聚区；二是以北京传统工业资源为基础发展起来的集聚区；三是以大型文化创意企业集团为龙头带动上下游企业聚集而形成的集聚区。

2. 上海：创新发展

上海是我国文化创意产业发展较早的地区，同时也具备了相当的发展基础，其标志是以保护上海老工业历史建筑和老工厂为载体的创意产业集群兴起。据统计，上海市已有 51 个创意产业基地，50 多个国家和地区的 4000 多家各类设计创意企业入驻，集聚了 5 万多名创意人才。按规划，至 2014 年年底，上海要形成 200～250 个创意产业园区，吸引 8000～1000 家各种创意类企业在园区内集聚。

上海的文化产业集聚基地有几个突出特征：一是与区域性传统产业集群相结合；二是与区域性人文环境相结合，比如上海市卢湾区的三个创意产业集聚区田子坊、8 号桥、卓维 700 都与传统文化资源有不同程度的结合；三是形成了各自独具特色的主体产业，不同的集聚区有着鲜明的个性；四是构成了配套价值链，创造了可观的产业的衍生价值。

3. 南京：政策推进

与其他内地城市不同，南京在发展文化产业时，将文化产业纳入都市型产业的一部分，而由市经委负责都市型产业发展的规划、协调和指导，这使得南京的文化产业与其他现代化工业具有一体化管理的独特优势。南京市政府办公厅在《关于加快都市型产业园区建设的若干意见》中明确提出：构建市、区、企联动发展园区的机制和环境；提高园区建设管理水平，实现规范化、科学化运作；做好园区的专业性招商工作；发挥重点示范项目的带动作用，切实加大园区建设项目的组织推进力度。

在南京率先公布《关于加快推进文化产业园建设的政策意见》中，列出了支持发展文化产业园的九大政策。其中包括文化产业园区的评选、重点规划的建设项目、申请用地、人才引进、子女就学、工商注册登记、科技成果申报、项目资助和各种奖励，文化产业发展专项资金项目补贴给予政策支持等方面。

（三）国外代表性的文化（创意）产业园区

国外的文化产业园区多数是在市场化的环境中自发形成的，而像韩国一样让政府主导推进文化产业园区建设的情况则比较少见。下面，根据国外代表性文化产业园区建设的具体情况，简要介绍其基本的做法和经验。

1. 印度：作为模型的孵化器

文化产业园区最初是受新建高新技术企业的孵化器的启发而兴起的。印度的孵化器主要集中在软件园，印度软件园区由政府统一规划，全面打造，使之发挥最大效应。迈索尔科技园是印度最好的产业园区，该园区提供良好的投融资环境，其建设资金主要来自私人企业和机构的捐款，小部分来自于政府支持。园区内企业的创业资金多数是银行贷款，额度不限。该园区还拥有众多的专业人才，管理着 100 多所学院，包括商学院、理工学院以及职业学院。园区充分发挥产、学、研相结合的优势，这些学院的学生在毕业时就有了自己的项目，通过科技园区的扶持和服务创办自己的企业。企业的孵化期一般为两年，最多延长至三年，三年后企业无论成功与否都要搬出孵化器。

2. 美国纽约：创意 + 市场化运作 + 完整的产业链

"百老汇戏剧产业园区"指的是位于纽约曼哈顿中城区的一小段地带。该产业园区是从 19 世纪后半叶起自发形成。这一园区有着密集的剧场群和戏剧产业，聚集着众多的剧作家和各类艺术家，有很强的原创能力；有成百上千个专业公司提供各种配套服务，形成了创意、制作、宣传、融资投资、法律服务、人才培训、行业管理等完整的产业链和配套服务。园区有着良好的市场机制，推行产业化运作，在运行中以灵活的方式实现资源的最佳配置，推出适销对路的艺术产品。每年到百老汇看演出而来纽约的人数有 500 万人之众，各种消费额高达到 18 亿美元。

纽约 SOHO 是世界上最早也是最负盛名的艺术园区之一。这块面积人口不到纽约 1% 的地方，一度曾居住着占纽约全部艺术家的 30% 的艺术群体。这个艺术园区原址是大量残破不堪的空置厂房。20 世纪 60 年代末，一些艺术家和雕塑家利用这里廉价的房租和宽敞的空间，把空置的厂房变成艺术工作室。在 1971 年，纽约市政府规定，只有在纽约市文化局注册的艺术家才可以在这里居住，使得这一区域成为充满创意的艺术家们的集中地。现在，在 SOHO 区成为高度发达的商业区的同时，还坚守和发展独特的艺术特质，其凝聚着艺术品位的品牌创造着无限的商机。

3. 英国伦敦西区：规模优势创造经济效益

伦敦西区是与纽约百老汇齐名的世界两大戏剧中心之一，而其历史传统比百老汇还要悠久得多。西区剧院指由伦敦剧院协会（The Society of London Theatre）的会员管理、拥有或使用的 49 个剧院。其中大多数集中在两个街区，方圆不足 1 平方英里的区域。伦敦共有剧院 100 多个，而该区几乎占了一半的份额。西区的剧院规模从 400 多观众席至 2000 多观众席不等，上演的剧目涵盖音乐剧、话剧、歌剧、芭蕾舞、现代舞、木偶剧等各种形式，不同口味的观众在西区都能找到自己喜爱的节目，在有限的空间里为观众提供了多样的选择，以规模的优势吸引了数量可观的观众群。不仅如此，西区丰富多彩的演出大大增加了伦敦的魅力，吸引了众多的海外游客及商务活动，产生了连锁效益。

4. 韩国：政府主导下的集约经营

韩国将文化产业作为其 21 世纪国家经济发展的支柱产业，推出了一系列重大措施推动文化产业的发展，建设文化产业园区就是其中之一。韩国《文化产业振兴基本法》规定，文化产业园区是产、学、研联姻，对文化产业进行研究开发、技术训练、信息交流、生产制作的"集合体"。其生产经营的总体战略是：自 2001～2015 年，全国共建 20 多个文化产业园区，20 个传统文化产业园区，2～4 个综合文化产业园区，形成全国文化产业链，旨在优化资源组合，发展集约经营，形成规模优势，提升研发生产能力和文化产业的整体实力。在建设执行上，确立了地方政府为主，中央政府支持，动员民间参与的方针。在资金投入上，国家为文化产业园区各支持 200 亿韩元（在 2～3 年内分期拨款），传统文化产业园区各支持 50 亿韩元，综合文化产业园区各支持 300 亿韩元。

（四）借鉴与启示

综合各国和不同城市发展文化产业园区的经验，以下几点尤其值得借鉴：

1. 借鉴

（1）挖掘文化资源，打造比较优势。打造自己的特色，体现出独特的文化个性、文化风格是发达国家或城市成功建设文化园区的重要因素。英国曼彻斯特北部文化产业园的形成，一个不可忽略的原因就是充分挖掘当地丰富的、与众不同的音乐历史及享有国际声誉的滚石和流行乐队的资源。再如，北京依托琉璃厂有着700多年历史、举世闻名的文化街的基础，兴建琉璃厂文化产业园区。因此，广州在打造文化产业园区时应充分挖掘自己与其他区域的比较优势，然后以比较优势为核心向外拓展文化产业群。

（2）提供制度保障，完善政策法规。文化（创意）产业园区的健康发展需要良好的创业环境，各国和各地成功的经验表明，良好的制度和完善的政策法规对各种文化产业进驻园区产生强大的吸引力。像韩国的文化产业园区在其发展之初就具备了较为完善的文化经济政策予以支持，利用税收、信贷等经济杠杆，实行多种优惠政策，大大促进了韩国文化产业园区的发展。英国舍菲尔德市政府通过成立一个"文化产业区服务机构"（Cultural Industries Quarter Agency，CIQA），负责制定和实施文化产业园区相关政策和发展，有效地推动了文化产业园区的建设。在我国发展较快的几个文化产业园也无不得益于相关优惠政策。借鉴这一经验，广州可通过进一步完善文化产业的专门规章、设施建设管理方面的制度和政策法规为文化（创意）产业园区奠定良好的发展基础。

（3）创新管理形式，推广市场化运作。文化（创意）产业园区有自发形成的，如美国的纽约SOHO园区、北京的798艺术园区，也有政府与企业共同兴建，如南京浦口区政府与亚洲创新文化产业集团合作的"中国·南京亚洲创新创意产业园"项目。在文化创意园区的管理上也有多种模式，如以韩国为代表的政府直接管理，有政府委托社会组织进行管理，如台北市华山艺文特区是展演艺术的园区，由台湾省文化处委托一个非营利的社会组织——艺文环境改造协会经营。因此，广州在建设文化（创意）产业园区时，需要看到文化（创意）产业园区的形成和管理有多种方式，从而发挥已有的市场机制的优势，根据各个园区的具体特点采取灵活的管理方式。同时，进一步整合社会资源，发挥高校、企业、各类协会的专业优势，参与创意产业集聚区建设。

（4）加强配套建设，提供服务平台。公共技术平台和相关配套建设能够极大地增强文化企业入驻基地的吸引力，这是各国和各地建设文化产业园区的重要经验。北京 DRC 工业设计创意产业基地在起动时，由北京市科委投入一期起动资金 2000 万元，主要用于基础平台建设和相关设备的引进。此外，基地内还成立了服务中心、客户中心，帮助企业与相关部门打交道。再如，伦敦文化产业发展推介中心免费为个人与组织机构提供全面实用的专业性服务，为相关服务指路，有力地推动了产业园区的网络建设、供应链和产业集群发展等。

（5）携手高新科技，面向园区未来。文化创意与高新科技相结合，能带来"双赢"的结果，也是文化（创意）产业园区建设的重要内容之一。具体来说，可以增加文化产品或服务的高科技含量，可以在文化产业园区基础上打造无界域虚拟创意园区，还可通过网络为大项目筹集资金来源，并为产品提供出口渠道，建设数字化网上市场和交易平台。例如上海浦东张江高科技园区在挂牌后，确定了以动漫和网络游戏业为突破口，建设文化与高科技密切结合的文化科技创意产业。再如布里斯托尔国际著名的电视和数字媒体产业园区中的电影公司 Green Umbrella，将网络技术应用到节目制作，开发交互式电视（Interactive Television）领域。广州在高科技软件领域具有领先优势，在今后文化产业园区的建设中应进一步发挥这一优势，促进文化（创意）产业园区向高端形态发展。

（6）吸纳文化人才，营造创意环境。城市文化（创意）产业园区需要各个方面的人才把园区内各种有效的资源充分调动起来，需要有吸引创意产业人才的文化氛围和城市风格。发展文化产业园区时，要营造整体社会氛围，提供良好的文化创意资源，加强知识产权的保护，培养公众参与的热情和素质，以多样化包容性的创意城市机制吸引海内外的创意产业人才和与创意产业发展有关联的机构和配套产业，打造城市创意产业集群的形成和价值链。美国的百老汇戏剧产业园区和上海在这方面的经验为我们提供有益的借鉴。

2. 启示

此外，国内城市和国外代表性的文化（创意）产业园区建设的做法和经验也带给我们以下两点启示：

（1）文化（创意）园区的建设能带来显著的规模效应，体现了文化产业的发展趋势。产业（创意）园区不仅可以推广概念，形成氛围，而且具有聚合、丛集和融合、交汇功能，而且可以通过完整的产业运行链条，形成一系列的产业优势，同时刺激相关产业和后续产业的发展，美国百老汇戏剧产业园区和英国伦敦西区的成功都是很好的证明。因此，文化（创意）产业园区应纳入城市文化产业发展的战略之中。

（2）文化（创意）产业园区具有改造旧城区的价值和功能，为城市再生创造了途径。上海通过改造和利用100多处老工业建筑，改建旧厂房、旧仓库，形成了一批独具特色的创意工作园区，开拓了创意产业与城市改造的新路。纽约SOHO区将残破不堪的空置厂房变成充满艺术气息的商业区，并与时尚文化结合在一起，创造了一种充满活力的新型文化，成为城市新的风景和观光地。这些例子表明，文化（创意）产业园区不仅可以为旧城区注入新的文化内涵，而且对整个城市经济的发展具有巨大的带动作用。

三、广州市文化（创意）产业园区发展的路径与对策

（一）发展路径

1. 建立健全宏观管理体制

在不断推进文化（创意）产业园区建设的前提下，突出广州市政府在战略规划、政策制定、信息指导、组织协调、检查监督以及文化基础设施建设等方面的作用，建立统一、规范的园区认定标准，依法管理、调控适宜、运作有序、促进发展的宏观管理体制。

2. 打造一批文化（创意）产业园区

扶持一批有较大发展潜力的文化产业企业，整合资金、信息、技术、品牌、市场、科技开发等综合优势，形成一批具有广泛影响力和竞争力的国内外知名文化品牌和文化（创意）产业园区。

3. 积极推进园区协调发展

统筹规划、合理布局，使 11 个区之间形成多层次、多样化、相互促进、特色互补、资源共享的文化（创意）产业园区协调发展格局。

4. 完善企业融资投资机制

建立以政府资金为引导、以企业投入为基础、以银行贷款和民间资金为主体、以证券融资和境外资金为补充的多元文化产业投融资体系，使文化（创意）产业园区的投融资环境得到根本改善。

5. 构建公共技术服务平台

广泛应用数字化技术和网络技术，加快设备更新，不断提高科技运用和技术装备水平，使文化（创意）产业园区的服务能力有显著提高。

（二）发展重点

可以根据上述目标，侧重培育和打造"四个中心""五类基地"：

1. 四个中心

依托广州市政策导向明确、文化市场活跃、文化产业基础较好、创业环境宽松、城市实力较强、"三旧"资源丰富和各类会展众多的优势，通过合理规划，科学发展，努力打造成为港澳与内地文化产业中转平台、游戏软件开发中心、文化产品生产制作中心和区域文化市场消费中心，形成特色鲜明的文化产业格局。

2. 五类基地

第一类是"企业示范基地"，即依托现有大型文化企业或机构设立的文化产业基地，如影视制作基地、出版发行基地等；第二类是"专业性基地"，即专业从事动漫游戏、服装设计、艺术创意等中小型文化企业集聚的专业性基地，如动漫游戏产业基地、创意设计基地、服装设计基地等；第三类是"孵化基地"，即以培育和孵化中小型科技与互联网文化企业和项目为主产业基地，如创意产业孵化基地、艺术设计孵化基地等；第四类是"交易基地"，即以文化产品和服务进行市场展示交易为主体的基地，如艺术作品交易基地、工艺礼品交易基地等；第五类是"教学培训基地"，即以文化产业行业培训、人才培养、产业研究为主体的教学培训基地。

（三）发展对策

1. 纳入战略发展规划

经过 10 多年的发展，广州市文化（创意）产业园区已经成为实现文化产业集约发展、产生集聚效应、提高城市综合实力的不可或缺的经济组织形式。目前，在国内外一些发达地区，文化产业园区已经成为文化产业发展的重要形态，全国大部分省、市、自治区都已编制或正在编制文化产业园区发展规划，力图使入园企业的产值占文化产业 GDP 的主导地位。面对这种态势，要全面提高认识，从战略上予以高度重视，将广州市文化（创意）产业园区建设作为推动我市文化产业发展的重要途径，把它列入国民经济和社会发展规划，出台关于加快发展文化（创意）产业园区的政策措施。

2. 规范市场调控体系

在发展文化（创意）产业园区过程中，建立竞争有序的文化市场调控体系对于实现资源合理配置、避免无序竞争、促进市场良性发展具有重要作用。目前，广州市文化产业园区建设缺乏统一的规划协调、产业指导和组织体系，造成园区规划不周密、定位重叠、资源浪费，给园区发展带来了许多不确定因素。因此，广州市要根据国家文化产业统计指标体系的要求，尽快建立调查核算制度，组织人马开展文化产业和文化产业园区统计核算数据分析研究，为制定产业和园区发展规划、提高党政领导宏观决策的科学性提供依据。认真落实《广东省建设文化强省规划纲要（2011～2020 年)》，加强文化产业园区发展规律的研究，出台《广州市文化产业园区认定标准》，对园区结构性缺陷和市场偏轨状况进行干预，避免重复建设、恶性竞争。要改革和完善市场准入机制，打破条块分割和市场封锁，加快市场整合，扩大文化产品市场，健全文化服务市场，培育文化要素市场，鼓励多渠道投资文化产业园区，逐步形成辐射全国并与国际对接的"稳定、协调、高效、竞争、发展"的文化产业市场调控体系。同时，要充分发挥行业协会和社会中介组织的作用，建立健全行业自律机制和信息交流平台，使其在规范行业发展、制定行业标准、进行专业资质认证、组织行业交流、开展招商引资等方面起到的积极作用，促进园区和企业快速、健康、协调的发展。

3. 引导三旧园区建设

"三旧"改造是文化（创意）产业园区建设的主要形式。它可以降低投资成本、缩短开发周期、有效利用社会资源、减轻入园企业负担，提高综合效益。目前，广州市"三旧"改造服务和配套政策滞后，造成立项、报建、审批流程不畅，周边配套设施不完善，优惠扶持政策缺乏实施细则，制约了"三旧"改造的开发建设。因此，认真执行空间规划法定图则和文化（创意）产业园区发展的配套政策，使"三旧"改造走上制度化、法制化、规范化轨道。要树立服务意识，提高办事效率，从规划立项、土地政策、平台建设、人才引进、招商引资等方面，全方位给予支持。尽快编制出台《广州市文化（创意）产业园区投资指南》，坚持"谁投资、谁受益"的原则，积极引导、鼓励民间资本以股份制、股份合作制、合伙制及个体私营等形式参与"三旧"改造，投资兴办文化产业，形成政府投入和社会投入相结合，多渠道、多元化的"三旧"改造机制。同时，通过各种途径，积极引导，广泛宣传，吸引国内外知名文化企业在"三旧"改造园区中设立制造、研发、采购中心和孵化基地，形成一批定位准确、特色鲜明的文化（创意）产业园区，使之成为展示广州市文化产业成就的重要平台。

4. 畅通融资投资体系

完善的投融资体系可以形成投资主体多元化、资金来源多渠道、投资方式多样化和园区建设市场化的新格局，可以为中小型企业的跨越式发展提供多元化的融资渠道，特别是可以为规模小、实力弱的企业的培育和发展提供可靠的资金保障。由于广州市大多数文化企业"小而散"、资源整合能力差、自我积累不足，融资能力低，企业发展受到限制，因此改革和完善现有的投融资体系，整合各方资源，扶持园区发展，成了广州市加快文化产业发展的当务之急。各级党委和政府要认真实施积极的财税政策，发挥其杠杆作用，鼓励民资、外资以合资、合作、参股、兼并、收购、项目招标等形式向文化产业领域投资，形成以政府资金为引导、以企业投入为基础、以银行信贷和民间资金为主体、以股市融资和境外资金为补充的多元化文化产业投融资体系，建立风险投资机制，畅通资本退出渠道。要积极推进文化产业企业信用制度建设，建立适合中小型文化企业的信用征集、评级和失信惩戒体系，想方设法解决中小文化企业融资担保难问题，化解企业融资"瓶颈"。同时，要进一步加大在商贸展示洽谈活动中的宣传力度，引导各类资本投资文化（创意）产业园区建设，对优势文化产业项目进行培育孵化，形成政府、社会、个人共同参与，多种经济成分、多种经营方式、多层次、多渠道、多体制发展文化产业的新格局。

5. 提高自主创新水平

提高自主创新能力，对于提高经营管理水平、市场竞争能力和企业的生存发展具有重要意义。由于广州市的文化产业园区建设良莠不齐，入园企业和商户规模小、档次低、科技应用水平差、自主研发能力不足，缺少自主知识产权产品。因此，要努力建设一批科技水平高、自主研发能力强、资本实力雄厚的文化（创意）产业园区，形成一批档次高、规模化、专业化、现代化的知名文化企业。在文化产品开发中，要从政策和资金上大力支持园区企业发展，认真执行园区配套政策的相关规定，使土地、财税、金融、奖励等政策落实到位；要充分运用信息技术、新材料、多媒体等现代科技成果，加强产、学、研联合，协同攻关，在制作技术和艺术标准上与国际标准接轨；要积极引进一批研发水平高、创新能力强、市场触觉敏锐、能够从事跨国经营管理的创新人才，加盟园区建设；要增强园区发展的创新性和发展活力，提高自主创新能力，研发具有前瞻性、符合市场需求的文化产品，打造"中国制造"文化品牌，推动文化（创意）产业园区的全面发展。

6. 完善人才引入机制

目前，广州市的文化产业园区已经集聚了一批专业经营管理人才，他们为文化（创意）产业园区的建设作出了重要贡献。但是，与广州市文化（创意）产业园区建设的目标要求相比，不论是人才的数量还是质量，都不能适应园区建设发展需要。主要表现在：缺乏高层次的文化经营管理人才和技能型专业人才，也没有形成立体的人才培养体系。因此，要认真实施积极的人才政策，抓住吸引、培养、用好人才三个环节，建立绿色通道，加快引进我市文化（创意）产业园区建设急需的各类人才。根据文化（创意）产业园区发展需要，积极引进高层次的文化产业经营人才和专业人才，对能带动整个行业发展的文化产业高级人才，实行特殊政策给予引进。编制《广州市文化重点领域人才开发目录》，优化人才资源结构，促进人才资源与园区建设协调发展；鼓励广州市高等院校和各种继续教育培训基地开设并办好文化产业相关专业，培养文化产业专门人才，重点培养、培训高素质、懂经营、会管理、掌握现代技术的复合型人才。深化分配制度改革，允许和鼓励一些拥有特殊才能和自主知识产权的人才，以知识产权、无形资产、技术要素等占有企业股份，参与利润分配，实现文化产业高端人才使用的社会化。

本章参考文献

[1] 朱雯：《苏州市文化创意产业园发展现状及对策研究——以江南文化创意设计产业园为例》，苏州大学硕士论文，2015 年。

[2] 张立波：《文化产业园的产业链构建》，《北京联合大学学报（人文社会科学版）》，2010 年第 4 期。

[3] 张凌云：《西方文化（产业园）区利益相关方研究——以斯特拉特福为例》，山东大学博士论文，2012 年。

[4] 李蕊：《文化产业园发展模式及园区建设中的政府角色定位》，《商业时代》，2014 年第 34 期。

（付勇）

第十六章

跨文化贸易与广州建设离岸文化中心研究

在全球化的推动下，国际文化贸易不断增长，利用国际文化资源开发国际文化市场的离岸文化生产也逐渐兴起。"一带一路"战略（即"丝绸之路经济带"和"21世纪海上丝绸之路"），是我国根据全球形势深刻变化，统筹国内国际两个大局做出的重大战略决策，对于进一步深化全面对外开放的新格局，具有重大深远的意义。在此背景下，大力发展离岸文化生产，有利于扩大跨文化贸易，加强与沿线国家的文化交流与合作，推动"一带一路"战略的贯彻落实。

一、全球化推动跨文化贸易不断深化

不同文化、民族以及国家之间的贸易活动有着悠久的历史。柯丁在《世界历史上的跨文化贸易》中描述了从古代世界到商业革命的漫长历史中，各个不同文化民族间的贸易，包括古代世界、中国同地中海贸易、亚洲东部海域国家之间的贸易、欧洲人涉足亚洲海上贸易及北美皮革贸易等①。中国通过古代丝绸之路与亚非欧国家之间的贸易活动可谓其中的典型，不过柯丁所论及的"跨文化贸易"，可以说是跨国贸易的延伸，所强调的是跨越更远的地理距离，而对于贸易的内容并没有严格的界定。

而从"跨文化交际"（Cross-cultural Communication）的角度来看，不同

---

① 菲利普·D. 柯丁：《世界历史上的跨文化贸易》，山东画报出版社，2009年。

语言和文化背景之间的交流存在许多障碍，更集中地体现在文化产品和服务的贸易受到诸多限制。因此，本文关注的跨文化贸易，其内容主要侧重于文化商品和服务，因为它们受到不同文化之间差异的影响更大，更具有跨文化的特征，也更需要跨越文化差异的障碍，而不仅仅是地理远近的障碍。在全球化的进程中，跨文化消费需求增加，文化生产国际分工加强，文化产品跨国传播更加便捷而频繁，推动着跨义化贸易不断增长。

（一）跨文化贸易的社会需求：跨文化的消费需求不断增加

由于文化背景的差异，普通观众对于异国文化商品的理解会有一定的障碍，文化产品在国际市场上对不熟悉此种文化的受众的吸引力则会有所降低甚至难以接受，就是文化折扣①，也是文化产品区别于其他一般商品的主要特征之一。因此，跨文化消费往往需要受众具有一定文化知识基础，才能更好地理解和欣赏国外文化商品，文化商品也比普通商品的全球化受到更多的限制。随着各级教育的普及与民众知识水平的不断提高，大众进行跨文化消费的经济能力和鉴赏能力也在不断提升。同时，在全球化的进程中，不同国家之间经济往来更加密切，交流与接触渠道也日益增多，尤其在媒体的推动下，地理上遥远的异国变成了心理上亲近的邻居。跨文化消费不再是局限于小范围知识精英的需求，大量外国电影电视越来越多地融入普通群众的日常生活中。对外来文化商品的需求日益增加，刺激了跨文化贸易的迅速增长，由于公开的贸易渠道可能无法满足庞大的需求，还形成了各种隐秘甚至不合法的渠道，这也从一个侧面说明了对跨文化产品的消费需求，正成为推动跨文化贸易的重要动力。

（二）跨文化贸易的经济动力：文化生产跨国分工与合作逐渐深化

在全球化的背景下，文化生产的国际合作与跨国分工日益深化，这在电影大片中表现得尤其明显，许多取得票房佳绩的大片都是多国资本共同投资合拍，吸引多国明星加盟，在全球多个地方取景拍摄，后期制作团队更加是

① C. Hoskins and R. Mirus, "Reasons for the U. S. Dominance of the International Trade in Television Programmes". Media, Culture and Society. 1988, 10 (4): 499–504.

来源广泛，最后在全球多国市场同步发行上映，形成了全球化的分工生产营销获利模式。文化生产者的跨国分工与合作成为推动跨文化贸易的强大动力，跨国分工合作模式生产的文化产品也有更多机会进入到多个不同国家的市场。尤其是从 20 世纪 90 年代开始，世界范围内兴起了跨国公司并购的热潮，世界文化产业也形成了几个超大型传媒集团如时代华纳、新闻集团、迪士尼集团、维亚康姆、贝塔斯曼、索尼等，积极地推动着文化产业的跨国合作与贸易，美国、西欧和日本的跨国公司涵盖了全球国际文化贸易量的 2/3[①]。

（三）跨文化贸易的技术基础：跨越国界的文化传播更为容易

技术的进步不断改变着文化传播的媒介，使得传播的速度越来越快，范围也越来越广。文化传播的介质不断更新，从纸张印刷、广播电视到互联网新媒体，凭借网络技术提供的传播方式，使得跨文化贸易的便利程度不断提升。尤其是借助新媒体的力量，信息化网络化的传播手段让多种文化产品都能够轻易超越国家和地区之间的地理界限，在全球实现迅速传播。甚至以惊人的速度实现全球不同国家的同步传播，从而在大众中制造流行，在更广的人群范围内形成吸引力，反过来也促进了消费者对跨文化产品的需求。

在全球化的推动之下，跨文化贸易的迅速增长是大势所趋。但是，我们也要看到，在世界跨文化贸易的格局中，发展中国家的出口较为集中在劳动密集型的手工艺产品和文化商品，文化内容含量并不高，而发达国家出口的更多是利润更高、文化内容含量更丰富的核心文化产品。"一带一路"战略所营造的对外开放新格局，是我国拓展文化发展空间提升文化影响力的重大机遇，有利于更加主动地实现更广范围、更高层次的贸易与交流。

二、跨文化贸易推动下的离岸文化中心

经济全球化与经济开放的过程中，金融机构从原本只从事本币存贷款业务发展到从事外币的存贷款业务，离岸金融市场（Offshore financial markets）

---

① 米宏伟：《文化贸易全球化现状与特点》，《国际经济合作》，2012 年第 12 期。

即非本地居民之间以银行为中介在某种货币发行国国境之外从事该种货币交易的市场逐渐兴起，并逐渐形成了离岸金融中心，已经受到较多的关注。

全球化的影响越来越大，英格利斯认为文化全球化的重要特征就是去地域化，本土不再是文化从属特定地方的主要决定因素，文化现象可以移植或生根于距其发源地千里之外的地方。① 伴随着文化开放程度的深化，文化的消费、生产和传播国际化程度不断提高，跨文化贸易的拓展为开发利用本地乃至本国以外的文化资源生产文化产品，再投向国际市场的离岸文化生产创造了条件。根据文化开放的辐射范围不同，离岸文化生产目标市场有所差异，离岸文化中心也有相应的发展形态。

（一）面向国内市场生产异文化元素的产品

由于地缘因素，相邻国家之间经贸往来更加紧密，文化开放和交流活动更加频繁，文化之间的相互影响和融合因素也更多。文化产品生产者也会顺应国内市场跨文化消费的需求，开发外国文化资源，生产具有异国文化元素的文化产品。例如日本凭借与中国文化交流历史悠久的条件，围绕中国文化资源生产了大量文化产品，最典型的案例就是各类文化创作者和厂商充分利用中国历史上三国文化要素，开发出书籍、漫画、游戏等各种类型文化产品。吉川英治是第一位将三国故事写成现代文的日本作家，并且加入了很多自己的创作，以三国历史为题材创作的文学作品还有陈舜臣的《秘本三国志》，柴田炼三郎的《三国志》等。② 日本动漫产业发达，三国题材的动漫作品也层出不穷，横山光辉绘制的漫画《三国志》风行一时，还被东映企画制作为动画片。日本漫画家还结合青少年亚文化的潮流不断创新，创作出将三国人物女性化的动漫如《一骑当千》，并延伸出大量周边产品。游戏厂商光荣公司在1985年推出了计算机游戏《三国志》，之后还有在PS平台上的《三国无双》。日本生产的三国题材文化产品通过各种渠道传播到中国市场，也深受中国消费者的欢迎，尤其是动漫和游戏更是风靡一时。

在这种形态的离岸文化生产中，文化厂商利用外国文化资源生产文化产

---

① 英格利斯：《文化与日常生活》，中央编译出版社，2010年。
② 赵莹：《〈三国演义〉在日本的译介与研究》，天津师范大学博士学位论文，2012年。

品的目标市场主要仍是国内消费者。但是，由于生产者具有强大的文化生产能力，产品制作质量精良，同时由于复制传播比较容易，有很强的溢出效应，这些文化产品通过各种渠道返回到文化资源的来源地，引发当地消费者的兴趣，也同样受到欢迎。

（二）面向特定国际市场生产文化产品

因为地理的便利，以及移民聚集、文化相似等特殊因素，有些地区与特定国家或地区的经贸往来与文化联系更加密切，文化开放促进了针对特定国家的文化生产。这些地区凭借发达的文化产业，主动针对国外市场开发相应的文化产品，从而实现面向特定国际市场进行离岸文化生产。例如美国迈阿密所在的佛罗里达曾经是西班牙的殖民地，由于历史原因聚集了很多来自拉美地区的移民，与拉美地区的经济和文化联系都比较密切，逐渐发展起以西班牙语为工具，主要面向拉美地区市场的文化产业。由于拉美地区各国经济发展程度远逊于美国，迈阿密与拉美地区很多城市相比基础设施更加完善，同时在经济上相对稳定，而又有拉美的城市风和人文环境；与美国国内其他拉美裔族群聚集的都市相比，迈阿密生活消费相对又最低。于是逐渐聚集了文化产业各个环节的公司和多种技术性的生产服务，例如众多的作曲家、编曲家、制作人、编剧、设计师、翻译等，还有供电影、电视以及摄影的场景地点。许多企图打入拉丁美洲市场的音乐、娱乐、网络公司在迈阿密设立，当地的开发商还积极吸引洛杉矶和拉丁美洲的公司到迈阿密来，在此基础上逐渐发展成为主要面向拉丁美洲市场的文化娱乐产业的制作和传播基地，被称为"美东好莱坞"或"拉美好莱坞"。[①]

利用文化开放形成的特殊优势针对特定国际市场开展离岸文化生产，形成了区域性的离岸文化中心。区域性离岸文化中心已经是异文化产品生产与传播的枢纽，聚集了较多的文化企业大规模地开展离岸文化生产，所利用的文化资源和目标市场已经侧重于国外，但是由于文化多元性相对不够，辐射范围有限，主要针对且过于依赖特定国家或地区，其国际化程度仍然是区域性的。

---

① Toby Miller:《文化政策》，巨流图书公司，2006 年。

（三）面向全球市场生产文化产品

在全球化力量的推动下，各个国家之间开放程度更加提高，文化资源和产品的流动更加便利。许多大型跨国公司的触角伸向多个国家，具备面向全球市场的文化生产、传播和营销能力，因此能够在全世界范围内开发利用不同国家的文化资源，并销往多个国家市场，形成了面向全球市场的离岸文化生产。美国洛杉矶聚集了大量影视娱乐公司，吸收利用世界各国的文化资源和元素，制作了大量的电影电视、流行音乐等文化商品，销往世界各国。尤其是动画片这种特殊形式的文化产品，不需要借助真人表演文化折扣也相对较低，更容易超越文化沟通的障碍为不同国家民众所接受和喜爱。著名动画制作公司迪士尼以及其他电影公司利用世界各国的传说、民间故事、童话等文化资源，创作了大量的动画片，并在世界多个国家热销，例如取自安徒生童话的《小美人鱼》、取自阿拉伯民间故事的《阿拉丁神灯》等十几部动画片都在各国观众中受到好评。① 中国观众更为熟悉的是根据我国南北朝民歌《木兰辞》制作的动画片《花木兰》，在中国和全球都取得了票房佳绩。

如果说迈阿密是面向拉丁美洲的区域性离岸文化中心，那么洛杉矶吸收利用文化资源的范围之广，以及开发全球市场力度之大，可以称为全球性的离岸文化中心。全球性的离岸文化中心具备更强的文化资源调配和开发能力，能够跨越语言和文化的障碍，将生产的文化产品销往世界多个国家，所以其产品的海外市场往往超过国内市场，而海外市场也更加多元化而不是依赖于特定国家或地区。

根据离岸文化中心的演进及形态，我们可以借鉴离岸金融中心的概念，总结出离岸文化中心的内涵：吸收和利用非本地、非本国的文化资源，生产出面向外地、外国市场需求的文化产品并实现对外传播输出。离岸文化中心不仅目标市场面向国外，更重要的是其利用的文化资源也来自国外，与一般的跨文化贸易相比，对于国际文化资源和市场的开发要求同样高。离岸文化中心在一般意义的文化中心基础之上，有着更加丰富的内涵和更高层次的要求，尤其是在"一带一路"建设中，对于推进文化开放有着更加重要的意义。

---

① 杨明：《美国动画片中对异域文化再现的探究》，《文艺研究》，2012 年第 4 期。

三、21世纪海上丝绸之路背景下建设离岸文化中心的重要意义

中国与世界文化的交流合作将会更加密切，学习国际先进经验，创新发展多元文化的离岸文化中心，主动发掘和利用世界各国的优秀文化资源，生产出优秀的文化产品推向国际市场，对进一步提升文化开放水平，促进文化繁荣发展与交流合作，推动21世纪海上丝绸之路建设可以起到积极的作用。

（一）鼓励文化引入，汇聚吸收世界文化资源精华

文化的创新不仅需要对自己传统文化的继承与发扬，也需要对异国文化、域外文化的学习和借鉴。由于历史和体制原因，文化领域吸收利用外来资源，相对经济领域而言还有更多的提升空间，也更需要我们主动鉴别甄选和吸收利用。在建设21世纪海上丝绸之路的进程中，我们与沿线国家之间的文化开放与交流更加频繁。通过建设离岸文化中心，以开放的心态学习、借鉴和吸收各国文化的精华，更加主动引入高品质的优秀文化产品和资源，可以丰富国内文化消费市场。同时，将世界优秀文化资源与自身文化的优势相结合，创作出新的文化产品，也是实现文化融合与创新，提升与丰富自身的文化的重要手段，可以带动我国文化产品的品质提升，向国际化水平靠近，推动自身文化不断向前发展。

（二）促进文化输出，推动文化产品走向世界

在文化全球化的大趋势下，国际文化贸易也蓬勃发展。我国文化对外贸易发展迅猛，规模不断扩大、结构逐步优化。但是很多都是基于国内市场和文化情境，产品开发和设计首先针对的是国内市场需求，在国内销售之后再推向世界。建设具有中国特色的离岸文化中心，有利于不断提高文化开放水平，培育一批具有国际竞争力的外向型文化企业，支持文化企业充分考虑国际市场的需求，更加充分发掘全面利用国外文化资源和要素，开拓境外市场。也能促进文化企业吸收和利用世界各地优秀的文化，更加深入地把握各

国消费者的文化心理特点适应世界不同地方的文化市场需求，将各国文化元素包括中国文化元素以各种不同的方式组合创新，创作出更受国际市场欢迎的文化产品，有利于形成一批具有核心竞争力的文化产品，更广泛地实现多种形式的文化走出去。

（三）深化文化合作，共同开发特色文化产品

很多发展中国家尽管有着丰富文化资源，但是由于语言使用人群相对少，文化产业不发达，本身并不具备足够的生产、制作和传播的能力，只有通过离岸文化生产的方式，借助更为强大的文化产品生产者，以及更为广泛流行的语言和媒介，才能超越相对狭窄的地域局限传播到更广阔的范围。以离岸文化中心为平台，发挥中国文化产业在理念、技术、人才方面的优势，与发展中国家合作共同开发文化资源，生产特色文化产品，帮助其文化向国内以及国际市场实现更广泛范围的传播，这是建设 21 世纪海上丝绸之路实现共同发展的重要内容，也是中国建设文化强国促进国际文化交流的责任。

（四）引领文化交流，提升中文国际文化交流中介地位

文化交流中面临着许多障碍，语言的沟通就是其中之一。在世界各国文化的交流中，中文还可以发挥更加积极的文化交流中介作用，尤其是在建设 21 世纪海上丝绸之路中，更加有力地助推沿线国家之间的文化交流。随着中国经济的崛起和文化影响的不断增强，世界各国许多民众都希望更直接地了解中国，因此引发了世界范围内的学习汉语需求的持续升温。建设离岸文化中心，用中文作为工具加强与其他文化的交流，生产更多结合当地文化元素的产品，可以为学习中文的外国友人提供更丰富的文化产品，鼓励和帮助更多人更加便利地学习中文，吸引更多的人学习中文和中国文化。同时，也有助于推动中文成为不同文化之间交流的重要中介，让不同国家和文化的中文使用者能够更广泛地相互了解与沟通，提升中文在国际文化交流和传播中的地位。

四、广州建设离岸文化中心的良好基础

广州凭借海上丝绸之路中的地位、对外开放的传统，岭南文化开放包容的特质，以及华侨华人遍布全球的优势，在国内大城市中是最具备打造离岸文化中心资格的城市。

(一) 建设 21 世纪海上丝绸之路的战略机遇

21 世纪海上丝绸之路，既是对中国历史上丝绸之路对国际经济合作巨大贡献的发掘与弘扬，也是重新塑造国家对外经济合作的贸易新通道。广州作为建设 21 世纪海上丝绸之路的重要枢纽城市，迫切需要率先以开放促进改革，以开放加速发展。建设 21 世纪海上丝绸之路的战略的实施，将大力推进互联互通，深化与沿线国家交流合作，搭建更多政治的、经济的、文化的等全方面、多层次、立体化的开放平台，将为广州进一步激发文化产业发展动力，营造发展的良好外部环境，对建设离岸文化中心，促进文化对外贸易推动文化产业走出去，提供了更加优越的环境，更加便利的条件，更加完善的服务和更加多元的渠道。

(二) 岭南文化具有开放包容传统

岭南文化基于独特的地理环境和历史条件，以农业文化和海洋文化为源头，在其发展过程中不断吸取和融汇中原文化和西方文化，逐渐形成自身独有的特点。与其他地域文化相比，开放性、务实性、包容性、多元性等特质最为突出。广州自古以来是对外开放的窗口，处于外来挑战的前沿，也成为中华文化与外来文化相互撞击、融合的平台，造就了开放包容的特性，能够更好地发挥离岸文化中心的角色，学习借鉴其他文化的先进经验、消化吸收其他文化的优秀资源，创造出独具特色的文化产品。

(三) 文化产业基础雄厚

广州在全国率先开展文化体制改革，积极推动文化产业发展，形成了较为雄厚的产业基础，在全国大城市中处于领先地位。按国家统计局文化及相关产业分类（2012）统计口径，2014年，文化产业实现增加值822.7亿元，占地区国民生产总值比例达到4.85%，年增长约11.3%，文化产业保持较好发展态势。特别是在新兴领域如动漫产业发展势头强劲，在全国居于领先地位。广州的文化对外贸易也获得长足的发展，已成为我国文化对外贸易的重要城市之一，具备较强的对外义化输出能力，为建设离岸文化中心奠定坚实的基础。

（四）千年商都的国际贸易基础

在两千多年发展历程中，广州作为商贸中心的历史源远流长，经久不衰，形成了"千年商都"的美誉。秦汉以来，广州就是中国对外通商的重要口岸，从3世纪起，广州已成为海上丝绸之路的主要出发地。唐宋时期，广州成为中国第一大港；明清时代，广州长时间是全国唯一的对外通商口岸。在海上丝绸之路两千多年的历史中，广州是长期不衰的通商港口。广州可以把握文化商品、文化资源、文化要素跨国流动日益频繁的趋势，充分发挥千年商都积淀的基础，将传统商品贸易中的优势延伸到文化产业领域，在对外文化贸易中积极抢占有利地位，打造离岸文化中心，成为国际文化资源进入中国，以及中国文化产品走向世界的重要基地。

（五）自由贸易试验区的平台

2015年4月，国务院正式批准了《中国（广东）自由贸易试验区总体方案》，要求自贸区以制度创新为核心，贯彻"一带一路"建设等国家战略，当好改革开放排头兵、创新发展先行者。自由贸易区是对外文化贸易的重要平台，中国（上海）自由贸易试验区成立已经开展了积极的探索，实现走出去和请进来的有机结合，推动着国家文化产品的生产。广州可以学习借鉴已有经验，充分利用广东自贸区南沙片区的平台优势，积极推动自贸区各项先行先试，探索文化对外贸易创新发展道路，进一步优化审批程序流程，为建立离岸文化中心塑造有力的支撑平台。

五、广州建设离岸文化中心的对策建议

建设 21 世纪海上丝绸之路战略中，广州应当把握机遇，充分利用文化产业基础雄厚的优势，结合实际发挥各自特长，主动调研了解海丝沿线各国文化市场需求，发掘优秀文化资源和题材，开发设计具有原创性的文化产品进入东南亚市场，争取建设成为面向 21 世纪海上丝绸之路的离岸文化中心。

（一）选择重点领域进行突破

尽管近年来我国文化对外贸易取得显著进展，但是与发达国家相比仍有很大不足。在面向 21 世纪海上丝绸之路建设离岸文化中心进程中，广州要注意结合自己的优势，选择重点领域甚至细分领域进行突破。动漫网游不需要真人演出，文化折扣相对较低，非常适合作为离岸文化生产的先锋，支持畅销的动漫游戏网络文化产品针对沿线国家的文化背景和用户喜好，融入当地文化元素，包装制作本地化的版本，并实施本地化销售推广策略。加强创作培育，鼓励动漫企业关注 21 世纪海上丝绸之路文化题材，特别是海上丝绸之路等具有跨国沟通优势的题材，适当增加和体现多元文化要素，逐步开发具有深厚文化内涵、面国际市场文化需求的动漫游戏精品。图书出版与信息技术的结合也为离岸文化生产提供了便利条件，要利用信息化服务、数字化生产、网络化传播的优势，加强与沿线国家合作将传统剧目、舞台表演、音乐、美术、文物、非物质文化遗产和文献资源等文化内容以及产品进行数字化转化和开发。影视产品是文化产业核心产品，但是文化折扣相对较高，对离岸文化生产来说，最有可能率先开拓的细分领域是纪录片，我国的纪录片整体水平提升很快，利用中国（广州）国际纪录片节的契机，每年邀请一个沿线国家作为主宾国，举行优秀纪录片回顾展演，鼓励制片人与沿线国家合作拍摄反映当地非物质遗产、城市文化、民俗风情等的纪录片。演艺娱乐行业整体而言在对外交流中成本较高，跨文化理解的基础也要求较高，但是木偶剧、杂技剧等表演形式的文化折扣相对较低，可以发挥广州相关文艺院团的优势，支持推动院团和艺术工作者与国外的文化艺术机构、文化艺术工作者建立长期稳定的合作交流机制，综合利用多种文化元素，共同创作面向国际市场、具有吸引力和生命力的精品力作，并策划开展巡演活动。

（二）打造对外文化贸易基地作为离岸文化生产平台

文化部关于促进中国文化产品和服务"走出去"总体规划中提出，可根据需要有选择地在重点口岸建立文化部对外文化贸易出口基地和服务平台。广州应当积极打造对外文化贸易基地，建设成为文化产业走出去的内容、技术集成平台和产品、服务交易集散地，以此作为离岸文化中心的重要支撑。逐步发挥集聚优势，扩大对外文化贸易基地的影响，吸引多种所有制形式的文化企业进园集聚发展，鼓励企业开发针对国际市场尤其是沿线国家市场的文化产品和服务，形成文化出口尤其是离岸文化生产的集聚园区。在此基础上，鼓励推动将离岸文化生产的模式复制到其他文化创意产业园区，形成一批具有规模效应的对外文化贸易园区，积极扩大离岸文化生产的规模。提供完善的配套服务，吸引国内外从事文化产品进出口业务的企业、文化采购商、文化中介公司、文化投资商等借助对外文化贸易基地与文化企业开展合资与合作，搭建海外知名文化企业与国内文化企业进行战略合作的桥梁。

（三）利用自贸区积极争取政策创新

充分利用建设广东自由贸易试验区的契机，积极争取在文化对外贸易领域的政策改革创新，为建设离岸文化中心提供政策支持。自贸试验区针对普通商品在物流和金融方面已经开展了很多创新，广州要进一步加大促进文化产品生产和贸易的改革创新，为离岸文化中心的文化企业开展离岸文化生产和服务提供政策支持，例如，为区内开立自由贸易账户的文化企业提供经常项目、直接投资和投融资创新相关业务的金融服务，以及按准入国民待遇原则为境外机构提供的相关金融服务，更好地进行文化合作开展离岸文化生产。同时，文化领域由于涉及意识形态的问题，在对外贸易中政策限制和审查较多，打造离岸文化中心要利用自贸区的特殊优势，积极争取文化对外贸易相关政策的改革创新，特别是对不进入国内市场的文化中转贸易、文化产品加工贸易等，适当放宽限制，如针对国外的图书、影视等文化产品，在自贸区内进行翻译、改编、二次创作、版权贸易，但是不进入国内市场销售的，在内容审查、报关等手续进行简化。

（四）大力培育国际化的离岸文化生产企业

面向国际市场开展离岸文化生产的文化企业是离岸文化中心的最重要主体，各地文化产业中一大批企业也具有较强的竞争实力，开始拓展国际市场。要鼓励有实力的文化企业适时加快产业融合，以资产为纽带加快资源整合，围绕做强做大目标，通过多元融资、资产重组、产权交易等方式，进行跨行业、跨所有制兼并重组，在动漫网游、出版发行、演艺娱乐、电影电视等行业培育一批经济实力强、经营模式新、科技含量高、产业辐射广的外向型骨干文化企业和企业集团。鼓励重点文化企业加大国际化的力度，瞄准沿线国家地区积极吸收和开发利用国外文化资源，发展针对性文化产品和服务出口。加大扶持力度，鼓励更多的企业和产品申报国家《文化产品和服务出口指导目录》《国家文化出口重点企业目录》和《国家文化出口重点项目目录》，推动设立面向国际市场的文化产品和服务出口专项资金，对入选企业和项目，给予一定的配套资助。

（五）发挥华侨华人专业人才中介作用

由于各国社会文化环境的差异，要充分开发国际文化资源和市场，并不能将现成的文化产品原样照搬或者简单翻译，而要分考虑跨文化交流中的障碍因素进行定制或改造，因此需要大量精通双语甚至多语、又具备专业技能的跨文化、国际化的人才。美国能够发展离岸文化中心，开发出大量广受国际市场欢迎的文化产品，非常重要的条件之一是历史中其吸引了各国移民，他们很多仍然保留着原来的语言、宗教、习俗等文化元素，同时又融入美国的经济和社会，因此能够发挥文化中介的重要作用。中国在这方面也有特殊优势，就是有遍布世界各国的华侨华人。当前，我们在吸引海外华侨华人归国创业就业时，较多关注科技型人才，在此基础上，也应当更加关注文化艺术人才，要积极发挥华侨华人的资源优势，吸引"一带一路"沿线各国华侨华人，特别是优秀文化人才参与中国经济和文化全球化的进程，参与到离岸文化中心的事业中。鼓励更多华侨华人发挥自身优势，将中华文化与当地文化相结合开展各种类型的文化创作，并积极与广州离岸文化中心合作创业就业，积极发掘和利用当地的文化资源，开拓当地的文化市场，充分发挥好文化中介的作用。

本章参考文献

［1］菲利普·D. 柯丁：《世界历史上的跨文化贸易》，山东画报出版社，2009 年。

［2］C. Hoskins and R. Mirus. Reasons for the U. S. Dominance of the International Trade in Television Programmes. Media, Culture and Society, 1988, 10 (4): 499 – 504.

［3］米宏伟：《文化贸易全球化现状与特点》，《国际经济合作》，2012 年第 12 期。

［4］蔡武：《坚持文化先行建设"一带一路"》，《求是》，2014 年第 9 期。

［5］英格利斯：《文化与日常生活》，中央编译出版社，2010 年。

［6］赵莹：《〈三国演义〉在日本的译介与研究》，天津师范大学博士学位论文，2012 年。

［7］Toby Miller：《文化政策》，巨流图书公司，2006 年。

［8］杨明：《美国动画片中对异域文化再现的探究》，《文艺研究》，2012 年第 4 期。

（伍庆）